On International Shipping Market Access in China Pilot Free Trade Zones

我国自贸试验区国际航运市场准入制度研究

施元红 著

图书在版编目(CIP)数据

我国自贸试验区国际航运市场准入制度研究/施元红著.—北京:北京大学出版社,2024.1
ISBN 978-7-301-34714-0

Ⅰ.①我… Ⅱ.①施… Ⅲ.①自由贸易区—国际航运—运输市场—研究—中国 Ⅳ.①F552.4

中国国家版本馆 CIP 数据核字(2023)第 241884 号

书　　名	我国自贸试验区国际航运市场准入制度研究 WOGUO ZIMAO SHIYANQU GUOJI HANGYUN SHICHANG ZHUNRU ZHIDU YANJIU
著作责任者	施元红　著
责任编辑	孙维玲
标准书号	ISBN 978-7-301-34714-0
出版发行	北京大学出版社
地　　址	北京市海淀区成府路 205 号　100871
网　　址	http://www.pup.cn　新浪微博:@北京大学出版社
电子邮箱	zpup@pup.cn
电　　话	邮购部 010-62752015　发行部 010-62750672 编辑部 021-62071998
印　刷　者	北京虎彩文化传播有限公司
经　销　者	新华书店
	965 毫米×1300 毫米　16 开本　20.25 印张　310 千字 2024 年 1 月第 1 版　2024 年 1 月第 1 次印刷
定　　价	79.00 元

未经许可,不得以任何方式复制或抄袭本书之部分或全部内容。
版权所有,侵权必究
举报电话:010-62752024　电子邮箱:fd@pup.cn
图书如有印装质量问题,请与出版部联系,电话:010-62756370

序言

2013年9月18日，国务院发布《中国（上海）自由贸易试验区总体方案》，至今已满十年。回顾十年来自贸试验区的建设历程，从上海自贸试验区到海南自由贸易港，再到上海自贸试验区临港新片区，我国东西南北中已形成共二十二个自由贸易试验区（港）的格局。这对我国进一步推进高水平对外开放，实施自由贸易试验区提升战略具有重要意义。

纵观二十二个自贸试验区（港）的总体方案，大多包括国际航运业进一步扩大对外开放的内容。这就是说，如何进一步做大做强国际航运业，是我国自贸试验区建设的重要方面。施元红博士撰写的《我国自贸试验区国际航运市场准入制度研究》一书，是在其博士学位论文基础上，结合近年来我国自贸试验区（港）国际航运市场准入制度方面的最新实践，修改完善而成的。本书聚焦研究我国国际航运市场准入制度，对在国际航运领域里扩大制度性开放，加快航运强国建设，以及推动"一带一路"高质量发展的重要性是不言而喻的。

作者在广泛搜集资料、注重国际对标的基础上，深入探讨了我国在自贸试验区背景下，围绕国际航运市场进行的一系列大胆试、自主改的创新举措，就如何进一步形成我国航运业在国际竞争中的新优势作了认真思考，并给出了自己的意见和建议。

本书的出版，对于引起人们更多地关注我国国际航运市场准入制度的研究，完善自贸试验区建设的法治保障，将起到积极的促进作用。作者在书中的观点和见解，难免存在不足之处和可以进一步商榷的地方。期待作者在该领域新的研究成果的问世。

上海海事大学教授、博士生导师
於世成
2023年11月5日

本书涉及的政策文件简称一览表

文件全称	文件简称
《中共中央关于全面深化改革若干重大问题的决定》	《深化改革决定》
《中国（上海）自由贸易试验区总体方案》	《2013上海方案》
《进一步深化中国（上海）自由贸易试验区改革开放方案》	《进一步深化上海方案》
《中国（上海）自由贸易试验区外商投资准入特别管理措施（负面清单）（2013年版）》	《2013自贸试验区负面清单》
《自由贸易试验区外商投资准入特别管理措施（负面清单）（2018年版）》	《2018自贸试验区负面清单》
《外商投资准入特别管理措施（负面清单）（2018年版）》	《2018全国版负面清单》
《外商投资准入特别管理措施（负面清单）（2021年版）》	《2021全国版负面清单》
《海南自由贸易港外商投资准入特别管理措施（负面清单）（2020年版）》	《2020年版海南自贸港负面清单》
《海南自由贸易港跨境服务贸易特别管理措施（负面清单）（2021年版）》	《2021年版海南自贸港负面清单》
《交通运输部、上海市人民政府关于落实〈中国（上海）自由贸易试验区总体方案〉加快推进上海国际航运中心建设的实施意见》	《实施意见》
《关于废止〈外商投资国际海运业管理规定〉〈外商独资船务公司设立管理办法〉的解读》	《废止解读》
《国务院关于在自由贸易试验区暂时调整有关行政法规、国务院文件和经国务院批准的部门规章规定的决定》	《暂时调整决定》
《国务院关于印发6个新设自由贸易试验区总体方案的通知》	《6个新设自贸试验区方案》
《中国（上海）自由贸易试验区临港新片区总体方案》	《临港新片区方案》

（续表）

文件全称	文件简称
《中国（海南）自由贸易试验区总体方案》	《海南方案》
《交通运输部关于国际集装箱班轮运价精细化报备实施办法的公告》	《班轮运价精细化报备办法》
《中华人民共和国外商投资法》	《外商投资法》
《中华人民共和国国际海运条例》	《国际海运条例》
《中华人民共和国国际海运条例实施细则》	《国际海运条例实施细则》
《中华人民共和国船舶登记办法》	《船舶登记办法》
《中华人民共和国海南自由贸易港法》	《海南自由贸易港法》

目录 CONTENTS

导 论 ……………………………………………………… 1
 第一节 问题的提出 …………………………………………… 3
 第二节 研究背景与研究意义 ………………………………… 5
  一、研究背景 ……………………………………………… 5
  二、研究意义 ……………………………………………… 9
 第三节 文献综述 ……………………………………………… 11
  一、自贸试验区和自贸港相关文献综述 ………………… 11
  二、国际航运市场准入相关文献综述 …………………… 14
 第四节 研究内容与研究方法 ………………………………… 16
 第五节 研究思路与篇章结构 ………………………………… 18
 第六节 创新之处与不足部分 ………………………………… 21
第一章 自贸试验区建设和国际航运市场准入的一般理论 …… 23
 第一节 自贸试验区和国际航运市场准入的基本理论 ……… 26
  一、自贸试验区的概念和特征 …………………………… 27
  二、国际航运市场准入的基本理论 ……………………… 50
 第二节 经济学视角下的自贸试验区国际航运市场准入 …… 63
  一、自贸试验区建设的经济学分析 ……………………… 64
  二、经济学理论在国际航运市场准入中的应用 ………… 69
 第三节 管理学视角下的自贸试验区国际航运市场准入 …… 72
  一、自贸试验区建设的管理学分析 ……………………… 72
  二、管理学理论在国际航运市场准入中的应用 ………… 75

第四节　法学视角下的自贸试验区国际航运市场准入 ……… 77
　一、自贸试验区建设的法学分析 ……………………… 77
　二、法学理论在国际航运市场准入中的应用 ………… 81
第五节　自贸试验区国际航运市场准入的立法依据和遵循
　　　　原则 ……………………………………………… 85
　一、自贸试验区国际航运市场准入的立法依据 ……… 86
　二、自贸试验区国际航运市场准入立法应遵循的
　　　原则 ……………………………………………… 87
第六节　自贸试验区国际航运市场准入的价值目标和现实
　　　　意义 ……………………………………………… 89
　一、自贸试验区国际航运市场准入的价值目标 ……… 89
　二、自贸试验区国际航运市场准入的现实意义 ……… 91
本章小结 ………………………………………………… 91

第二章　我国自贸试验区国际航运市场准入前国民待遇和负面清单制度 …………………………………………… 93

第一节　自贸试验区国际航运市场准入前国民待遇 ……… 96
　一、准入前国民待遇的内涵 …………………………… 96
　二、准入前国民待遇在我国航运业的适用 …………… 103
　三、国际航运市场准入前国民待遇面临的挑战 ……… 108
第二节　自贸试验区国际航运市场准入负面清单制度 …… 109
　一、自贸试验区负面清单制度的确立 ………………… 110
　二、国际航运市场准入负面清单的特征 ……………… 119
　三、国际航运市场准入负面清单的评估 ……………… 129
第三节　自贸试验区国际航运市场准入管理措施比较 …… 132
　一、自贸试验区对航运领域开放的深层次原因 ……… 132
　二、自贸试验区管理措施中涉及航运领域的政策
　　　特点 ……………………………………………… 135

第四节 航运市场准入前国民待遇和负面清单的国际实践
分析 …………………………………………………… 144
一、航运市场准入前国民待遇的国际实践分析 ……… 144
二、航运市场准入负面清单的国际实践分析 ………… 145
三、国际经验带来的启示 ………………………………… 157
本章小结 …………………………………………………… 160

第三章 我国自贸试验区国际航运市场准入制度的创新发展 … 163
第一节 自贸试验区国际航运市场准入制度创新发展的
探索历程 ……………………………………………… 166
一、国际航运市场准入制度的现状及不足 …………… 166
二、国际航运市场准入制度创新发展的必要性 ……… 170
第二节 自贸试验区国际海上运输业和辅助业市场准入的
创新发展 ……………………………………………… 172
一、国际海上运输业市场准入 ………………………… 172
二、国际海上运输辅助业市场准入 …………………… 179
第三节 自贸试验区国际邮轮市场准入的创新发展 ……… 189
一、国际邮轮市场准入及评估 ………………………… 189
二、国际邮轮市场准入的完善 ………………………… 196
第四节 自贸试验区航运保险市场准入的创新发展 ……… 198
一、航运保险市场准入及评估 ………………………… 199
二、航运保险市场准入的完善 ………………………… 203
第五节 自贸试验区国际船舶登记制度的创新发展 ……… 205
一、国际船舶登记制度的内容 ………………………… 206
二、国际船舶登记制度的发展 ………………………… 213
第六节 自贸试验区沿海捎带业务政策的创新发展 ……… 216
一、沿海捎带业务政策的由来 ………………………… 217
二、沿海捎带业务政策的发展 ………………………… 224
本章小结 …………………………………………………… 229

第四章 自贸港建设背景下国际航运市场准入制度的创新发展 ……… 231

第一节 自贸港建设的国内探索和国际实践 ……… 233
- 一、自贸港建设的国内探索 ……… 233
- 二、自贸港建设的国际实践 ……… 240

第二节 自贸港建设背景下国际航运市场准入制度取得的成效 ……… 243
- 一、《海南自由贸易港法》为我国航运业发展提供了重要法治保障 ……… 243
- 二、创新和推广了与国际航运市场开放相适应的政府管理制度 ……… 244
- 三、进一步促进我国在更高层次上参与国际竞争与合作 ……… 245

第三节 自贸港建设背景下国际航运市场准入制度面临的挑战 ……… 246
- 一、国际航运市场准入法律不健全 ……… 246
- 二、税收政策支持有待加强 ……… 247
- 三、风险管控水平有待提高 ……… 247

第四节 自贸港建设背景下国际航运市场准入制度发展的突破 ……… 248
- 一、立法保障层面 ……… 248
- 二、国家战略层面 ……… 251
- 三、具体配套措施层面 ……… 254

本章小结 ……… 257

第五章 我国自贸试验区国际航运市场准入监管制度创新 ……… 259

第一节 国际航运市场准入监管制度创新对航运业发展的意义 ……… 262
- 一、国际航运市场准入监管制度创新的必要性 ……… 262
- 二、国际航运市场准入监管制度创新的总体目标 ……… 268

三、国际航运市场准入监管制度创新产生的影响 …… 269
第二节 自贸试验区国际航运市场准入监管制度的探索与成效 …… 272
　一、国际航运市场准入监管制度的创新 …… 272
　二、强化政府事中事后监管制度的内容 …… 274
　三、国际航运市场准入监管制度的成效 …… 276
第三节 自贸试验区国际航运市场准入监管制度的不足 …… 284
　一、政府监管体制机制亟待完善 …… 284
　二、航运监管法律法规尚不健全 …… 287
　三、航运市场监管力度有待加强 …… 288
第四节 国外航运市场准入监管制度的经验及启示 …… 289
　一、美国航运市场准入监管制度 …… 289
　二、欧盟航运市场准入监管制度 …… 292
　三、国际经验对我国的启示 …… 295
本章小结 …… 300

结　论 …… 303

后　记 …… 309

导 论

第一节　问题的提出

"加快实施自由贸易区战略，是适应经济全球化新趋势的客观要求，是全面深化改革、构建开放型经济新体制的必然选择，也是我国积极运筹对外关系、实现对外战略目标的重要手段。"① 随着经济全球化、区域经济一体化趋势的不断发展，我国深化改革开放的新格局正逐渐形成。其中，自由贸易试验区（以下简称"自贸试验区"）建设成为推动我国经济转型升级发展的新动力，承担着在对外开放、制度创新等方面先行先试，以及为我国其他地区探索可复制可推广改革经验的重大历史使命。自 2013 年我国首个自贸试验区——中国（上海）自由贸易试验区（以下简称"上海自贸试验区"）挂牌成立至今，我国自贸试验区的发展已经历整整十年时间。截至 2023 年 11 月，我国已先后分批成立了 22 个自贸试验区，自贸试验区建设在区域开放广度和制度创新深度方面已全方位扩容升级。全国各自贸试验区基于地理优势和产业特点建构的功能定位各具特色、各有优势。我国 2018 年开始探索建设海南自由贸易港，2019 年增设中国（上海）自由贸易试验区临港新片区（以下简称"上海自贸区临港新片区"），2020 年继续增设北京、湖南和安徽三个自贸试验区。2023 年 11 月 1 日，我国第 22 个自贸试验区——中国（新疆）自由贸易试验区挂牌成立，成为我国在西北沿边地区设立的首个自贸试验区。② 总之，自贸试验区建设的稳步推进充分体现了我国在更

---

① 《习近平：加快实施自由贸易区战略 加快构建开放型经济新体制》，新华网，2014 年 12 月 6 日，http://www.xinhuanet.com//politics/2014-12/06/c_1113546075.htm，2020 年 1 月 1 日访问。

② 参见《中国（新疆）自由贸易试验区将开展 129 项改革创新试点》，新华网，2023 年 11 月 2 日，http://www.xj.xinhuanet.com/20231102/b27d8110744c4754b3b052be7a2374de/c.html，2023 年 11 月 9 日访问。

大范围吸收和运用前期成立的自贸试验区成功经验的结果,也彰显了我国面对复杂多变的国内外环境,继续加大力度推进对外开放进程的坚定决心。

至此,我国自贸试验区建设已形成"1+3+7+1+6+3+1"的新发展格局。这十年期间,我国自贸试验区建设取得了显著成效。增设自贸试验区和建设自由贸易港(以下简称"自贸港")、制定和实施负面清单、扩大服务业开放等一系列具体创新举措不断推进,表明了中国促进更高水平对外开放的决心和行动,也必将有利于营造稳定和可预期的全球经贸环境,对中国和世界来说都至关重要。[1]总体上,我国具有庞大的市场优势,全国统一大市场加速推进,但同时也必须看到国内外环境存在不少挑战:国内方面,我国经济发展面临需求收缩、供给冲击、预期转弱三重压力;国际方面,地缘政治冲突呈不断升级态势等。[2]

航运兴,则国运兴。航运业是我国对外开放的重要窗口,是我国实现对外经济健康发展的有力保障。纵观各自贸试验区总体方案文本,基本都涉及航运业相关规定。可见,航运业的发展在各自贸试验区建设过程中具有重要作用。从具体实践来看,航运领域一系列可复制可推广的创新政策正在试行,面对更深层次、更高水平的自贸试验区建设,我国航运领域进一步发展前景广阔。

本书从自贸试验区和国际航运市场准入的一般理论入手,从纵向和横向维度系统回顾和梳理了自贸试验区背景下我国国际航运市场准入方面一系列创新政策,着重讨论以下几个方面的问题:全球范围的自由贸易区(以下简称"自贸区")发展走过哪些历程?当前我国自贸试验区和自贸港建设进展如何?以自贸试验区建设为契机,我国国际航运市场准入前国民待遇和负面清单制度的发展面临哪些问题?我国自贸试验区试点实施了哪些有关外资进入国际航运市场的具体新规则、新措施?这些新规则、新措施对提升我国航

---

[1] 参见《更加开放的中国对世界至关重要》,中国政府网,2019年9月7日,http://www.gov.cn/xinwen/2019-09/07/content_5428048.htm,2020年2月8日访问。

[2] 参见朱福林、何曼青、孙宇:《利用外资这十年:前景展望与政策建议》,载《中国外资》2022年第9期。

运国际竞争力起到了哪些积极作用？在自贸港建设背景下，我国国际航运市场准入制度创新发展如何进一步推进？如何通过自贸试验区和自贸港建设进一步完善我国国际航运市场准入监管制度创新？

本书写作目的就是在国内国际背景下，结合我国自贸试验区的改革实践，研究国际航运市场准入方面一系列创新制度，为我国相关实践提供学理上的支持。

第二节　研究背景与研究意义

赋予自贸试验区更大改革自主权，探索建设中国特色自贸港，是当前我国全面深化改革的重要任务。在此背景下，对我国国际航运市场准入制度展开深入的研究具有重要意义。

一、研究背景

我国正处在加快构建开放型经济新体制的关键时期，随着改革开放的推进，我国经济已从高速增长走向高质量的中高速发展，需要通过建立自贸试验区来坚持"走出去"，扩大世界影响力。2013年9月18日发布的《国务院关于印发中国（上海）自由贸易试验区总体方案的通知》第1条指出："建立中国（上海）自由贸易试验区，是党中央、国务院作出的重大决策，是深入贯彻党的十八大精神，在新形势下推进改革开放的重大举措，对加快政府职能转变、积极探索管理模式创新、促进贸易和投资便利化，为全面深化改革和扩大开放探索新途径、积累新经验，具有重要意义。"

从国际形势方面看，当今世界正处于百年未有之大变局，我国发展面临新形势、新挑战。全球化是时代发展的潮流，但是目前逆全球化思潮不断涌现，中美两国之间不断进行战略博弈，国际经贸秩序面临深度调整，国际环境日趋复杂。此外，2020年年初暴发的新冠病毒感染疫情给全球产业链和供应链带来巨大冲击，世界经济遭受重创。"逐步形成以国内大循环为主体、国内国际双循环相互促进的新发展格局",这是中央根据国内国际形势发展的新变化作出的重大战略部署。① 自贸试验区作为"双循环"格局下我国对外开放和制度创新的新高地,是实现我国经济高质量发展、促进国内国际经济双循环的重要平台和关键支撑点。

从国内经济方面看,我国正处于转变发展方式、优化经济结构、转换增长动能的过渡期,经济下行压力加大,全面深化改革进入攻坚期,亟待通过扩大开放倒逼改革,实现开放和改革的良性互动。② 自贸试验区建设就是为了进一步改革开放,打造中国经济的"升级版",为中国国内改革指明新的方向,逐步建立起合理有益的与国际接轨的经济规则,进而塑造国内企业的真正国际竞争力。③ 由此,自贸试验区和自贸港的建设与探索是我国实行更高水平对外开放的国家战略。

自贸试验区是我国经济转型升级时期坚持深化改革的一项顶层设计。近些年,世界贸易处于逆全球化发展、贸易保护主义及单边主义抬头、国际经贸规则重构的多重压力下,整体国际贸易环境的形势越来越严峻,给我国经济带来诸多不稳定因素,要想实现突破,必须要有重大开放举措。党的二十大报告提出要"加快建设海南自由贸易港,实施自由贸易试验区提升战略,扩大面向全球的高标准自由贸易区网络",这意味着我国将继续对内不断深化改革、对外扩大开放的进程。

截至 2023 年 11 月,我国自贸试验区建设已经过七次扩容,形成了全国东西南北中协调、全方位、高水平对外开放新格局。自贸试验区不断拓展发展空间并释放发展潜力,积极探索在更大范围内扩大开放的新路径,进一步彰显了中国支持建设开放型世界经济的决心和与世界共享机遇的信心。

事实上,我国自贸试验区总体布局始终与国家区域经济发展总

---

① 参见张兴祥、王艺明:《"双循环"格局下的自贸试验区》,载《人民论坛》2020年第 27 期。

② 参见吴士存主编:《海南自由贸易港未来及全球定位》,广东人民出版社 2021 年版,第 7 页。

③ 参见福建师范大学福建自贸区综合研究院编著:《自贸区大时代:从福建自贸试验区到 21 世纪海上丝绸之路核心区》,北京大学出版社 2015 年版,第 47 页。

体布局保持一致，也正与我国"一带一路"倡议、京津冀协同发展、粤港澳大湾区建设、长三角区域经济一体化发展和上海国际航运中心建设等国家战略对接。同时，全国不同地区的自贸试验区建设各具特点、各有优势。每一批自贸试验区建设总体方案中，各地区在功能定位、发展目标上都进行了各有侧重、各有优势的试点布局。

以第五批设立的自贸试验区为例，2019年8月6日，国务院同意设立上海自贸区临港新片区，其定位为对标国际公认竞争力最强的自贸区，打造在全球范围内更具影响力和竞争力的特殊经济功能区。同月26日，国务院发布《国务院关于印发6个新设自由贸易试验区总体方案的通知》（以下简称《6个新设自贸试验区方案》），明确在山东、江苏、广西、河北、云南、黑龙江设立自贸试验区。新设立的6个自贸试验区也是结合自身特点，有所侧重地推进自贸试验区建设。其中，山东自贸试验区围绕以增强社会经济发展创新力、建设海洋强国为重点的发展战略要求，推进新旧产能转换、发展海洋经济，在此基础上加快形成对外开放新高地；江苏自贸试验区围绕以深化产业发展、加快实施以制度创新驱动经济建设为重点的发展战略要求，大力推动高水平对外开放，着力打造以实体经济创新发展、产业转型升级为主要内容的示范区；广西自贸试验区围绕以促进西南、中南地区开放为重点的发展战略要求，着力建设面向东盟的国际陆海新通道，打造与"一带一路"、21世纪海上丝绸之路和丝绸之路经济带发展有效衔接的重要开放门户；河北自贸试验区围绕以促进京津冀协同发展、高标准建设雄安新区为重点的发展战略要求，着力打造新型工业化基地、全球创新高地；云南自贸试验区围绕以建设与"一带一路"、长江经济带互联互通的重要通道为重点的发展战略要求，加快形成面向南亚、东南亚辐射的改革开放前沿；黑龙江自贸试验区围绕以全面振兴东北、建成向北开放重要窗口为重点的发展战略要求，着力深化产业结构调整，打造对俄罗斯及东北亚区域合作的中心枢纽。

以第六批设立的自贸试验区为例，2020年9月21日，国务院发布《国务院关于印发北京、湖南、安徽自由贸易试验区总体方案及浙江自由贸易试验区扩展区域方案的通知》（以下简称《北京、湖南、安徽自贸试验区总体方案及浙江自贸试验区扩区方案》），设立北京、湖南、安徽自贸试验区，并明确其各自发展的战略定位及目标。其中，北京自贸试验区要全面落实中央关于深入实施创新驱动发展、推动京津冀协同发展战略等要求，助力建设具有全球影响力的科技创新中心，加快打造服务业扩大开放先行区、数字经济试验区，着力构建京津冀协同发展的高水平对外开放平台；湖南自贸试验区要发挥东部沿海地区和中西部地区过渡带、长江经济带和沿海开放经济带结合部的区位优势，着力打造世界级先进制造业集群、联通长江经济带和粤港澳大湾区的国际投资贸易走廊、中非经贸深度合作先行区和内陆开放新高地；安徽自贸试验区要发挥在推进"一带一路"建设和长江经济带发展中的重要节点作用，推动科技创新和实体经济发展深度融合，加快推进科技创新策源地建设、先进制造业和战略性新兴产业集聚发展，形成内陆开放新高地。

在我国自贸试验区建设中最关键的是服务贸易的对外开放，而航运服务领域的开放是我国自贸试验区六大服务开放领域之一。在六大服务开放领域中，航运业作为服务业的重要内容之一，对国民经济有着不可或缺的带动作用。在我国自贸试验区建设背景下，一系列有关国际航运市场准入方面的创新政策陆续出台并在自贸试验区内开展试点，具体包括复制推广准入前国民待遇和负面清单管理制度、优化国际船舶登记手续和流程、逐步放宽中外合资合作国际船舶运输企业外商投资股比限制等。与此同时，国务院和交通运输部相继出台一系列文件：2013年9月2日，交通运输部办公厅公布《关于促进航运业转型升级健康发展的若干意见》；2019年7月25日，交通运输部公布《数字交通发展规划纲要》；2019年9月19日，中共中央、国务院印发《交通强国建设纲要》；2021年12月22日，交通运输部公布《数字交通"十四五"发展规划》等。

这一系列文件的出台，从不同角度体现了国家在深入推进自贸试验区和自贸港建设过程中，对加快建立开放有序的国际航运市场、提高我国航运国际竞争力的要求。

二、研究意义

近些年来，习近平总书记高屋建瓴、因势利导，对自贸试验区和自贸港的建设与发展作出一系列重要指示。2018年，习近平总书记对自贸试验区建设作出重要指示："建设自由贸易试验区是党中央在新时代推进改革开放的一项战略举措，在我国改革开放进程中具有里程碑意义。……一大批制度创新成果复制推广至全国，发挥了全面深化改革的试验田作用。"① 2021年7月9日，习近平总书记在中央全面深化改革委员会第二十次会议上进一步要求："要围绕实行高水平对外开放，充分运用国际国内两个市场、两种资源，对标高标准国际经贸规则，积极推动制度创新，以更大力度谋划和推进自由贸易试验区高质量发展。"②

十年来，我国自贸试验区建设在探索更大改革自主权方面一直苦下功夫。据不完全统计，前18个自贸试验区已在本省份内推广了约1400项制度创新成果。③ 国家层面总结提炼了七批改革试点经验、四批最佳实践案例，共向全国复制推广302项制度创新成果。④ 与此同时，随着我国经济不断发展，国家制定了一系列系统性的发展战略，这些发展战略都要在特定环境下推进，不同的发展战略之间应具有相互协调性，而自贸试验区在这个关键的历史时期承担着为国家系统性发展战略进行制度创新的重要任务。因此，结合我国当前经济协调发展的战略要求，全国自贸试验区的逐步扩容和不断演进

---

① 《习近平：把自由贸易试验区建设成为新时代改革开放新高地》，新华网，2018年10月24日，http://www.xinhuanet.com/politics/leaders/2018-10/24/c_1123608494.htm，2020年1月1日访问。

② 转引自曹华云：《深化自贸试验区改革创新》，中国共产党新闻网，2021年12月15日，http://cpc.people.com.cn/n1/2021/1215/c64387-32308162.html，2022年5月10日访问。

③ 参见于佳欣：《"更大力度"，总书记对自贸试验区建设提出新要求》，新华网，2021年7月11日，http://www.xinhuanet.com/politics/leaders/2021-07/11/c_1127644308.htm，2021年12月30日访问。

④ 参见《国务院新闻办发布会介绍自贸试验区建设十周年有关情况》，中国政府网，2023年9月28日，https://www.gov.cn/govweb/zhengce/202309/content_6906861.htm，2023年11月9日访问。

具有重大意义。相应地，在航运领域对我国自贸试验区背景下国际航运市场准入制度的研究，无论是理论上还是实践中都具有很高的学术价值和实践意义。

自贸试验区设立的作用之一是完成党的十八大提出的"全面提高开放型经济水平"这一战略任务的"试验田"。在航运领域，自贸试验区实施的一系列新规则和新措施，为完善我国航运市场制度建设，促进我国航运资源优化配置及航运企业转型升级，加快航运资源的集聚起到了重要的推动作用。当前，各地自贸试验区作为我国探索对外开放的新领域，深入开展对国际航运市场方面的探索尤为关键，这无疑为航运服务业的扩大开放注入了新活力，为我国航运贸易发展提供了崭新的平台。此外，通过对自贸试验区背景下国际航运市场准入一系列创新政策的研究，包括对国际海上运输业及辅助业市场准入、国际邮轮市场准入、船舶保险市场准入、国际船舶登记、沿海捎带业务等方面创新政策的梳理和评估，可以了解国际航运市场发展的动态，掌握最新信息，在促进国际航运市场准入监管制度创新的同时，也为我国航运法律体系的完善提供理论支撑。

从实践领域来说，当今国内外环境复杂多变，多边贸易体制和国际经贸秩序面临重大挑战，自贸试验区建设正是我国以不断扩大开放的确定性应对来自外部环境的不确定性，为维护自由贸易、建设开放型世界经济贡献中国智慧和方案。① 随着我国国际航运市场的不断开放，应当加快规范国际航运市场秩序的步伐。在自贸试验区建设过程中，国际航运市场准入的标准和监管体系面临挑战，应继续完善包括码头作业费在内的海运附加费的运价备案制度，利用大数据，高效推进港航信用体系建设。本书将深入探讨自贸试验区背景下国际航运市场准入的新规则变化给我国航运业发展带来的影响，在此基础上形成自贸试验区背景下我国国际航运市场准入发展战略和对策，对推进我国航运强国建设具有重要的实践意义。

---

① 参见《人民日报钟声：扩大开放，见中国胸怀》，新浪网，2019 年 9 月 4 日，https://news.sina.com.cn/o/2019-09-04/doc-iicezueu3248523.shtml，2020 年 9 月 5 日访问。

第三节 文 献 综 述

从笔者目前掌握的现有文献来看，国内全面、系统阐述自贸试验区背景下国际航运市场准入制度的相关理论研究成果较少，仅有少量科研机构的研究报告、学术期刊论文以及博士、硕士论文。已有研究成果可分为自贸试验区和自贸港相关文献、国际航运市场准入相关文献两部分。

一、自贸试验区和自贸港相关文献综述

随着我国新一轮深化改革的不断推进，对自贸试验区和自贸港的研究一直是国内外学者关注的热点，众多学者在这方面做了不少研究。同时，国内各高校结合各自优势专业纷纷建立与自贸试验区和自贸港相关的研究院和科研所，并相继开展了有关自贸试验区和自贸港的研究。

在自贸试验区和自贸港发展的总体评估方面，主要研究成果有：肖林（2016）[①] 结合中美 BIT 等中国参与国际自由贸易协定（以下简称"自贸协定"）的实践，为中国自贸试验区的发展提供最高标准开放与制度创新的政策建议。徐奇渊等（2018）[②] 主要对比全国各自贸试验区的发展现状、功能定位、优劣势及各项政策措施等的实施，从不同角度对自贸试验区的发展进行评估。赵晓雷（2017）[③] 围绕中国自贸试验区的新格局，应对"一带一路"建设在亚欧大陆持续展开，从自贸试验区与"一带一路"协同发展的角度提出自贸试

[①] 参见肖林主编：《高标准开放与制度创新——中国自由贸易试验区智库报告 2015/2016》，格致出版社 2016 年版，第 30—55 页。

[②] 参见徐奇渊、毛日昇、高凌云、董维佳：《中国自贸区发展评估》，社会科学文献出版社 2018 年版，第 45—60 页。

[③] 参见赵晓雷主编：《胜在自贸区 II：赵晓雷和他的团队论自贸区与"一带一路"建设》，首都经济贸易大学出版社 2017 年版，第 50—77 页。

验区发展相关见解和政策建议。王力、黄育华（2019）[①] 从理论、实践、制度、政策等多角度对我国自贸试验区的成就及发展方向进行研究，总结自贸试验区的发展机遇和存在的问题，提出相应的政策建议。他们从"逆全球化"背景下国际经贸规则重构角度阐述了自贸试验区战略在我国新一轮改革开放中的重要使命，揭示出"走渐进式开放之路"的自贸试验区发展路径。孙元欣（2019）[②] 总结了中国自贸试验区的制度创新和可推广复制经验，梳理了包括上海自贸试验区、广东自贸试验区在内的全国各自贸试验区以及海南自由贸易港的概况和改革成效。肖林、张湧（2017）[③] 总结了上海自贸试验区建设成果，紧紧围绕国家战略在重大问题上进行研究总结，对推动自贸试验区在更高层次、更广领域推进改革试验具有重要理论价值。吴士存（2021）[④] 分析了当前海南自由贸易港建设面临的机遇和挑战，并提出了一系列相应的政策建议。

在自贸试验区和自贸港立法方面，相关研究较多，主要有：龚柏华（2013）[⑤] 从"法无禁止即可为"的法理出发，分析了自贸试验区外资准入负面清单的解释法理，认为"法无禁止即可为"法理思想如果在自贸试验区负面清单法治实践中得以贯彻，通过推广、复制，可进一步推动我国的法治改革。李猛（2017）[⑥] 探究了我国自贸试验区国家立法存在的现实问题和不足，认为要结合本国国情，不断完善现行自贸区法律制度。刘云亮、许蕾（2021）[⑦] 认为，自贸港

[①] 参见王力、黄育华主编：《自贸区蓝皮书：中国自贸区发展报告（2018—2019）——中国自由贸易试验区改革创新实践》，社会科学文献出版社2019年版，第80—99页。
[②] 参见孙元欣主编：《2019中国自由贸易试验区发展研究报告：建设新时代改革开放的新高地》，格致出版社、上海人民出版社2019年版，第101—120页。
[③] 参见肖林、张湧主编：《中国（上海）自由贸易试验区制度创新：回顾与前瞻》，格致出版社2017年版，第20—30页。
[④] 参见吴士存主编：《海南自由贸易港未来及全球定位》，广东人民出版社2021年版，第237—253页。
[⑤] 参见龚柏华：《"法无禁止即可为"的法理与上海自贸区"负面清单"模式》，载《东方法学》2013年第6期。
[⑥] 参见李猛：《中国自贸区国家立法问题研究》，载《理论月刊》2017年第1期。
[⑦] 参见刘云亮、许蕾：《中国特色自由贸易港法治创新研究》，载《重庆理工大学学报（社会科学）》2021年第5期。

创新立法体制，推动了自贸港法治建设立法先行，促进了自贸港法治体系的形成。贺小勇（2021）[①]指出了制定《海南自由贸易港法》的重要意义，认为作为我国第一部自由贸易港法，《海南自由贸易港法》体现了高质量立法引领推动高水平开放的法治理念。

《海南自由贸易港法》2021年6月出台后，诸多学者围绕海南自由贸易港的仲裁问题、数字贸易问题、税收和金融制度问题及其与《区域全面经济伙伴关系协定》（Regional Comprehensive Economic Partnership，RCEP）、《全面与进步跨太平洋伙伴关系协定》（Comprehensive and Progressive Agreement for Trans-Pacific Partnership，CPTPP）规则衔接等问题展开了具体研究。例如，王琦、黄恒林（2022）[②]的《海南自由贸易港仲裁问题审视及机制创新》，张亨明、潘梦启、纪志敏（2022）[③]的《海南自由贸易港数字化建设存在的问题及路径探析》，王方宏（2022）[④]的《自由贸易港金融安排的国际比较和海南探索》，李蕊、袁华萃（2022）[⑤]的《海南自由贸易港税收优惠与税收中性之制度协同》，许多奇（2022）[⑥]的《重释税收法定主义——以〈海南自由贸易港法〉颁布为契机》，海南省地方金融监督管理局课题组、陈阳（2022）[⑦]的《CPTPP金融规则与海南自由贸易港金融业开放创新》，刘云亮、卢晋（2022）[⑧]

[①] 参见贺小勇：《〈海南自由贸易港法（草案）〉修改的七大建议》，载《上海对外经贸大学学报》2021年第2期。

[②] 参见王琦、黄恒林：《海南自由贸易港仲裁问题审视及机制创新》，载《海南大学学报（人文社会科学版）》2022年第5期。

[③] 参见张亨明、潘梦启、纪志敏：《海南自由贸易港数字化建设存在的问题及路径探析》，载《海南大学学报（人文社会科学版）》2022年第4期。

[④] 参见王方宏：《自由贸易港金融安排的国际比较和海南探索》，载《国际金融》2022年第4期。

[⑤] 参见李蕊、袁华萃：《海南自由贸易港税收优惠与税收中性之制度协同》，载《海南大学学报（人文社会科学版）》2022年第6期。

[⑥] 参见许多奇：《重释税收法定主义——以〈海南自由贸易港法〉颁布为契机》，载《法学论坛》2022年第2期。

[⑦] 参见海南省地方金融监督管理局课题组、陈阳：《CPTPP金融规则与海南自由贸易港金融业开放创新》，载《南海学刊》2022年第3期。

[⑧] 参见刘云亮、卢晋：《RCEP视域下中国特色自贸港国际化建设的法治路径》，载《广西社会科学》2022年第7期。

的《RCEP视域下中国特色自贸港国际化建设的法治路径》。

二、国际航运市场准入相关文献综述

涉及市场准入方面的研究主要有：管金平（2017）[①]基于自贸试验区的负面清单制度进行研究，指出未来我国市场准入法律制度应立足以下三方面进行改进：进一步识别市场经济的需求和特性、实现内外资市场准入法律制度的联动改革、共同促进市场准入法的结构化；钱晓萍（2015）[②]围绕丝绸之路经济带市场准入法律制度的建设，提出要充分借鉴国际经济一体化组织市场准入法律制度的成功经验，结合自身特点，推动区域经济一体化发展。涉及准入前国民待遇和负面清单制度的国外文献不少，Pei Changhong、Yang Zhiyuan、Liu Hongkui（2014）[③]、S. Gopalan、A. A. Malik、K. A. Reinert（2013）[④]、Robert W. Staiger & Alan O. Sykes（2011）[⑤]、Andrea K. Bjorklund（2008）[⑥]等主要从全球范围讨论市场准入的负面清单和国民待遇问题。另外，联合国贸发会议（UNCTAD）文件中也有涉及国民待遇的研究报告。[⑦]

---

① 参见管金平：《中国市场准入法律制度的演进趋势与改革走向——基于自贸区负面清单制度的研究》，载《法商研究》2017年第6期。

② 参见钱晓萍：《丝绸之路经济带市场准入国际法律制度构建研究》，载《新疆大学学报（哲学人文社会科学版）》2015年第3期。

③ See Pei Changhong, Yang Zhiyuan & Liu Hongkui, *et al.*, The Effect of Negative List on Global Value Chain of Service Industry, *Finance & Trade Economics*, Vol. 35, No. 12, 2014, pp. 5-16.

④ See S. Gopalan, A. A. Malik & K. A. Reinert, The Imperfect Substitutes Model in South Asia: Pakistan-India Trade Liberalization in the Negative List, *South Asia Economic Journal*, Vol. 14, No. 2, 2013, pp. 211-230.

⑤ See Robert W. Staiger & Alan O. Sykes, International Trade, National Treatment, and Domestic Regulation, *The Journal of Legal Studies*, Vol. 40, No. 1, 2011, pp. 149-203.

⑥ See Andrea K. Bjorklund, National Treatment, in August Reinisch (ed.), *Standards of Investment Protection*, Oxford University Press, 2008, pp. 29-58.

⑦ See UNCTAD, National Treatment, https://unctad.org/en/Docs/psiteiitd11v4.en.pdf, visited on Apr. 20th, 2019.

涉及航运领域市场准入方面的研究主要有：汤晓峰（2014）[①]从理论角度出发，研究市场准入法律制度，通过研究航运市场的产业发展和特点，深入分析航运市场和航运企业、航运法律法规之间的关系，对航运主体进入航运市场进行规范和引导，为合理配置航运市场资源、促进航运业健康发展提供理论参考；胡正良（2003）[②]《中国航运法之研究》，以微观经济学、法理学、法律经济学等基础理论作为指导，立足我国航运市场经济的现实需求，对航运法的系统基础理论和航运法的主要制度作了系统和全面的研究，并提出了具体立法建议；胡正良、郑丙贵（2012）[③]《中国〈航运法〉制定中几个基本理论问题之研究》，结合航运经济和航运市场的特点，分析和探讨了《航运法》的基本理论问题；李光春（2016）[④]《航运法研究》，结合航运实践，分析了国内航运立法实践状况和经验，为我国全面深入开展航运法研究提供了基础理论和制度框架参考。

在国际航运市场准入方面，针对美国航运市场立法的相关文献主要有於世成（2007）[⑤]的《美国航运法研究》，首次系统阐述了美国航运法律制度，研究了国际航运协议组织反垄断豁免制度，运价管理制度、远洋运输中介人制度等一系列美国航运法实施的制度，对健全我国航运法律制度具有重要意义；欧盟航运政策与法律方面研究的相关文献主要有：於世成、邹盈颖（2006）[⑥]的《论禁止滥用市场优势地位制度在国际航运竞争法中的运用》，探讨了禁止滥用市场优势地位制度在我国航运竞争法中的运用，论述了该制度基本要素在国际航运领域的具体体现，并提出对国际航运竞争行为规制的

[①] 参见汤晓峰：《中国航运市场准入法律制度研究》，大连海事大学 2014 年博士学位论文，第 1—127 页。
[②] 参见胡正良：《中国航运法之研究》，大连海事大学 2003 年博士学位论文，第 1—249 页。
[③] 参见胡正良、郑丙贵：《中国〈航运法〉制定中几个基本理论问题之研究》，载《中国海商法研究》2012 年第 1 期。
[④] 李光春：《航运法研究》，法律出版社 2016 年版。
[⑤] 参见於世成：《美国航运法研究》，北京大学出版社 2007 年版。
[⑥] 参见於世成、邹盈颖：《论禁止滥用市场优势地位制度在国际航运竞争法中的运用》，载《法学评论》2006 年第 5 期。

建议；王秋雯（2018）① 的《欧盟司法实践视角下海运业之竞争法律规制》；围绕欧盟海运业竞争规制的基本法律框架展开讨论，列举了欧盟海运业竞争规制的代表性司法判例，对其海运竞争规制的法律实践进行比较法视域考察；张丽（2021）② 的《航运公法专论》，梳理了中国和欧盟国家主要航运公法规范制度，并结合海商法等私法规范，阐述了航运公法领域的一系列制度。

结合自贸试验区和自贸港背景下的航运市场相关研究，主要有：上海海事大学课题组、汪传旭（2014）③ 围绕上海自贸试验区推出的一系列航运创新举措及存在的问题进行探讨，并就国际航运发展综合试验区新一轮政策突破提出基本思路。殷明（2019）④ 围绕港航业开展的一系列研究成果和心得，基于对自贸试验区与自贸港的概念、特征、发展沿革等背景信息的梳理和思考，分析和展望了中国港航业的创新发展。涂成祥（2022）⑤ 指出，2021年6月《海南自由贸易港国际船舶条例》的出台吸引了大量国际航行船舶来海南登记，推动了现代航运服务业在海南聚集，但是我国航运业在发展过程中尚存在税负过重和过多、行政管制较为严格等问题，建议以国际船舶登记制度集成创新为抓手，加强各地海事部门与各职能部门的沟通协调，科学设计航运政策制度体系。

第四节　研究内容与研究方法

本书重点研究的是自贸试验区背景下我国国际航运市场准入制

---

① 参见王秋雯：《欧盟司法实践视角下海运业之竞争法律规制》，载《大连海事大学学报（社会科学版）》2018年第1期。

② 张丽：《航运公法专论》，法律出版社2021年版。

③ 参见上海海事大学课题组、汪传旭：《推进国际航运发展综合试验区新一轮政策突破》，载《科学发展》2014年第7期。

④ 参见殷明主编：《中国港航业的创新发展：从自由贸易试验区到自由贸易港》，上海浦江教育出版社2019年版，第58—70页。

⑤ 参见涂成祥：《〈海南自由贸易港国际船舶条例〉立法中的若干思考》，载《中国海事》2022年第8期。

度。结合当下自贸试验区、上海自贸区临港新片区和海南自由贸易港建设的背景,对我国航运市场准入方面的新变化、新举措进行深入分析;通过对航运创新政策的横向和纵向比较,借鉴国外经验,对国际航运市场准入的一系列问题进行深入研究,评价和分析了我国国际航运市场准入制度的创新发展。

本书查阅了大量书籍、期刊、网站、电子资源等文献,总结了国内外经验,并特别针对自贸试验区国际航运市场准入一系列创新政策进行分析与探讨。具体研究方法包括:

第一,文献研究法。关于自贸试验区、自贸港以及国际航运领域创新政策、航运市场准入等方面的研究是与时俱进、不断发展的,我们在学习相关理论知识的同时,更应注重和掌握最新的发展动态和现实。因此,除了相关领域的书籍以及国内外丰富的期刊电子资源之外,还应该充分地利用网络搜索引擎去相关网站查询最新政策、新闻及信息。在论文写作期间,笔者登陆国务院、交通运输部、各地自贸试验区等官方网站查询和了解最新信息,并经常浏览世界贸易组织(World Trade Organization,WTO)、联合国贸发会议、欧盟委员会(European Commission,EC)、美国贸易代表署(United States Trade Representative,USTR)、美国联邦海事委员会(Federal Maritime Commission,FMC)等境外网站,了解和掌握我国及国际上航运领域的最新发展动态,及时下载和更新所需要的数据和最新资料,使本书研究更具有科学性、准确性和可靠性。

第二,比较研究法。比较研究法是指对事物的相似与相异程度进行比较和分析的方法。本书参考分析了美国、加拿大、日本、韩国等发达国家在国际航运市场准入方面的做法,也参考分析了印度、马来西亚等发展中国家的经验,同时详细阐述我国各地自贸试验区建设的不同发展目标和战略定位,在比较研究的基础上,就差异化探索我国自贸试验区背景下国际航运市场准入方面的政策进行比较分析,总结出有利于我国国际航运市场准入制度发展和完善的先进经验,为我国相关立法与实践提供参考性意见。

第三,价值分析法。价值分析法是指在感知和认识相关事物的价值属性基础上,进一步对其进行客观评价,进而深刻揭示、批判或证明具有一定社会价值和意义的方法。法律作为社会规范和调整社会各方利益关系的制度体系，其本身具有一定的社会价值评价功能。因此，本书对国际航运市场、航运企业以及航运立法进行了客观的价值分析，为笔者在自贸试验区国际航运市场准入方面作出具有意义的价值评价起到较大的作用。

第四，数据分析法。分析问题和解决问题离不开数据。本书为了更好地分析问题和解决问题，援引了众多相关国际组织、其他国家和地区以及我国等官方机构公布的数据。对这些数据的收集、整理和分析为本书深入剖析和阐述国际航运市场领域的一些问题提供了有用的实践支撑。

第五，归纳演绎法。归纳法是从个别事例概括出一般性原则，也即由个别到一般的推理方式和思维方法。演绎法是从一般性原则出发，推导出个别事例的特性，也即由一般到个别的推理方式和思维方法。本书将归纳法和演绎法相结合，对国内外有关自贸试验区国际航运市场准入制度差异化发展的原因和特征进行归纳总结，发掘自贸试验区国际航运市场准入制度发展和完善的一般性规律。在此基础之上，通过层层推导进一步解释并论证了自贸试验区国际航运市场产业结构调整、航运企业发展以及国际航运市场准入法律制度建设等问题，力争使本书研究做到严谨和精准。

第五节　研究思路与篇章结构

本书首先详细阐述了我国自贸试验区建设和国际航运市场准入的一般理论；其次，横向探讨了以自贸试验区建设为契机，我国国际航运市场准入前国民待遇和负面清单制度的发展状况；再次，纵向梳理了我国自贸试验区背景下国际航运市场准入制度创新的新发展，明确自贸港建设背景下国际航运市场准入制度创新发展需要突破的方面；最后，探讨了我国自贸试验区国际航运市场准入监管制度创新在实践探索过程中取得的成效和存在的不足，提出国际航运市场准入监管制度完善的进一步建议。

本书共有七个部分内容，包括：

导论。首先，提出问题，明确本书研究的内容，并详细阐述本书的研究背景及意义。面对当前复杂多变的国内外环境，自贸试验区作为我国新时期深层次扩大开放的一项关键举措，在促进外商投资、推动我国整体经济发展等方面具有举足轻重的作用，是我国深化改革和对外开放的重要平台。其次，分别对自贸试验区、国际航运市场准入等方面的国内外相关文献进行归纳梳理，为本书研究奠定扎实的基础。再次，阐明本书研究方法，具体包括文献研究法、比较研究法、价值分析法等，进一步确立本书的研究思路和研究框架。最后，指出本书的创新点和不足之处。

第一章"自贸试验区建设和国际航运市场准入的一般理论"。回顾世界自贸区的发展过程和特点，梳理我国自2013年9月上海自贸试验区成立起，自贸试验区从1.0版到7.0版的发展历程；系统阐述了国际航运市场准入的概念、特征及其特殊性，以经济学、管理学和法学理论角度为切入点，对自贸试验区国际航运市场准入制度进行了理论分析，并探讨了经济学、管理学和法学理论在国际航运市场准入中的具体应用，明确本书是多角度研究自贸试验区国际航运市场准入制度；进一步阐述自贸试验区国际航运市场准入的立法依据和应遵循的原则，以及在自贸试验区建设背景下我国国际航运市场准入制度创新发展的价值目标和重要的现实意义。

第二章"我国自贸试验区国际航运市场准入前国民待遇和负面清单制度"。准入前国民待遇和负面清单制度是自贸试验区外商投资管理制度改革的焦点，也是难点。本章首先围绕国际航运市场准入前国民待遇的内涵进行阐述，分析准入前国民待遇在我国航运业的应用，以及在新形势下我国国际航运市场准入前国民待遇发展面临的挑战。其次，深入分析我国航运市场准入负面清单的现状和发展，对国际航运市场准入负面清单的实施情况进行评估，并对我国各自贸试验区国际航运市场准入的管理措施进行探讨。再次，就航运市场准入前国民待遇和负面清单制度在国际上的实践情况进行比较分析。最后，选取美国与韩国、加拿大与乌拉圭等国家之间的双边或多边投资协定中航运负面清单文件进行比较，得出完善我国航运负面清单的启示。我国国际航运市场准入前国民待遇和负面清单制度的发展不能盲目照搬，也不能妄自菲薄。要立足国情，稳步推进我国国际航运市场的进一步开放，完善相关配套航运法律法规制度，努力提高我国航运业的国际竞争力。

第三章"我国自贸试验区国际航运市场准入制度的创新发展"。本章系统回顾和梳理了我国自贸试验区国际航运市场准入制度创新发展的探索历程，指出当前我国国际航运市场准入发展存在不足之处，因而在自贸试验区背景下国际航运市场准入制度的创新发展具有重要意义。本章还具体分析和评价了我国自贸试验区国际航运市场准入方面的创新政策，包括国际海上运输业和辅助业市场准入的创新发展、国际邮轮市场准入、航运保险市场准入、国际船舶登记制度、沿海捎带业务政策等方面的创新发展。

第四章"自贸港建设背景下国际航运市场准入制度的创新发展"。本章探讨了自贸港背景下我国国际航运市场准入制度的突破，详细阐述了从自贸试验区到自贸港建设的国内探索和国际实践，并对我国自贸港背景下国际航运市场准入制度的突破进行总体评价，指出现阶段我国国际航运市场准入制度创新在取得一定成效的同时仍面临诸多新挑战，从立法保障、国家战略及具体措施等方面对完善我国国际航运市场准入制度提出建议。

第五章"我国自贸试验区国际航运市场准入监管制度创新"。首先，从国际航运市场准入监管制度创新对促进我国航运业发展的必要性着手，详细探讨了我国自贸试验区国际航运市场准入监管制度创新的一系列实践探索，明确自贸试验区背景下我国国际航运市场准入制度创新的总体目标及其对航运业带来的影响。其次，总结现阶段我国自贸试验区国际航运市场准入监管制度创新取得的成效和面临的挑战，发现尚存在政府监管体制机制不完善、航运监管法律制度不健全、航运市场监管力度薄弱等问题。最后，借鉴国外航运市场准入监管制度和实践经验，提出我国国际航运市场准入监管制度创新的进一步发展方向。

结论。归纳观点，得出结论。航运业是我国自贸试验区和自贸港建设的一项重要内容，同时自贸试验区和自贸港的建设也对航运业发展起到积极的促进作用。在我国自贸试验区和自贸港建设进程中，制定和完善与国际航运事业发展相适应并且符合我国国情的立法意义重大。

第六节　创新之处与不足部分

本书创新之处有：

第一，从理论和实践的结合上探讨我国自贸试验区国际航运市场准入制度的创新发展。笔者既从学术的角度研究我国自贸试验区国际航运市场准入制度，又注重从实践的角度对涉及国际航运市场准入创新政策进行剖析和思考。本书着眼于国际航运市场准入涉及的相关理论和实践，落脚点在我国自贸试验区，就新形势下我国国际航运市场准入领域一系列制度创新进行深入探讨。

第二，以往关于国际航运市场准入的研究，基本都集中在解释航运市场准入的主体、客体、内容三个要素上，缺乏结合自贸试验区和自贸港建设的背景，以及从开放经济的角度考察航运政策的新变化对国际航运市场准入造成的影响。本书的研究与时俱进，系统梳理和回顾了十年间我国自贸试验区国际航运市场准入创新发展，结合其他国家和地区航运市场发展的实际经验，深入对比分析，立足我国国情，探索和思考提升我国航运市场国际竞争力的发展路径。因此，本书具有重要的现实意义。

第三，本书从宏观和微观角度对自贸试验区背景下我国国际航运市场准入制度创新作了比较全面、系统的研究。此外，本书以图表的形式对全国22个自贸试验区的总体方案以及其他文件中涉及国际航运领域的创新政策予以梳理和总结，清晰地展现了我国自贸试验区国际航运市场准入制度的发展变化，为进一步研究打下良好的基础。

限于笔者的水平，本书尚存在一些不足之处。具体有：

第一，由于一部分资料属于政府部门或有关航运机构，尤其是统计数据和具体案例情况，因此，笔者撰写本书时在收集数据和获取案例上存在一定的局限性。

第二,笔者虽然从经济学、管理学和法学理论等多个角度分析自贸试验区国际航运市场准入的基本问题,但对这些方面的理论分析不够全面和完善。笔者希望,这能为该制度的建设和发展提供一定的理论参考,并使读者受到有益的启发。

第三,新冠病毒感染疫情加速了全球数字经济和贸易的发展,包括航运业在内的各行各业加快了数字化转型的步伐。数字贸易的大发展趋势进一步促进了我国航运业的创新发展,但限于本书篇幅,在本书中涉及这方面的研究内容不多,后续笔者会加强研究。此为不尽之处。

第四,涉及自贸试验区和自贸港的政策众多,而且更新较快,如何从中筛选、理顺和归纳自贸试验区背景下国际航运市场准入方面的创新政策也有难度。因此,笔者后续需要持续关注,不断思考。

第一章
自贸试验区建设和国际航运市场准入的一般理论

2020年9月21日，国务院印发《北京、湖南、安徽自贸试验区总体方案及浙江自贸试验区扩区方案》，北京、湖南、安徽三个自贸试验区和浙江自贸试验区扩展区域正式设立运行，发展成效显著。此前，2019年8月6日，国务院印发了《中国（上海）自由贸易试验区临港新片区总体方案》（以下简称《临港新片区方案》），距2018年11月5日习近平总书记在首届中国国际进口博览会开幕式的主旨演讲中首次提到增设"中国上海自由贸易试验区的新片区"不到一年时间，新片区花落上海浦东临港。同年8月26日，国务院又公布《6个新设自贸试验区方案》，山东、江苏、广西、河北、云南、黑龙江6个自由贸易试验区加入我国自由贸易试验区建设队伍。由上可以看出，面对日趋复杂严峻的国内外形势，中国密集出台一系列扩大开放措施，引起国际社会广泛关注。毫无疑问的是，新一轮更深层次的改革、更高水平的开放将进一步释放中国经济发展潜力。围绕自贸试验区建设的话题被深入展开和讨论，借此，笔者系统回顾和梳理我国自贸试验区建设和发展过程，详细阐述国际航运市场准入的基本理论，明晰我国国际航运市场对外开放的发展历程以及自贸试验区背景下我国国际航运市场准入的现状，为下一步自贸试验区建设和我国国际航运市场准入制度研究的完善打下良好的基础。

同时，经济学、管理学以及法学等理论均为国际航运市场准入制度的发展和完善提供了科学严谨的理论支撑。本章中，笔者主要围绕我国自贸试验区建设和国际航运市场准入制度的基本理论问题展开讨论。

我国自贸试验区国际航运市场准入制度研究

第一节　自贸试验区和国际航运市场准入的基本理论

明确自贸试验区的相关概念及特征，深入阐述国际航运市场准入的内容、类型及其特殊性等基本理论知识，从而为后续的研究奠定良好基础。

自2013年9月27日上海自贸试验区挂牌成立，2015年4月20日国务院批准设立广东、天津、福建自贸试验区，2017年4月1日河南、湖北、辽宁、陕西、四川、浙江、重庆7地自贸试验区统一揭牌，2018年9月24日国务院批准设立海南自贸试验区，2019年8月6日上海自贸区临港新片区设立，2019年8月26日国务院批准新设山东、江苏、广西、河北、云南、黑龙江6个自贸试验区，2020年9月21日国务院发文新设北京、湖南、安徽3个自贸试验区及浙江自贸试验区扩区，至2023年11月1日新疆自贸试验区建设正式设立，我国自贸试验区发展已有十年多的历程，在此过程中逐步形成了覆盖东西南北中，统筹沿海、内陆、沿边的改革开放创新格局。在投资贸易自由化便利化、政府职能转变等领域进行了大胆探索，取得了显著成效。据商务部统计，2021年，21个自贸试验区实际使用外资2130亿元，实现进出口总额6.8万亿元。这21个自贸试验区以占全国不到千分之四的国土面积，实现了占全国18.5%的外商投资和17.3%的进出口。① 纵观全国各自贸试验区，后设立的自贸试验区充分借鉴了先设立的自贸试验区的成功改革试点经验，同时又各具鲜明特色、各有优势。

自贸试验区的设立和创新制度的推广给各地区经济和社会发展等方面带来了巨大利益。那么，什么是自贸试验区？自贸试验区的建设是如何推动我国高水平开放型经济新体制的形成的？我们首

---

① 参见张国庆：《我国自由贸易试验区努力构建新发展格局》，商务部官网，2022年7月20日，http://lgj.mofcom.gov.cn/article/swsj/202205/20220503313185.shtml，2022年8月18日访问。

先来回顾和梳理自贸试验区的相关概念和基本知识。

一、自贸试验区的概念和特征

(一) 自由贸易区和自由贸易园区

"自由贸易区"有两个内涵完全不同的概念,有学者将其区分为广义的和狭义的"自由贸易区",对应的英文分别是"Free Trade Area"(FTA)和"Free Trade Zone"(FTZ)。前者是指两个或两个以上的国家和地区之间为了达到降低贸易和投资成本、提高其效率的目的,进而促进贸易和投资发展而成立的区域组织形式;后者是指根据一个国家或地区的法律法规,在其境内设立的一个或数个区域性经济特区,在该经济特区内实行优惠政策和特殊监管,以降低贸易和投资成本、提高贸易和投资效率。①

从英文字面解释看,FTA、FTZ 均可翻译为"自由贸易区",中文简称皆为"自贸区",故容易在概念上产生混淆。"实施自由贸易区战略"这一提法首次于党的十七大报告中出现。但早在 2008 年,我国商务部和海关总署为了正确概括"自由贸易区"的内涵并规范其表述,专门下发《关于规范"自由贸易区"表述的函》,② 建议统一将"Free Trade Area"译为"自由贸易区","Free Trade Zone"译为"自由贸易园区"。两者虽然只有一词之差,但意思全然不同。具体含义分别为:

1. 自由贸易区

关于"自由贸易区"(FTA)最早的规定源于 WTO 1947 年的《关税与贸易总协定》(General Agreement on Tariffs and Trade, GATT)。该协定将 FTA 解释为:是指两个或两个以上的主权国家(或地区)通过签署一系列自贸协定,在遵循 WTO 最惠国待遇的基础上,互相开放本地市场,改善贸易和投资领域的市场准入条件限

---

① 参见徐奇渊、毛日昇、高凌云、董维佳:《中国自贸区发展评估》,社会科学文献出版社 2018 年版,第 1 页。
② 参见《商务部、海关总署关于规范"自由贸易区"表述的函》,商务部官网,2008 年 5 月 14 日,http://www.mofcom.gov.cn/aarticle/b/e/200805/20080505531434.html,2019 年 5 月 4 日访问。

制，分阶段分步骤取消绝大部分商品和货物的关税和非关税贸易壁垒，进而形成能充分实现贸易便利化、投资自由化的特定经济区域。其具体法律依据是GATT第24条第8款第2项。① 其涵盖的范围是签署自贸协定的所有成员的全部关税领土，而不仅仅是其中的某一部分。

当前，全球典型的FTA有1992年成立的中欧自由贸易区（CEFTA）、1994年建立的北美自由贸易区（NAFTA）、2010年1月正式启动的中国—东盟自由贸易区（CAFTA）和2012年11月宣布启动谈判的中日韩自由贸易区等。迄今为止，我国已与澳大利亚、新加坡、韩国、新西兰、冰岛、瑞士、东盟、马尔代夫等众多国家及地区签署自贸协定，其中一些自贸协定，如中国—东盟自贸协定、中国—新西兰自贸协定等，已完成了升级议定书的签署。② 2003年，我国内地同香港、澳门特别行政区政府分别签署了《内地与香港关于建立更紧密经贸关系的安排》《内地与澳门关于建立更紧密经贸关系的安排》，其中前者是内地第一份全面实施的自由贸易协议。③ 通过已签协议的FTA和一系列正在谈判、正在研究的FTA可以发现，中国自贸区战略的全球布局正逐渐成形。④ 2020年11月15日，中国、日本、韩国、澳大利亚、新西兰和东盟十国共15个成员正式签署了《区域全面经济伙伴关系协定》（RCEP），该协定是由东盟发起，历时八年谈判，并于2022年1月1日正式生效。这标志着全球人口最多、经贸规模最大、最具发展潜力的自由贸易区正式落地。⑤

---

① 参见赵晓雷主编：《胜在自贸区II：赵晓雷和他的团队论自贸区与"一带一路"建设》，首都经济贸易大学出版社2017年版，第9页。
② 详见中国自由贸易区服务网首页，http：//fta.mofcom.gov.cn/。
③ 参见《内地与港澳关于建立更紧密经贸关系安排（CEPA）专题》，商务部官网，http：//tga.mofcom.gov.cn/article/zt_cepanew/，2019年12月1日访问。
④ 参见夏旭田：《中国正绘制全球自贸区网络 一图打尽FTA投资机会》，网易财经，2015年1月26日，https：//www.163.com/money/article/AGTMBE5A00252G50.html，2018年12月1日访问。
⑤ 参见《RCEP正式生效！世界最大自贸区启航》，中国自由贸易区服务网，2022年1月4日，http：//fta.mofcom.gov.cn/article/fzdongtai/202201/46885_1.html，2022年8月18日访问。

在全球化面临新冠病毒感染疫情等带来的冲击、国际经济秩序遭受挑战的背景下，RCEP 的落地生效为全球经济发展找到了新的增长动力。

2. 自由贸易园区

国内外权威机构和专家学者对"自由贸易园区"（FTZ）的定义各不相同。通常认为，FTZ 源于 1973 年世界海关组织在《京都公约》中提出的有关概念，是指在一国或地区的境内关外设立的，以贸易自由化、便利化为主要目的的多功能经济特区。① 具体而言，FTZ 是指在某一国或地区境内设立的在货物监管、税收政策、企业设立和运营等方面实行特殊经济管理体制的特定区域，是关境内的一小片区域，通常情况下需要进行围网隔离，并且对境外入区货物的关税实施免税或保税措施。

1984 年，联合国贸发会议在相关报告中所作的定义是，FTZ 是货物进出无须通过国家海关的特殊经济区域。货物进出 FTZ 可免缴关税，也不受配额限制。此外，货物还可以在 FTZ 内无限期存放。最初，FTZ 主要用于货物的储存和贸易，在发展中开始涉及制造、加工以及装配等业务活动。②

自从 1959 年世界上第一个以"自贸区"命名的爱尔兰香农自贸区（Shannon Free Zone）成立后，自贸区在不同时期有不同的名称，叫法上也不统一。不同时期称谓不同，主要反映了特定时期自贸区在功能和运行方面具有不同的特点。其中，使用最为广泛的有："自由贸易园区""对外贸易区"（foreign trade zone）、"出口加工区"（export processing zone）、"经济特区"（special economic zone）等。③

伴随着经济全球化浪潮的风起云涌，国际贸易和投资快速发展，全球自贸区的发展和变化日新月异，逐渐成为不同国家和地区间经

---

① 参见赵晓雷主编：《胜在自贸区 II：赵晓雷和他的团队论自贸区与"一带一路"建设》，首都经济贸易大学出版社 2017 年版，第 9 页。

② 参见高增安、姚毅、廖民超：《内陆自贸区研究：理论、经验与借鉴》，四川大学出版社 2018 年版，第 11 页。

③ 参见林雄主编：《中国自贸区建设与国际经验》，中山大学出版社 2016 年版，第 1 页。

济和贸易往来的重要平台。尤其在2008年全球金融危机后，自贸区逐渐成为世界各国和地区为扩大国际贸易、吸引外国资本、实施新经济政策并促进该国和地区发展而普遍采用的方法，在促进全球产业结构调整等方面也发挥着越来越重要的作用。

有学者统计，目前全球约75%左右的国家设有FTZ项目，它们在促进一国对外经济和市场开放方面发挥着重要作用。[①] 在全球范围内，典型的FTZ主要有美国纽约港对外贸易区、巴拿马科隆自贸区、德国汉堡自由港、爱尔兰香农自贸区、新加坡自由港、韩国釜山镇海经济自由区、荷兰阿姆斯特丹港自贸区和巴西马瑙斯自贸区等。而中国的经济特区、出口加工区、经济技术开发区、保税区和保税港等，作为我国的特殊经济功能区，均具有FTZ的某些特征。[②]

当前，我国22个省区市正在建设的自贸试验区，如上海自贸试验区，严格意义上讲，应称为"自由贸易试验园区"。国内普遍将其称为"自由贸易区""自贸试验区"或者"自贸区"，主要原因在于，这样的称谓大众更易接受，而且读来顺口，用着方便，也省去特意区分两者不同含义的麻烦。

由于国务院颁布的关于自贸区的大多数文件使用"自贸试验区"的称谓，本书基本上也用该称谓，但若有出现"自由贸易区""自贸区"等称谓时，含义与"自贸试验区"一样，本书中的这三个称谓实际上均指"自由贸易园区"。

通过前文对FTA和FTZ的对比分析可发现，两者既存在共同点，也在设立主体、设立方式、法律依据等方面存在诸多差异。

---

① See Tom W. Bell, Special Economic Zones in the United States: From Colonial Charters, to Foreign-Trade Zones, Towards USSEZs, *Buffalo Law Review*, Vol. 64, No. 5, 2016, p. 970.

② 参见上海财经大学自由贸易区研究院编著：《赢在自贸区：寻找改革红利时代的财富与机遇》，北京大学出版社2014年版，第13页。

表 1.1 FTA 和 FTZ 的异同点[①]

	对比	自由贸易区（FTA）	自由贸易园区（FTZ）
不同点	设立主体	两个及两个以上主权国家（或地区）	单个主权国家或地区
	设立方式	通过多边或双边谈判	无须谈判，自主性的开放措施
	区域涵盖范围	两个及两个以上关税区	单个关税区内的一部分区域
	国际惯例依据	《关税与贸易总协定》	《京都公约》
	特征	自贸区成员国之间取消关税壁垒；具有排他性，非成员国不能享受同等优惠；成员国各自保留独立的对外贸易政策	实行保税、免税政策；所得税等税费优惠政策；不具排他性，各国可享受优惠政策
	法律依据	双边或多边贸易协议	国内立法
相同点	两者都是为了降低国际贸易成本，促进本国经济与对外贸易的发展		

（二）自贸试验区的基本特征

虽然各个国家或地区对"自由贸易区"的称谓各不相同，且各个具体自由贸易区的功能定位、行政管理体制以及优惠政策等方面也不完全相同，但是，它们的角色相近，功能也大致趋同。世界银行曾指出："虽然各个自由贸易园区种类特点各不相同，但其具有一些共同属性。例如，具有一定的地域范围限制性；实施一国自由贸易园区外不同的商事立法和司法行政制度，尤其是为促进贸易和投资便利化而制定的较为宽松自由的法律监管机制。"[②]

这里以自贸试验区为例，总结概括其具有以下几个基本特征：[③]

[①] 参见高增安、姚毅、廖民超：《内陆自贸区研究：理论、经验与借鉴》，四川大学出版社 2018 年版，第 14 页。

[②] G. Akinci & J. Crittle, Special Economic Zones: Performance, Lessons Learned, and Implications for Zone Development, World Bank Working Papers 45869, 2008, p.9.

[③] 参见林雄主编：《中国自贸区建设与国际经验》，中山大学出版社 2016 年版，第 7—8 页。

（1）区位的地域性。借助优越的地理位置、广阔的经济腹地等区域条件，大多数自贸试验区的区位优势显著，且具有根植于该区域的地理人文、市场资源和劳动力等特色。同时，良好的人才流、资金流和信息流等容易在该区域内形成。其中，具有转口集散功能的自贸试验区，通常情况下会选择一个海港城市，或是凭借航空空港的发展优势，着重打造临空经济区，如新加坡樟宜自贸区；或是靠近世界重要航道的一个特定地区，如中国香港、地中海沿岸的直布罗陀等；又或是靠近有助于减少企业投资或经营成本的一国国内主要市场，如西班牙巴塞罗那自贸区。

（2）产业的集聚性。自贸试验区在建设起步阶段，典型的特点是能使各种社会生产要素不断地在其核心区域汇聚，在空间上产生强大的产业集聚功能。随着自贸试验区逐步发展，当核心区域的产业要素集聚和市场规模发展达到一定程度时，区内核心产业和技术等以协作分工等方式进一步辐射和带动周边区域的整体发展。这种既有助于促进技术扩散和应用又有助于产业资源共享的空间关系，对促进自贸试验区的产业技术发展、积累更多丰富的社会生产资本和营造创新的社会环境起到了积极的作用。

（3）监管的特殊性。高效、规范和便捷的海关监管制度是自贸试验区的重要特征之一，即在区内尽可能地简化通关手续和流程，以企业为监管单位，利用信息化等技术监管方式实现风险的有效控制和管理，并加强分级监管，以确保在自贸试验区的货物通关速度快、集散快以及物流的高效运作。在实际操作过程中，自贸试验区体现出"一线放开、二线管住、区内自由"的监管特征。

（4）政策的激励性。为了吸引更多的外资，自贸试验区往往会推出一系列优惠政策和商业激励计划。例如，美国弗吉尼亚州在其区域内的对外贸易区实施一系列促进经济发展的优惠政策，包括税收优惠政策、商业激励政策以及其他有助于营造良好投资环境的政策等。这些优惠政策的实施对降低企业投资成本、吸引高素质创新型人才进而增强区内企业的核心竞争力等方面具有积极作用。商业激励计划包括鼓励企业扩大投资，增加产能或创造、开发和运用先进技术等。

（三）全球自由贸易区的发展过程和演进特点

他山之石，可以攻玉。从全球自由贸易区的几个发展时期来看其发展的历史进程及其演进特点，更有助于了解国际上自由贸易区从哪里来、走过哪些路，对我国正在建设和发展自贸试验区具有重要的参考价值。

1. 全球自由贸易区的发展过程

全球自由贸易区经历了如下发展过程：①

(1) 19世纪前，自欧洲地中海沿岸国家发端阶段

自由贸易区最早的雏形可追溯到古希腊时代，当时腓尼基人将泰尔、迦太基两个港口划分为特殊的经济区域，对外来进入该区域的商船尽量保证其航行安全。这也是现代自由港的最早由来之一。1228年，法国南部马赛港的一部分资本家曾在港内建立自由贸易区。13世纪末，自由贸易联盟成立，又称"汉萨同盟"，是由位于德意志北部的几个自由市共同联合建立起来的。1547年，学界认为的历史上第一个被正式命名的自由港——里南那（Leghoyh）自由港成立。该港位于意大利西北部的热那亚湾。17—18世纪，随着资本主义的盛行和对外贸易的不断扩大，欧洲一些贸易大国逐渐把本国的一些主要港口城市宣布为自由贸易港，或在本国领土内划出某一特定区域成立自由贸易区，如意大利的热那亚、威尼斯，法国的敦刻尔克，丹麦的哥本哈根等。这些国家设立自由贸易区的目的是利用区位优势或港口便利条件，发挥商品集散中心的作用，吸引外国商品到此转口，扩大对外贸易，促进当地的经济发展。

(2) 19世纪至20世纪50年代，全球缓慢发展阶段

19世纪后，伴随着航海事业的进步和国际贸易的不断发展，特别是帝国主义和殖民统治主义的不断扩张，从地中海经过波斯湾、印度洋再到东南亚地区，一些重要港口陆续被西方殖民统治者征服并先后开辟为自由贸易区或自由港，包括直布罗陀、丹吉尔、吉布提、新加坡、中国香港和澳门等。20世纪20年代后，美洲大陆开始

---

① 参见福建师范大学福建自贸区综合研究院编著：《自贸区大时代：从福建自贸试验区到21世纪海上丝绸之路核心区》，北京大学出版社2015年版，第10—11页。

设立自由贸易区,如美国于1936年设立了第一个对外贸易区,即纽约1号对外贸易区,该对外贸易区主要从事对外贸易和转口贸易。从自由贸易区问世到第二次世界大战(以下简称"二战")前夕,全球自由贸易区的数量少,分布地域狭窄,发展缓慢,而且几乎都是从事对外贸易和转口贸易,经济活动比较单一。

(3) 20世纪50年代至70年代,出口加工区的出现和发展

20世纪50年代至70年代,许多殖民地附属国相继独立,为了发展民族经济,采取由"替代进口"战略转向"面向出口"战略。许多国家和地区纷纷建立新的自由港区,即出口加工区。出口加工区通过提供当地丰富而又廉价的劳动力以及各种具有吸引力的优惠政策,吸引外商投资资金及技术,加强同外商合作发展,进而增加当地就业机会并以此推动国家和地区发展。例如,爱尔兰于1959年成立了香农出口自贸区,被认为是全球范围内最早从事出口加工活动的自由贸易区。随后,出口加工区在波多黎各和印度相继出现。出口加工区的出现,使自由贸易区在原有服务于转口和出口贸易的初级加工基础上,逐步增加了生产制造的新内容,自由贸易区的业务范围得到了扩大。

(4) 20世纪70年代至今,数量迅速增加且功能趋于综合

20世纪70年代后,全球自由贸易区进入快速发展阶段,逐渐成为新型经济体国家进一步开展对外贸易和投资、吸引外资企业以及促进就业的重要载体,是区域经济一体化发展的主要形式之一。随着自贸区数量的不断增加,其功能也得到不断拓展,逐渐呈现出多样化态势。具体来说,以转口和进出口贸易为主的自贸区和以出口为主的自贸区开始相互融合,原材料、半成品和成品均可在区内自由进出,多种类型的生产经营活动,如商品的制造、分类和展销、保税仓储、与其他货物的混合加工和生产等,均可在区内进行。相应地,全球范围内大多数自贸区随之具有进出口贸易、仓储、展览和混合加工等众多功能。这些功能综合起来,对提高自贸区整体上的运行效率起到很大的促进作用。有国外学者认为,随着自贸区的不断发展,全球自贸区开始呈现以专门化制度设计满足高附加值产

业需求和产业服务支持的新趋势。①

2. 全球自由贸易区的演进特点

纵观全球自贸区的发展，主要呈现以下几个特点：

(1) 数量不断增加

近五十年来，自贸区作为外国直接投资的一项工具，在发达国家和发展中国家都受到越来越多的重视，最典型的是美国对外贸易区的迅速发展。美国于 20 世纪 60 年代末在全球经济中的地位开始下降，为了刺激对外贸易发展，各州纷纷设立对外贸易区，美国对外贸易区分为综合区（general-purpose zones）和分设区（subzones）两类。到 2012 年年底，美国对外贸易区遍布美国 50 个州，有超过 250 个综合区、500 个分设区。2012 年，美国对外贸易区内企业总数为 3200 个，就业人数 37 万人，主要涉及石油加工、汽车、电子、医药和机械设备制造等行业。② 2020 年，美国对外贸易区共实现进出口 3484 亿美元，拥有近 47 万名职工和 3400 家企业。③

(2) 功能趋向综合

自贸区早期是为了适应国家贸易发展需要而发展起来的，因此在相当长的一段时期，自贸区的功能都比较单一。随着自贸区数量的不断增长，其功能也不断扩展至加工制造、贸易、物流和科技开发等众多领域。自贸区已经超越地域、经济发展水平和经济制度的限制，从具有单一功能、以转口贸易和进出口贸易为主的初级水平到具有贸易和生产、加工功能的中级水平，并且在向具有多种功能、形成有竞争优势的产业集群的高水平迈进。

(3) 法制更加完备

为了进一步促进社会经济发展、吸引外商投资、引进先进技术

---

① See S. Woolfrey, Special Economic Zones and Regional Integration in Africa, tralac Working Paper No. S13WP10, 2013, pp. 7-8.
② 参见《美国对外贸易区简况》，商务部官网，2014 年 4 月 19 日，http://sanfrancisco.mofcom.gov.cn/article/ztdy/201404/20140400555686.shtml, 2019 年 10 月 1 日访问。
③ 参见海关总署研究中心：《美国对外贸易区发展情况研究》，中国智库网，2022 年 9 月 26 日，https://www.chinathinktanks.org.cn/content/detail?id=hzls5c21, 2023 年 1 月 3 日访问。

和扩大就业,一国或地区政府根据实际情况会在自贸区实施一定的特殊经济政策。但是,政策具有应急性和灵活性等特点,相对法律而言,其稳定性和严密性不够。因此,世界上大多数国家会将在自贸区实施的特殊经济政策以法律的形式加以固化,且立法层级通常为国家级,如美国对外贸易区、马来西亚自由工业区等。同时,以严谨的法律法规保障自贸区的健康发展也已成为国际上运行自由贸易区的惯例,即先立法后设区。除了国家立法以外,自贸区所在地方政府结合当地情况,还有权制定相应的地方条例和规章,进一步规范区内各类生产经营活动正常有序进行,使管理者和投资者在区内有法可依、有章可循。

(4)海关监管更加便捷

通常情况下,海关机构大多较为精简,繁杂的海关手续在区内一律不适用,"一线放开、二线管住、区内自由"适用于区内企业和货物。"一线放开"是指境外商品和货物进入自贸区无须向海关机构呈检,也无须履行正式报关的手续。"二线管住"是指海关依法对自贸区和国内非自贸区的通道严格管理,并在此基础上保护国家的关税。"区内自由"是指区内商品和货物可以任何形式进行储存、展览、组装和加工等业务活动,免于海关批准程序,只需备案即可。因此,自贸区的通关效率高,监管高效,货物集散速度快且物流量很大。

(四)从自贸试验区 1.0 到 7.0:中国的实践

1. 我国建立自贸试验区的原因

(1)自贸试验区是我国构建开放型经济新体制的重要实现形式

加快实施自由贸易区战略,是我国新一轮对外开放的重要内容。党的十七大把自由贸易区建设上升为国家战略,党的十八大指出要加快实施自由贸易区战略,党的十八届三中全会提出要以周边为基础加快实施自由贸易区战略,形成面向全球的高标准自由贸易区网络。要以对外开放的主动赢得经济发展的主动,赢得国际竞争的主动。[①] 构

---

① 参见《习近平:加快实施自由贸易区战略 加快构建开放型经济新体制》,中国自由贸易区服务网,2014 年 12 月 8 日,http://fta.mofcom.gov.cn/article/zhengwugk/201412/19394_1.html,2020 年 11 月 1 日访问。

建开放型经济新体制的战略部署，其总目标是加快形成我国国际经济合作和竞争新动力、新优势，维持对外投资和引进外资平衡以及进出口平衡，逐步实现国际收支平衡，实现开放型经济治理体系和治理能力现代化，形成全方位开放新格局，促进中国与全球范围内其他各国协同发展，共同构建多元平衡、合作共赢和安全高效的中国特色社会主义现代化开放型经济新体制。

2015年5月5日通过的《中共中央、国务院关于构建开放型经济新体制的若干意见》明确指出，面对新形势新挑战新任务，要统筹开放型经济顶层设计，加快构建开放型经济新体制，进一步破除体制机制障碍，使对内对外开放相互促进，引进来与走出去更好结合，以对外开放的主动赢得经济发展和国际竞争的主动。[1] 可见，建立自由贸易试验区，并加大其制度创新力度，是加快推进开放型经济新体制形成的有效途径。[2]

(2) 自贸试验区是我国应对世界经贸格局新变化的重大战略举措

长期以来，世界经贸格局是在GATT和WTO规则主导下开展的，但随着经济全球化的深入，以商品贸易为重点的WTO现有规则暴露出固有的缺陷，难以适应全球价值链下的复杂经贸环境。在多哈回合谈判受挫、多边贸易体制经受挑战的同时，世界双边和区域贸易蓬勃发展，包括《全面与进步跨太平洋伙伴关系协定》（CPTPP）在内的区域和多边经贸安排，开始形成国际贸易与投资新规则体系，对经济全球化的走向产生深远的影响。虽然美国宣布退出了《跨太平洋伙伴关系协定》（Trans-Pacific Partnership Agreement，TPP），并于2018年11月同加拿大、墨西哥共同达成《美国-墨西哥-加拿大协定》（The United States-Mexico-Canada

---

[1] 参见《中共中央、国务院关于构建开放型经济新体制的若干意见》，中国政府网，2015年9月17日，http://www.gov.cn/xinwen/2015-09/17/content_2934172.htm，2020年11月1日访问。

[2] 参见刘恩专：《世界自由贸易港区发展经验与政策体系》，格致出版社2018年版，第25页。

Agreement，USMCA），① 但这些自贸协定都反映了当前国际贸易新规则的如下特点：其一，服务贸易、投资取代货物贸易成为核心；其二，谈判议题向边境后规则转移；② 其三，标准和自由度更高；其四，新规则更多地体现了高收入国家的意志。③

截至 2022 年 9 月 22 日，我国已经跟 26 个国家和地区签署了 19 个自贸协定，自贸伙伴覆盖了亚洲、大洋洲、拉丁美洲、欧洲和非洲。④ 2022 年 1 月 1 日，《区域全面经济伙伴关系协定》正式生效，这意味着全球人口最多、经贸规模最大的自贸区正式落地。⑤ 此外，我国已于 2021 年 9 月 16 日正式提出申请加入 CPTPP，于 2021 年 11 月 1 日正式提出申请加入《数字经济伙伴关系协定》（Digital Economy Partnership Agreement，DEPA）。2022 年 8 月 18 日，根据 DEPA 联合委员会的决定，中国加入 DEPA 工作组正式成立，全面推进我国加入 DEPA 的谈判。⑥

在当前复杂多变的国际新形势下，我国面临的机遇和挑战并存，更加需要深化改革和扩大开放。"机者如神，难遇易失。"我国不能只当国际经贸规则的旁观者、跟随者，而要做参与者、引领者，要力争在国际规则和制度中发出更多中国声音，注入更多中国元素。

---

① See USTR, Agreement Between the United States of America, the United Mexican States, and Canada 7/1/20 Text, https://ustr.gov/trade-agreements/free-trade-agreements/united-states-mexico-canada-agreement/agreement-bEtween, visited on July 20th, 2020.

② 边境后规则，是指随着国际贸易环境的变化，信息化得到广泛应用，贸易操作的形式发生变化，国际贸易谈判中产生了许多新的交叉议题，如监管一致、国有企业、电子商务和中小企业等。这些交叉议题谈判呈现新的规则走势，即从边境贸易壁垒深入国境内部规则，构建边境后规则。

③ 参见赵晓雷主编：《胜在自贸区 II：赵晓雷和他的团队论自贸区与"一带一路"建设》，首都经济贸易大学出版社 2017 年版，第 34—35 页。

④ 参见《我国已与 26 个国家和地区签署 19 个自贸协定》，中国自由贸易区服务网，2022 年 9 月 26 日，http://fta.mofcom.gov.cn/article/fzdongtai/202209/49857_1.html，2022 年 11 月 10 日。

⑤ 参见《〈区域全面经济伙伴关系协定〉（RCEP）于 2022 年 1 月 1 日正式生效》，中华人民共和国商务部，2022 年 1 月 1 日，http://www.mofcom.gov.cn/article/syxwfb/202112/20211203233822.shtml，2022 年 6 月 10 日访问。

⑥ 参见《中国加入〈数字经济伙伴关系协定〉（DEPA）工作组正式成立》，中国自由贸易区服务网，2022 年 8 月 22 日，http://fta.mofcom.gov.cn/article/zhengwugk/202208/49557_1.html，2022 年 8 月 23 日访问。

为此，建立自由贸易区，加快实施自由贸易区战略就成为我国主动适应并积极应对国际经贸新格局和新变化的实践探索。

2. 我国自贸试验区的发展——从自贸试验区1.0到7.0

（1）我国自贸试验区的空间布局和战略定位

我国自贸试验区建设是一个循序渐进的过程。自20世纪90年代起，全国陆续建立16个保税区。2013年9月，上海自贸试验区挂牌试点。2015年4月，复制和推广上海自贸试验区的成功经验，成立福建、广东、天津3个自贸试验区，并进一步深化上海自贸试验区改革开放。2017年4月，成立辽宁、浙江、河南、湖北、重庆、四川、陕西7个自贸试验区，并全面深化上海自贸试验区改革开放。2018年10月，国家正式启动海南自贸试验区和自由贸易港的建设。2019年8月，上海自贸区临港新片区设立。同月，山东、江苏、广西、河北、云南、黑龙江6个新设自贸试验区成立。2020年9月，北京、湖南、安徽3个自贸试验区成立。2023年11月，新疆自贸试验区正式设立，这也是我国自贸试验区的第七次扩容。截至2023年11月，我国共有七批、22个自贸试验区，即自贸试验区1.0版—7.0版（见表1.2）。同时，22个自贸试验区定位各具特色，各有优势（见表1.3—表1.6）。例如，江苏自贸试验区提出，要打造自贸试验区建设的"苏州样板"，进行具有特殊化突破性的制度创新；山东自贸试验区明确要以建设一流港口为依托，着力开辟对外合作海上大通道，打造对外开放新高地。现阶段，我国各地自贸试验区探索差异化试验路径，形成了多维度深层次协同开放新格局。

表1.2 我国自贸试验区分布[①]

代称	设立时间	地区
自贸试验区1.0版	2013年9月27日	上海
自贸试验区2.0版	2015年4月20日	广东、天津、福建
自贸试验区3.0版	2017年4月1日	辽宁、浙江、河南、湖北、重庆、四川、陕西
自贸试验区4.0版	2018年10月16日	海南

① 本表系笔者自行整理。

(续表)

代称	设立时间	地区
自贸试验区5.0版	2019年8月6日	上海自贸区临港新片区
	2019年8月26日	山东、江苏、广西、河北、云南、黑龙江
自贸试验区6.0版	2020年9月21日	北京、湖南、安徽
自贸试验区7.0版	2023年11月1日	新疆

表1.3 自贸试验区1.0—4.0版的主要内容①

自贸试验区方案公布时间	自贸试验区名称	战略定位
2013年9月27日	上海自贸试验区	肩负着我国在新时期加快政府职能转变、积极探索管理模式创新、促进贸易和投资便利化，为全面深化改革和扩大开放探索新途径、积累新经验的重要使命，是国家战略需要。
2015年4月20日	福建自贸试验区	围绕立足两岸、服务全国、面向世界的战略要求，充分发挥改革先行优势，营造国际化、市场化、法治化营商环境，把自贸试验区建设成为改革创新试验田；充分发挥对台优势，率先推进与台湾地区投资贸易自由化进程，把自贸试验区建设成为深化两岸经济合作的示范区；充分发挥对外开放前沿优势，建设21世纪海上丝绸之路核心区，打造面向21世纪海上丝绸之路沿线国家和地区开放合作新高地。
	广东自贸试验区	依托港澳、服务内地、面向世界，将自贸试验区建设成为粤港澳深度合作示范区、21世纪海上丝绸之路重要枢纽和全国新一轮改革开放先行地。
	天津自贸试验区	以制度创新为核心任务，以可复制可推广为基本要求，努力成为京津冀协同发展高水平对外开放平台、全国改革开放先行区和制度创新试验田、面向世界的高水平自由贸易园区。
2017年4月1日	河南自贸试验区	以制度创新为核心，以可复制可推广为基本要求，加快建设贯通南北、连接东西的现代立体交通体系和现代物流体系，将自贸试验区建设成为服务于"一带一路"建设的现代综合交通枢纽、全面改革开放试验田和内陆开放型经济示范区。

① 本表系笔者根据国务院发布的自贸试验区文件整理而成。

(续表)

自贸试验区方案公布时间	自贸试验区名称	战略定位
	湖北自贸试验区	以制度创新为核心，以可复制可推广为基本要求，立足中部、辐射全国、走向世界，努力成为中部有序承接产业转移示范区、战略性新兴产业和高技术产业集聚区、全面改革开放试验田和内陆对外开放新高地。
	辽宁自贸试验区	以制度创新为核心，以可复制可推广为基本要求，加快市场取向体制机制改革、积极推动结构调整，努力将自贸试验区建设成为提升东北老工业基地发展整体竞争力和对外开放水平的新引擎。
	陕西自贸试验区	以制度创新为核心，以可复制可推广为基本要求，全面落实党中央、国务院关于更好发挥"一带一路"建设对西部大开发带动作用、加大西部地区门户城市开放力度的要求，努力将自贸试验区建设成为全面改革开放试验田、内陆型改革开放新高地、"一带一路"经济合作和人文交流重要支点。
	四川自贸试验区	以制度创新为核心，以可复制可推广为基本要求，立足内陆、承东启西、服务全国、面向世界，将自贸试验区建设成为西部门户城市开发开放引领区、内陆开放战略支撑带先导区、国际开放通道枢纽区、内陆开放型经济新高地、内陆与沿海沿边沿江协同开放示范区。
	浙江自贸试验区	以制度创新为核心，以可复制可推广为基本要求，将自贸试验区建设成为东部地区重要海上开放门户示范区、国际大宗商品贸易自由化先导区和具有国际影响力的资源配置基地。
	重庆自贸试验区	以制度创新为核心，以可复制可推广为基本要求，全面落实党中央、国务院关于发挥重庆战略支点和连接点重要作用、加大西部地区门户城市开放力度的要求，努力将自贸试验区建设成为"一带一路"和长江经济带互联互通重要枢纽、西部大开发战略重要支点。
2018年10月16日	海南自贸试验区（自贸港）	发挥海南岛全岛试点的整体优势，紧紧围绕建设全面深化改革开放试验区、国家生态文明试验区、国际旅游消费中心和国家重大战略服务保障区，实行更加积极主动的开放战略，加快构建开放型经济新体制，推动形成全面开放新格局，把海南打造成为我国面向太平洋和印度洋的重要对外开放门户。

表 1.4 自贸试验区 5.0 版的主要内容①

自贸试验区方案公布时间	自贸试验区名称	战略定位及发展目标
2019 年 8 月 6 日	上海自贸区临港新片区	对标国际上公认的竞争力最强的自由贸易园区，选择国家战略需要、国际市场需求大、对开放度要求高但其他地区尚不具备实施条件的重点领域，实施具有较强国际市场竞争力的开放政策和制度，加大开放型经济的风险压力测试，实现新片区与境外投资经营便利、货物自由进出、资金流动便利、运输高度开放、人员自由执业、信息快捷联通，打造更具国际市场影响力和竞争力的特殊经济功能区，主动服务和融入国家重大战略，更好服务对外开放总体战略布局。
2019 年 8 月 26 日	山东自贸试验区	以制度创新为核心，以可复制可推广为基本要求，全面落实中央关于增强经济社会发展创新力、转变经济发展方式、建设海洋强国的要求，加快推进新旧发展动能接续转换、发展海洋经济，形成对外开放新高地。经过三至五年改革探索，对标国际先进规则，形成更多有国际竞争力的制度创新成果，推动经济发展质量变革、效率变革、动力变革，努力建成贸易投资便利、金融服务完善、监管安全高效、辐射带动作用突出的高标准高质量自由贸易园区。
	江苏自贸试验区	以制度创新为核心，以可复制可推广为基本要求，全面落实中央关于深化产业结构调整、深入实施创新驱动发展战略的要求，推动全方位高水平对外开放，加快"一带一路"交汇点建设，着力打造开放型经济发展先行区、实体经济创新发展和产业转型升级示范区。经过三至五年改革探索，对标国际先进规则，形成更多有国际竞争力的制度创新成果，推动经济发展质量变革、效率变革、动力变革，努力建成贸易投资便利、高端产业集聚、金融服务完善、监管安全高效、辐射带动作用突出的高标准高质量自由贸易园区。

① 本表系笔者根据国务院公布的自贸试验区文件整理而成。

(续表)

自贸试验区方案公布时间	自贸试验区名称	战略定位及发展目标
	广西自贸试验区	以制度创新为核心，以可复制可推广为基本要求，全面落实中央关于打造西南中南地区开放发展新的战略支点的要求，发挥广西与东盟国家陆海相邻的独特优势，着力建设西南中南西北出海口、面向东盟的国际陆海贸易新通道，形成21世纪海上丝绸之路和丝绸之路经济带有机衔接的重要门户。经过三至五年改革探索，对标国际先进规则，形成更多有国际竞争力的制度创新成果，推动经济发展质量变革、效率变革、动力变革，努力建成贸易投资便利、金融服务完善、监管安全高效、辐射带动作用突出、引领中国—东盟开放合作的高标准高质量自由贸易园区。
	云南自贸试验区	以制度创新为核心，以可复制可推广为基本要求，全面落实中央关于加快沿边开放的要求，着力打造"一带一路"和长江经济带互联互通的重要通道，建设连接南亚东南亚大通道的重要节点，推动形成我国面向南亚东南亚辐射中心、开放前沿。经过三至五年改革探索，对标国际先进规则，形成更多有国际竞争力的制度创新成果，推动经济发展质量变革、效率变革、动力变革，努力建成贸易投资便利、交通物流通达、要素流动自由、金融服务创新完善、监管安全高效、生态环境质量一流、辐射带动作用突出的高标准高质量自由贸易园区。
	河北自贸试验区	以制度创新为核心，以可复制可推广为基本要求，全面落实中央关于京津冀协同发展战略和高标准高质量建设雄安新区要求，积极承接北京非首都功能疏解和京津科技成果转化，着力建设国际商贸物流重要枢纽、新型工业化基地、全球创新高地和开放发展先行区。经过三至五年改革探索，对标国际先进规则，形成更多有国际竞争力的制度创新成果，推动经济发展质量变革、效率变革、动力变革，努力建成贸易投资自由便利、高端高新产业集聚、金融服务开放创新、政府治理包容审慎、区域发展高度协同的高标准高质量自由贸易园区。

（续表）

自贸试验区方案公布时间	自贸试验区名称	战略定位及发展目标
	黑龙江自贸试验区	以制度创新为核心，以可复制可推广为基本要求，全面落实中央关于推动东北全面振兴全方位振兴、建成向北开放重要窗口的要求，着力深化产业结构调整，打造对俄罗斯及东北亚区域合作的中心枢纽。经过三至五年改革探索，对标国际先进规则，形成更多有国际竞争力的制度创新成果，推动经济发展质量变革、效率变革、动力变革，努力建成营商环境优良、贸易投资便利、高端产业集聚、服务体系完善、监管安全高效的高标准高质量自由贸易园区。

表 1.5　自贸试验区 6.0 版的主要内容①

自贸试验区方案公布时间	自贸试验区名称	战略定位及发展目标
2020 年 9 月 21 日	北京自贸试验区	以制度创新为核心，以可复制可推广为基本要求，全面落实中央关于深入实施创新驱动发展、推动京津冀协同发展战略等要求，助力建设具有全球影响力的科技创新中心，加快打造服务业扩大开放先行区、数字经济试验区，着力构建京津冀协同发展的高水平对外开放平台。 赋予自贸试验区更大改革自主权，深入开展差别化探索。对标国际先进规则，加大开放力度，开展规则、规制、管理、标准等制度型开放。经过三至五年改革探索，强化原始创新、技术创新、开放创新、协同创新优势能力，形成更多有国际竞争力的制度创新成果，为进一步扩大对外开放积累实践经验，努力建成贸易投资便利、营商环境优异、创新生态一流、高端产业集聚、金融服务完善、国际经济交往活跃、监管安全高效、辐射带动作用突出的高标准高质量自由贸易园区。强化自贸试验区改革同北京市改革的联动，各项改革试点任务具备条件的在中关村国家自主创新示范区全面实施，并逐步在北京市推广试验。

① 本表系笔者根据国务院公布的自贸试验区文件整理而成。

(续表)

自贸试验区方案公布时间	自贸试验区名称	战略定位及发展目标
	湖南自贸试验区	以制度创新为核心，以可复制可推广为基本要求，全面落实中央关于加快建设制造强国、实施中部崛起战略等要求，发挥东部沿海地区和中西部地区过渡带、长江经济带和沿海开放经济带结合部的区位优势，着力打造世界级先进制造业集群、联通长江经济带和粤港澳大湾区的国际投资贸易走廊、中非经贸深度合作先行区和内陆开放新高地。 赋予自贸试验区更大改革自主权，深入开展差别化探索。对标国际先进规则，加大开放力度，开展规则、规制、管理、标准等制度型开放。经过三至五年改革探索，形成更多有国际竞争力的制度创新成果，为进一步扩大对外开放积累实践经验，推动先进制造业高质量发展，提升关键领域创新能力和水平，形成中非经贸合作新路径新机制，努力建成贸易投资便利、产业布局优化、金融服务完善、监管安全高效、辐射带动作用突出的高标准高质量自由贸易园区。
	安徽自贸试验区	以制度创新为核心，以可复制可推广为基本要求，全面落实中央关于深入实施创新驱动发展、推动长三角区域一体化发展战略等要求，发挥在推进"一带一路"建设和长江经济带发展中的重要节点作用，推动科技创新和实体经济发展深度融合，加快推进科技创新策源地建设、先进制造业和战略性新兴产业集聚发展，形成内陆开放新高地。 赋予自贸试验区更大改革自主权，深入开展差别化探索。对标国际先进规则，加大开放力度，开展规则、规制、管理、标准等制度型开放。经过三至五年改革探索，形成更多有国际竞争力的制度创新成果，为进一步扩大对外开放积累实践经验，推动科技创新、产业创新、企业创新、产品创新、市场创新，推进开放大通道大平台大通关建设，努力建成贸易投资便利、创新活跃强劲、高端产业集聚、金融服务完善、监管安全高效、辐射带动作用突出的高标准高质量自由贸易园区。

表 1.6 自贸试验区 7.0 版的主要内容①

自贸试验区方案公布时间	自贸试验区名称	战略定位及发展目标
2023年10月31日	新疆自贸试验区	以制度创新为核心，以可复制可推广为基本要求，全面贯彻落实第三次中央新疆工作座谈会精神，深入贯彻落实习近平总书记关于新疆工作的系列重要讲话和指示批示精神，牢牢把握新疆在国家全局中的战略定位，把依法治疆、团结稳疆、文化润疆、富民兴疆、长期建疆各项工作做深做细做实，努力打造促进中西部地区高质量发展的示范样板，构建新疆融入国内国际双循环的重要枢纽，服务"一带一路"核心区建设，助力创建亚欧黄金通道和我国向西开放的桥头堡，为共建中国—中亚命运共同体作出积极贡献。 赋予自贸试验区更大改革自主权，充分发挥新疆"五口通八国、一路连欧亚"的区位优势，深入开展差别化探索，培育壮大新疆特色优势产业。经过三至五年改革探索，努力建成营商环境优良、投资贸易便利、优势产业集聚、要素资源共享、管理协同高效、辐射带动作用突出的高标准高质量自由贸易园区。

因此，加快实施自贸试验区建设战略，是我国面对复杂多变的国际形势，以不断扩大开放的确定性应对来自外部环境的不确定性，为维护自由贸易、建设开放型世界经济贡献中国智慧和方案的体现。

（2）我国自贸试验区的制度创新

自贸试验区的建设不是"栽盆景"，而是"种苗圃"。其关键在于制度创新，而不是挖掘"政策洼地"。制度创新包括四个方面：②

第一，创新投资管理制度。主要指实施以负面清单为核心的投资管理模式，形成开放透明的管理制度，其中主要是对外商投资准入领域实行准入前国民待遇和负面清单制度。目前，全国版的《外商投资准入特别管理措施（负面清单）（2018 年版）》（以下简称

---

① 本表系笔者根据国务院公布的自贸试验区文件整理而成。
② 参见福建师范大学福建自贸区综合研究院编：《自贸区大时代：从福建自贸试验区到 21 世纪海上丝绸之路核心区》，北京大学出版社 2015 年版，第 51 页。

《2018全国版负面清单》）已于2018年首次公布，并经历2019年、2020年、2021年三轮修订。从2013年上海市人民政府发布我国第一份外商投资准入负面清单《中国（上海）自贸试验区外商投资准入特别管理措施（负面清单）（2013年）》到2021年发布《自由贸易试验区外商投资准入特别管理措施（负面清单）（2021年版）》，自贸试验区负面清单的特别管理措施条目从最初190条减少至27条，表明自贸试验区对外资的开放度、透明度显著提高，且推广至全国范围。

第二，创新贸易监管制度。主要是指实施海关和检验检疫创新监管新模式，以加快推动海关特殊监管区域转型升级和发展为目标，促进区内商品、货物和服务等各类市场要素的自由流动，进一步提高贸易自由化和投资便利化的水平，具体包括深化完善"一线放开、二线管住、区内自由"等方面。

第三，创新金融制度。主要是指以金融为实体经济服务、加快促进贸易自由化、投资便利化为目标，在风险可控的基础上，创新金融制度。以上海自贸试验区为例，始终按照"简政放权、放管结合、优化服务"三管齐下的思路推进金融改革。

第四，创新综合监管制度。主要是指以推进政府管理由注重事前审批转为注重事中事后监管为目标，创新事中事后监管等模式。其核心是深化行政管理体制改革，创新政府管理方式，减少行政审批事项。[①]

（3）我国自贸试验区发展新阶段——探索建设中国特色的自由贸易港、上海自贸区临港新片区

赋予自贸试验区更大的改革自主权，探索建设自由贸易港是党的十九大明确提出的一项重要任务。2018年11月5日，习近平总书记在首届中国国际进口博览会开幕式上的讲话中强调："中国将支持自由贸易试验区深化改革创新，持续深化差别化探索，加大压力测试，发挥自由贸易试验区改革开放试验田作用。中国将抓紧研究提

---

① 参见刘恩专：《世界自由贸易港区发展经验与政策体系》，格致出版社2018年版，第26—28页。

出海南分步骤、分阶段建设自由贸易港政策和制度体系，加快探索建设中国特色自由贸易港的进程。"同时，他还宣布将增设中国上海自由贸易试验区新片区，鼓励和支持上海在推进投资和贸易自由化便利化方面大胆创新探索，为全国探索和积累更多可复制可推广的改革经验。之后不到一年时间，上海自贸区临港新片区于2019年8月6日正式挂牌成立。同月26日，新设6个自贸试验区也对外公布。2022年4月，习近平总书记再次亲临海南考察指导，赋予海南新的使命，提出更高要求，为海南在新的历史起点上高质量发展提供了根本遵循和行动指南。① 总之，这一系列重大举措彰显了我国扩大对外开放、积极推动经济转型和发展的决心和信心。同时也意味着，我国自贸试验区建设进入更高水平的发展阶段。

综上所述，当前我国自贸试验区已基本形成东西南北中协调、陆海统筹的全方位、高水平开放的新格局。我国自贸试验区将率先构建起与国际贸易和投资通行规则相衔接的制度体系，开创世界自由贸易港区发展的新纪元。②

3. 我国自贸试验区建设过程中的推进障碍

（1）我国经济增长速度快，但结构不合理。改革开放以来，我国经济快速增长，国内科技水平不断提高，增强了长期经济增长的动力。与此同时，印度、巴西等新兴经济体也情况类似，而发达国家则实力相对下降。（见表1.7）

表1.7 主要国家GDP占全球经济总量的比重③

国家	1980年占比（%）	2022年占比（%）
中国	1.72	18.32
巴西	2.13	1.97
印度	1.72	3.47

---

① 参见中共海南省委自由贸易港工作委员会办公室编：《海南自由贸易港建设白皮书（2021.06—2022.05）》，第1页。

② 参见刘恩专：《世界自由贸易港区发展经验与政策体系》，格致出版社2018年版，第29页。

③ 本表系笔者根据世界经济信息网和国家统计年鉴整理而成。

(续表)

国家	1980年占比（%）	2022年占比（%）
美国	25.11	25.04
德国	8.34	4.03
法国	6.26	2.78
日本	8.92	4.30

从表1.7可见，从1980年和2022年主要国家GDP占全球经济总量比重的变化来看，中国、印度等新兴经济体GDP占全球经济总量比重整体上升。尤其是中国，上升幅度最大，其间中国GDP占全球经济比重由1.72%上升至18.32%，上升了16.60个百分点。而美国、德国、法国、日本等发达国家GDP占全球经济总量的比重都出现不同程度的下降。但是，中国经济在快速增长的同时，也存在经济结构不合理的问题，特别是服务业发展滞后。

（2）市场机制不健全，政府与市场关系有待完善。经过多年实践，我国社会主义市场经济体制已初步建立，但仍存在不少问题，如市场机制不完善，具体包括市场秩序不够规范、市场体系尚不健全、市场主体有待进一步健全、政府与市场关系尚未完全厘清等。

（3）自贸试验区战略与区域化发展战略对接不充分。我国自贸试验区的战略定位之一就是建设成为"一带一路"的重要枢纽，成为"一带一路"倡议真正落实到国内制度的重要支撑点。因此，自贸试验区建设应当与区域和全球化发展有着密切联系。然而，当前我国自贸试验区战略并未与区域化发展战略充分对接，其制度设计重点主要放在对国内制度创新的示范作用方面。[1] 有学者认为，我国各自贸试验区功能定位差异化不明显，其发展重点也没有明显的错位划分，导致自贸试验区建设雷同，没有发挥各自应有的作用。[2] 笔者认为，国务院确定的各自贸试验区都有自己的特色，而各自贸试

---

[1] 参见杨梦莎：《自贸园区与自由贸易协定协同法律制度研究》，载《河北法学》2019年第2期。
[2] 参见王洪：《我国自由贸易试验区发展比较分析及提升对策》，载《天津师范大学学报（社会科学版）》2017年第3期。

验区在建设过程中只有着力发展各自特色，才能有更大的提升空间。我国自贸试验区建设应结合不同区位的优势和特点，积极参与区域和全球价值链活动，提升各自对区域经济发展的联动效应，进一步加强全球配置资源与管理要素流动性能力。①

二、国际航运市场准入的基本理论

国际航运市场准入是我国航运管理的一个重要方面，厘清国际航运市场准入的概念、类型和特殊性等基本理论问题，对进一步分析我国自贸试验区国际航运市场准入相关问题至关重要。

（一）相关概念界定

概念是人们对事物本质属性的抽象认识，是逻辑思维最基本的单元和形式之一。对某一事物概念的科学界定决定了研究主题要展开的边界。② 为此，有必要对国际航运市场准入的几个相关概念进行如下具体分析：

1. 国际航运市场

市场有广义和狭义之分。狭义的市场，是指商品或者服务交易的场所，即交易方进行交易的特定的空间地域。广义的市场是指经济活动中各种经济关系的总和，即市场不仅是交易方进行商品或者服务交易的场所，还体现交易方之间的关系、交易方与交易中介之间的关系，以及在交易中发挥作用的一切机构或者部门与交易方或者交易中介之间的关系。③

市场是随着社会生产和商品交换的发展而逐步发展起来的，是生产力发展到一定阶段而出现的产物。从经济学角度看，市场最初的含义是指商品交换的特定场所，即符合买卖双方进行商品交换活动所需具备的条件的地点。随着社会经济的发展和分工协作的日益深化，商品交换活动不再仅仅局限于同一时间、地点由买卖双方完

---

① 参见盛斌：《中国自由贸易试验区的评估与展望》，载《国际贸易》2017年第6期。
② 参见张文显主编：《法理学》，高等教育出版社1999年版，第76页。
③ 参见胡正良：《中国航运法之研究》，大连海事大学2003年博士学位论文，第3页。

成，而是逐渐渗入整个现代市场经济，成为与现代市场经济体系密切联系的重要纽带，因此，广义的市场是指以交换活动为重点的现代市场经济体系中所有经济关系的总和。

同样地，航运市场，又称"海运市场"，也有广义和狭义之分。狭义的航运市场是指在不同国家或地区之间，以航运劳务需求和航运劳务供给为主的供需关系的结合、调整和运作等进行的航运交易活动及其场所。广义的航运市场是指在不同国家或地区之间，以航运业务、航运服务、航运资源的供需关系的结合、调整和运作等进行的航运交易活动及其场所。广义的航运市场已经从单纯以海上运输交易扩大至包含航运技术和工业、航运劳务、航运信息和航运金融等一系列相关经济关系和市场活动。① 本书主要研究的是狭义的航运市场。

国际航运市场是以旅客和货物运输为主体的客运市场和货运市场。有学者认为，国际航运市场根据不同的分类标准有不同的界定。② 而围绕船舶形成国际航运的相关市场，如租船市场、造船市场、船舶买卖市场、修船市场、拆船市场、国际船舶代理市场、船员市场等，在为国际航运基本市场提供服务的同时，也具有一定程度的独立性。本书以货运市场为主要研究对象。

2. 市场准入

(1) 市场准入的概念

"市场准入"一词来源于"market access"，在1970年11月30日欧洲理事会发布的关于在欧共体内部煤炭产业中的批发贸易和雇佣问题的法律文件中曾提到"market access"。"市场准入原则"作为专门词汇来使用最早可见于20世纪70年代末所签订的多边和双边协议，如1979年的《国际橄榄油协议》和《澳大利亚—日本渔业协定》中就明确使用了"市场准入（原则）"一词。

"市场准入"是WTO规则体系中经常使用的一个概念。WTO

---

① 参见王彦、吕靖编著：《国际航运市场与经济（第三版）》，大连海事大学出版社2013年版，第87—88页。

② 参见於世成：《美国航运法研究》，华东政法大学2006年博士学位论文，第22页。

文件《农业协定》（Agreement on Agriculture）、《服务贸易总协定》（General Agreement on Trade in Serrices，GATS）等都直接使用了"市场准入"这一概念。其中，《农业协定》第三部分第 4 条标题即为"市场准入"，还使用了"市场准入机会"概念。GATS 第三部分第 16 条标题为"市场准入"，其具体承诺体现在减让表中。从规定的内容看，WTO 中的市场准入是指成员方在某些方面开放市场的承诺情况或不得采取、维持违背市场准入的措施，这些措施包括关税、数量、配额、垄断、专营服务、限制投资类型、投资方式等。即这些措施会影响市场准入或者说构成市场准入的壁垒。①

有学者认为，市场准入的本质是各国政府依据法定的职权，采取行政许可形式进一步实现市场主体和交易对象的准入，属于现代法治国家进行市场管理的基本方式之一。② 确切地讲，作为监管者的政府采取的市场准入限制包括：资本准入的限制，如对外国资本设定准入条件；产业准入的限制，如对一些特定产业实行国家垄断；企业准入的限制，如企业设立的资本条件、人员要求等。③

在国内，"市场准入"一词最早出现在 1992 年中国与美国签署的《中美市场准入谅解备忘录》中。在该备忘录中，中国在"外贸政策和立法的公开化""进口替代""关税"等方面作出承诺，美国在"出口限制"方面作出承诺。④ "市场准入"最初的含义是与中国对外开放直接相关的，是中国对外开放的第一道"门"。后来，"市场准入"逐渐成为政府对市场进行干预和调控的一种重要方式，无论在经济领域还是法律领域，"市场准入"都已成为一项制度或规则。

对于"市场准入"这一概念的理解，众多学者从不同角度发表过不同见解。大致为：一是从市场准入的层次角度，有学者认为，

---

① See WTO, GATT Documents, https：//www.wto.org/english/docs_e/gattdocs_e.htm, visited on July 15th, 2019.

② 参见成思危主编：《中国非公有制经济年鉴（2007）》，民主与建设出版社 2007 年版，第 632 页。

③ 参见郑曙光、汪海军：《市场管理法新论》，中国检察出版社 2005 年版，第 27 页。

④ 参见范晓宇：《WTO 版权贸易市场准入与国内监管规则研究》，法律出版社 2015 年版，第 39 页。

市场准入包括一般市场准入和特殊市场准入。前者是指一般性行业中，市场主体符合法律规定的准入条件，依法办理准入登记手续和领取营业执照，进而从事生产经营活动的一种制度安排；遵循从宽准入的理念，属于基本的市场准入制度。后者是指市场主体进入国家有特殊要求的市场，需经过国家特殊许可、审批程序才能进入该市场的一种制度安排。在准入理念上，特殊市场准入更注重安全。①二是从市场的不同分类角度，有学者将市场准入分为国内市场准入、国际市场准入，其中前者又包括一般市场准入和特殊市场准入。② 三是从市场准入内容的角度，有学者认为，市场准入即为市场准入法律制度，包括市场准入程序法律制度和实体法律制度。前者指市场主体符合准入条件、获得准入资格后，在市场准入过程中应当遵循一定的程序，如审批、登记等；后者指特定的市场主体进入具有一定限制条件的市场领域应当遵循的准入规则。③ 四是市场准入特指特殊的市场准入制度，而不包括一般市场准入制度。有学者认为，市场准入特指政府对市场主体进入特殊的市场领域所作的不同于其他一般市场准入的专门规制。即特指政府对市场主体的特许或审批，诸如企业设立的登记制度等不应属于该制度的范畴。④

前文从不同角度讨论了市场准入的概念，以下将着重阐述国际市场准入、国内市场准入的基本概念。

国际市场准入是指一国政府根据其与其他国家签订的国际投资协定和条约履行约定的义务和执行相应的承诺，主要是一个国家对另一个国家国际承诺的体现。有学者认为，国际市场准入是指一国政府根据相关的准入条件对外国商品、服务和资本开放本国国内市

---

① 参见杨紫烜主编：《经济法（第5版）》，北京大学出版社2014年版，第129页。
② 参见李昌麒主编：《经济法学（2002年修订版）》，中国政法大学出版社2002年版，第149页。
③ 参见贾晓燕、封延会：《市场准入——澄清、流变与制度构建》，载《河北法学》2009年第7期。
④ 相关文章有：马跃进：《企业市场准入制度反思》，载吴志攀主编：《经济法学家（2003）》，北京大学出版社2005年版，第571页；廖志雄：《市场准入法律制度研究》，载史际春、邓峰主编：《经济法学评论·第四卷（2003）》，中国法制出版社2004年版，第247页。

场,以满足国际贸易投资自由化便利化进行的条件。国内市场准入是指一国政府以限制市场主体资格、进行法律制度安排以及采取监管、鼓励、惩罚措施等方式对本国国内市场进行适当的干预或控制。① 有学者认为,国内市场准入是指一国政府准许自然人、法人进入市场从事生产经营活动的法定条件和程序规则的总称。此外,国内市场准入分为一般市场准入、特殊市场准入和外资市场准入。②

由上可知,市场准入的相关问题离不开围绕国内和国际市场准入两者间关系的讨论,两者均是与市场准入紧密相关、不可分割的重要方面。对这两者的深刻理解有助于我国在国际经济和贸易交往中签订满足国家利益要求的国际协定,也有助于我国更好地修订和完善特定领域的国内市场准入条件和客观要求。

这里要说明的是,本书研究的市场准入,即指外资市场准入。外资市场准入具体可分为"引进来""走出去"两大类。有学者对市场准入分类作出明确的定义,其中外资市场准入是指一国对外国商品、服务和资本进入本国国内市场而规定的法定条件和程序规则的总称,以及一国对本国商品、服务和资本进入外国市场而规定的法定条件和程序规则的总称。③ 本书研究的市场准入,为该定义的前者,即外国商品、服务和资本进入我国国内市场的外资市场准入,而不包括后者。

由此可见,市场准入的含义非常丰富,它不只是指进入市场这一行为,也不只是指 WTO 规则体系中的具体承诺,还包括一国对外开放过程中涉及的经济、政治环境,以及市场监督等诸多方面。同时,市场准入还是市场监督法的重要内容之一,与市场退出、市场禁止等共同形成了一个相互制约和作用的市场制度体系。④

(2) 市场准入的特征

市场准入的特征主要有:

---

① 参见车丕照:《"市场准入"、"市场准出"与贸易权利》,载《清华大学学报(哲学社会科学版)》2004 年第 4 期。
② 参见李昌麒:《经济法学(第三版)》,法律出版社 2016 年版,第 143 页。
③ 参见李昌麒:《经济法学》,法律出版社 2007 年版,第 147 页。
④ 参见吴弘、胡伟:《市场监管法论——市场监管法的基础理论与基本制度》,北京大学出版社 2006 年版,第 187 页。

第一，市场准入属于一项社会公共政策，是一国政府为了克服市场失灵现象，在市场资源配置无法正常发挥作用时采取的一项不可或缺的制度安排。这意味着，市场准入实质上是对市场失灵作出的一种具体反应，主要是为了弥补市场失灵引起的市场资源配置缺陷的不足。例如，油轮或其他液体货物在运输途中对海洋生态环境造成的污染具有外部性的特点，一国政府可采取制定较高准入标准或条件的方式防止此类市场失灵的发生。

第二，市场准入的主体是一国政府。一国政府结合本国的实际国情和经济发展情况决定本国国内市场的开放程度，并通过国内立法或其他方式赋予本国政府对进入该国国内市场从事各种生产经营活动的主体和其他交易对象进行规范、控制和干预的权利。可见，政府是合理行使市场准入权利的重要主体。在我国当前社会主义市场管理体制背景下，市场准入的主体还包括法律法规授权的有关组织。

第三，市场准入的客体是一国政府对准备进入市场从事生产经营活动的市场主体进行规范、控制和干预的行为。通常情况下，它主要表现为一国政府是否允许市场主体进入市场从事相关生产经营活动，而在涉及国家主权和安全、环境生态保护和公民人身安全等方面，政府采取规范、控制和干预的行为表现得更直接。

第四，市场准入的依据主要是国内外法律规范。在国际市场准入中，主要依据有国际双边或多边条约、国际投资协定和其他国际承诺；在国内市场准入中，主要依据有法律、行政法规、地方性法规、政府规章和其他政策等。

第五，市场准入是国家社会经济发展状况、市场开放力度、对外经济和贸易政策、市场主体发展战略等多方面的综合评价机制。相应地，这些与市场准入密切相关的因素错综复杂，且处于一种动态的变化过程之中。

(二) 国际航运市场准入的类型及其特殊性

1. 国际航运市场准入的类型

(1) 航运市场准入的内涵及外延

航运市场准入是一国政府对国内外航运企业进入航运市场进行

干预的基本制度之一，是一国政府准许国内外航运企业进入航运市场从事经营活动的条件和程序规则的各种规范的总称。① 该制度是一国政府对航运市场主体生产经营活动进行有效规范和管理的首要环节，同时也是对准备进入航运市场的相关主体是否具备准入条件和从事生产经营活动资质的一种确认，是政府开展后续监管活动所需具备的基本条件。此外，实施该制度的主要目的是有效规范和管理航运市场竞争秩序，进一步促进航运市场竞争效率的提高。该制度一般表现为政府对相关主体进入航运市场的最低标准或条件加以确定，如对船舶运力、船员配备等方面作最低要求的规定。

航运市场准入制度主要以航运立法的方式确定，其表现形式虽然为法律规范，但从本质上来讲，仍属于国家航运政策的一种具体体现。具体为：首先，该制度决定了航运市场的基本要素。根据不同航运市场准入条件，政府可实现对船舶运力、船队规模等众多航运内部要素的实际控制和干预，并在此基础上充分掌握航运市场发展的情况。其次，该制度充分体现了一国政府对航运市场调控力度的把控，客观反映了航运市场竞争秩序和效率状况。过严或过宽的航运市场准入制度都不利于航运市场的健康有序发展，前者会不利于航运企业提高自身运营和管理水平，后者会阻碍政府对航运市场的有效规范和管理。因此，合理制定和实施该制度对促进政府、航运市场和航运主体三者间的关系具有重要作用。最后，该制度还代表了一种航运市场的具体性质。政府管理模式主要有管制型和服务型，政府采取何种管理模式决定了航运市场的具体性质。航运市场准入条件、主体数量等与政府管理职能的定位紧密相关。②

（2）国际航运市场准入的分类

国际航运市场准入是一国政府是否准许外国航运企业进入本国航运市场且使其从事国际船舶运输和船舶代理等经营活动，以及是否准许本国航运企业参与国际航运市场竞争和其他国际船舶运输等

---

① 参见汤晓峰：《航运市场准入制度理论基础分析》，载《经济与管理》2013年第3期。

② 参见李光春：《中国航运法的法律属性研究》，大连海事大学2013年博士学位论文，第70页。

经营活动的各种法定条件和程序规则的总称。国际航运市场准入是航运政策开放程度的具体体现。而国内航运市场准入是一国政府对本国航运企业从事国际海上运输业及辅助业等经营活动进行规范的法定条件和程序规则的总称。根据国际贸易自由化和投资便利化的要求，世界各国要尽力消除贸易壁垒，在国际贸易投资领域努力实现全球贸易投资自由化便利化的目标。但是，在国际航运市场上，由于不同国家国情各不相同且对外开放程度也不一样，各国航运经济的发展状况差异较大。此外，航运市场准入的发展是一个渐进的过程，国际航运市场准入和国内航运市场准入无法实现完全的统一。

对国际航运市场准入进行合理的分类有助于我们进一步考察如何适度地制定航运市场准入的条件和要求。根据国际航运市场主体经营活动的业务性质的不同，国际航运市场准入可分为：

第一，国际海上运输业市场准入。根据运输组织形式的不同，国际海上运输业市场又可分为定期运输市场、不定期运输市场。前者主要指国际集装箱班轮运输市场，后者主要指油轮运输市场、干散货运输市场。各运输市场的不同功能导致其市场准入的条件各不一样。具体为：在定期运输市场，即国际集装箱班轮运输市场，船公司根据公布的船期表进行运营，进入门槛高且运力集中度相对也高，该市场容易发展成为寡头市场；在油轮运输市场，虽然以石油贸易和运输为主的石油公司运力集中度高，且买方垄断特征明显，但实践过程中，石油企业更多情况下会运用市场机制有效解决相关问题，并逐渐由原来的附属于船队转向独立船东发展；在干散货运输市场，绝大部分干散货运输是以租船的方式进行的，租船运输在整个干散货运输市场中占了绝对重要的比例，而且航运市场主体进入干散货运输市场的门槛较低，运力集中度相对也低。

第二，国际海上运输辅助业市场准入。国际海上运输辅助业市场准入，主要涉及与国际海上运输相关的辅助性经营活动，包括国际船舶代理和船舶管理、国际海运货物装卸等业务。国际海上运输辅助业市场准入具体分为两种：一是以货代为主的国际海上运输辅助业市场准入，具有航运企业数量多、价格竞争激烈以及行业较难实现升级换代式发展等基本特征，已形成完全竞争的航运市场格局。

二是以国际船舶代理和外轮供应为主的国际海上运输辅助业市场准入。由于特定的历史原因和现实因素,中国该领域的国际航运市场具有垄断性,主要表现为,在航运企业组织架构、企业高管的来源和主要业务的经营范围等方面,行业涉及的部分市场主体基本延续了原来属于国有性质的航运企业组织架构、企业高管等众多资源,导致该行业改革不彻底且垄断严重,行业以外的竞争者难以顺利进入该市场进行经营活动,因此无法真正营造全方位良好的市场竞争环境并在此基础上完全实现该领域的国际航运市场开放。

2. 国际航运市场准入的特殊性

要了解国际航运市场准入有哪些特殊性,有必要先了解国际航运市场结构具有哪些特殊性。围绕国际航运市场竞争,有学者总结了国际航运市场以下几个方面的特点:

一是航运市场集中度高。由于国际航运市场具有显著的规模经济效益,航运市场集中度高。二是进入壁垒高。国际航运业是资本密集型的产业,在国际航运领域,航运投资主体需要投入大量资本用于国际集装箱船舶的建造、航线的开辟等方面,部分投资主体可能因资金的不足而无法对国际航运业进行投资,因此市场主体进入航运市场的壁垒高。三是国际班轮运输的边际成本小。四是国际航运市场需求弹性小。对于国际航运市场来讲,尽管这些年一直强调航运自由化,且航运市场总体上朝着更加开放和自由的市场发展,然而它一直保持着以垄断竞争结构为基础的航运市场结构特点。①

针对国际航运市场的垄断竞争这一特点,有学者对禁止滥用市场优势地位制度在我国航运竞争法中的运用这一问题进行了深入探讨。② 此外,国际航运市场准入制度不同于其他市场准入制度,它具有航运经济特有的属性,主要有以下几个特征:

(1) 国际性和开放性。航运业具有很强的国际性,是国家实现对外经济和贸易发展的重要行业之一。与一般服务业市场不同的是,国际航运市场外部环境更具有对外开放的特征,决定了国际航运市

---

① 参见於世成:《美国航运法研究》,北京大学出版社 2007 年版,第 23 页。
② 参见於世成、邹盈颖:《论禁止滥用市场优势地位制度在国际航运竞争法中的运用》,载《法学评论》2006 年第 5 期。

场准入尤其是外资准入在整个国际航运立法中具有重要的地位。此外，国际航运不仅受到许多国际公约、规则的约束，还受到各国政治、法律和政策的影响。各国制定政策时既要考虑本国的因素，也要考虑整个外部世界的环境与变化。[1]

（2）重要性和独特性。同一般行业相比，航运业涉及的规模经济效益较大，且产业链更广。特别是能源运输等领域，不仅是国民经济发展的重要命脉，而且与国防建设和安全等密切相关。因此，在国际航运市场上，准许适格的航运市场主体进入航运市场，不仅对促进国家经济发展具有重要作用，对维护国家政治、国家主权和安全更是至关重要。

（3）行业具有周期性。航运经济状况与全球整体经济发展状况、金融资本以及油价等方面有着直接关系。由于船舶建造投资大、建设周期长、运营成本高，船东通常在市场低迷时对新建船舶持谨慎态度，而在市场景气时扩张投建新船，这就会导致运力紧张时不能及时增建新船，而运力过剩时船公司间的兼并重组又无法减少运力，运力供应对运力需求的滞后性导致行业的强周期性。航运市场的强周期性特征使其更需要在制度执行层面的高度统一，因此，科学合理地制定和完善航运市场准入制度十分重要。

（4）准入标准具有复杂性。航运经济具有规模经济的特点，因而有必要限制航运市场经营主体的数量，设定相对较高的市场准入条件。[2] 同时，一般的市场准入规则难以在航运业充分发挥作用，导致航运业容易出现垄断。此外，船舶在航运过程中容易产生环境污染、安全性等问题，这些也会导致航运市场准入的标准和要求比其他一般市场更高。

（三）国际航运市场准入的主体和内容

市场准入制度主要是为了保护社会公共利益需要而建立的，且

---

[1] 参见王彦、吕靖编著：《国际航运经济与市场（第三版）》，大连海事大学出版社2013年版，第6页。
[2] 参见胡正良、郑丙贵：《中国〈航运法〉制定中几个基本理论问题之研究》，载《中国海商法研究》2012年第1期。

随着市场对社会生活的影响范围和程度日益深化而不断完善。[1] 结合上文分析，本书研究的国际航运市场准入，确切地讲，是针对外商投资的国际航运市场准入，即一国政府对外资航运企业进入航运市场进行规范、控制和干预的基本制度。

有学者认为，航运市场准入制度的基本内容有三个，分别为航运市场准入主体（即航运主管部门）、准入条件和准入程序，其中既有明确准入条件的实体性规范，又有明确准入程序的程序性规范。[2] 也有学者认为，从制度范畴的角度看，该制度的主体是航运市场准入的审批机关和监管机构，内容是航运市场准入的形式、条件和程序，客体是规范、控制和干预航运主体进入航运市场的行为。[3] 这里，笔者主要就国际航运市场准入的主体和内容进行分析。

1. 准入主体

从广义角度看，准入主体包括市场管理者和管理所指向的对象，前者指政府主管部门，后者指市场经营主体；从狭义角度看，准入主体仅指国家赋予管理职能的市场管理者，即政府主管部门。在市场准入管理过程中，作为市场管理者的政府主管部门在决定市场准入法定条件、程序规则以及发挥其功能时起到直接的作用。本书中，笔者重点研究的是狭义的市场准入主体。

在我国，国际航运市场准入主体是指国际航运市场准入主管部门，具体包括商务部、交通运输部。前者是一般主管部门，如国际航运市场中出现的经营者集中反垄断审查主要由商务部负责；后者是特殊主管部门，国际船舶运输业务、国际船舶代理业务和国际无船承运业务等方面主要由交通运输部负责。

2. 准入内容

国际航运市场准入内容包括准入形式、条件以及程序，具体

---

[1] 参见管金平：《中国市场准入法律制度的演进趋势与改革走向——基于自贸区负面清单制度的研究》，载《法商研究》2017年第6期。

[2] 参见胡正良：《中国航运法之研究》，大连海事大学2003年博士学位论文，第63页。

[3] 参见汤晓峰：《航运市场准入制度理论基础分析》，载《经济与管理》2013年第3期。

如下：

（1）准入形式。国际航运市场准入的形式表现为许可和登记。

（2）准入条件。根据 2023 年修订的《国际海运条例》第 5 条，经营国际客船、国际散装液体危险品船运输业务，应当具备下列条件：取得企业法人资格；有与经营业务相适应的船舶，其中必须有中国籍船舶；投入运营的船舶符合国家规定的海上交通安全技术标准；有提单、客票或者多式联运单证；有具备国务院交通主管部门规定的从业资格的高级业务管理人员。经营国际集装箱船、国际普通货船运输业务，应当取得企业法人资格，并有与经营业务相适应的船舶。对于国际船舶管理和国际船舶代理市场准入的条件，2023 年修订的《国际海运条例》已不再作具体规定。

（3）准入程序。外资进入国际航运市场的一般程序为：申请者向航运主管部门提出申请，航运主管部门进行审核、决定，外资主管部门对外资准入进行一般审批或登记，航运主管部门发证。

（四）我国自贸试验区国际航运市场准入发展现状

1. 我国国际航运市场对外开放的历程

我国改革开放已走过四十多年的光辉历程，总结改革开放取得的伟大成就和宝贵经验，是继续深化改革、实现中华民族伟大复兴中国梦的重要动力。经过多年不断发展，我国航运服务业对外开放的水平与其他服务业相比已处于国际领先。为此，回顾和总结我国国际航运市场的变化状况和发展历程具有积极意义。

改革开放前，我国航运服务业采取保护政策，航运企业管理落后且竞争力低下。我国国际航运市场的开放主要有：一是与大多数航运发达国家签署双边海运协定，允许悬挂这些国家国旗的船舶停靠在我国少部分对外开放的港口；二是成立两家中外合资企业，分别是中波轮船股份有限公司、中国—坦桑尼亚联合海运公司。

改革开放后到加入 WTO 前，我国逐步放弃保护政策，采取一系列措施引入市场竞争，国际航运市场得到较大程度的开放。具体表现为：[1] 一是中小航运企业发展十分迅速，航运企业管理水平逐渐提高。二是取消货载保留政策，不再用行政手段规定国有船舶的承运份额。三是允许外国航运公司从事停靠中国港口的国际班轮运输，允许外国航运公司在中国设立独资子公司，使其能为母公司提供海上运输辅助业务。四是准许适度地发展中外合资水路运输业务，外商投资的航运公司可享受税收上的优惠。五是鼓励中外合资企业经营码头装卸业务，允许中外合资企业租赁港口基础设施。

加入WTO后至自贸试验区成立前，我国根据《服务贸易总协定》（GATS）要求，国际航运市场的对外开放程度得到大幅度提高，特别是在国际海上运输业和辅助业市场领域。与此同时，随着2001年《国际海运条例》及其实施细则的颁布和实施，我国国际航运市场管理逐步做到了有法可依。

此外，我国国际航运市场对外开放还表现在以下方面：

第一，国际航运企业的管理体制方面。长期以来，以政府行政干预为主是我国航运企业管理体制的特点。然而，实践证明这种做法不利于航运企业的长远发展。之后，我国实行所有权和经营权分离的改革措施，激发了航运企业的活力，也增强了航运企业的自主积极性。

第二，国际航运市场开放和规范方面。我国国际航运市场的开放问题于20世纪80年代被提上日程。国家为激发中小企业发展活力，进一步促进国际航运市场的健康有序发展，把航运业列为国家重点扶持产业，积极引导和鼓励我国中小航运企业开展对外贸易和经营活动。到20世纪90年代，我国初步形成了与国际接轨、发展潜力大且具有活力的航运市场经济，中小航运企业在国际航运市场上开展的对外贸易和经营活动日益丰富。国家在倡导企业"走出去"的同时，又启动"引进来"的政策策略，陆续颁布了一系列的政策法规，国际航运市场得到进一步开放，航运管理机制体制也逐步确立。[2]

---

[1] 参见张湘兰、张辉：《"入世"与中国海运服务贸易法律制度》，载《武大国际法评论》2003年第1期。

[2] 参见朱意秋、陈倩倩：《海洋运输强国与航运自由化》，载《中国海洋大学学报（社会科学版）》2010年第3期。

2. 我国自贸试验区国际航运市场准入现状

2013年9月27日，国务院批复成立了我国第一个自贸试验区——上海自贸试验区，标志着我国加快实施自贸试验区战略，加快构建开放型经济新体制已拉开序幕。自贸试验区作为我国改革开放进程中的里程碑，自开设以来取得了重大进展：加快政府职能转变，营造良好营商环境；简化有关部门办理手续，降低市场主体成本；创新海关监管模式，对接国际一流标准；创新推出企业对外融资平台，鼓励企业走出去、引进来。同时，以制度创新为核心，对比国际先进规则，持续深化简政放权、放管结合、优化服务改革探索。① 在航运领域，我国借助自贸试验区建设的契机，推动航运发展制度创新，深化自贸试验区改革。在准入前国民待遇和负面清单制度不断发展和完善的基础上，我国进一步优化国际航运市场准入负面清单，对外商投资进入该领域实施更大力度开放政策。

党的十九大报告首次明确提出要建设"交通强国"的发展战略。在国际航运领域，要对照国际一流水平，建设具有全球资源自由配置能力的国际航运中心，提高我国港航业的国际竞争力。然而，我国离世界级的国际航运中心仍有差距，航运服务业发展水平仍有很大的提升空间，高端航运服务集聚能力相对有限。在新形势下我国应不断探索创新，努力提升我国在国际航运领域的话语权和影响力。

第二节　经济学视角下的自贸试验区国际航运市场准入

现阶段，我国正进行的自贸试验区和自贸港建设具有明确清晰的逻辑发展主线，符合我国目前社会经济高质量发展的现实需求。无论是制度经济学、国际贸易理论，还是凯恩斯新经济学等经济学理论，都为我国自贸试验区国际航运市场准入制度的建设提供了坚

---

① 参见殷明主编：《中国港航业的创新发展：从自由贸易试验区到自由贸易港》，上海浦江教育出版社2019年版，第47页。

实的理论支撑，为我国自贸试验区建设和国际航运市场准入制度创新发展提供了理论指导。

一、自贸试验区建设的经济学分析

以下将主要介绍经济学视角下关于自贸试验区建设和发展的制度创新理论、国际贸易理论和增长极理论。

（一）制度创新理论

国外学者曾于 20 世纪 70 年代指出，虽然科技的进步对社会经济的发展水平有着重要的作用，但制度更是对经济发展水平起着关键作用，是促进社会经济发展和增加更多社会财富的重要保证。在现有的制度安排下，产业结构的调整、生产技术的变革、市场规模的扩大、制度环境的变化、预期净收益与预期净成本之间差值的变化等都会出现潜在利益的机会。同时，规模经济、外部性困难、风险恶化、市场失灵和政治压力等障碍因素的存在，导致这些潜在利益无法在现有的制度安排下实现。但是，在现有的制度安排下，总会有人为了获得这些潜在利益而率先努力克服障碍因素。当这些潜在利益大于克服这些障碍因素产生的成本之时，一项新的制度安排便会出现，这就是制度创新。①

此外，随着国际分工合作的深入推进，国际贸易的交易环节和流程日趋复杂，交易成本在整个交易过程中占据的比例越来越高。新制度经济学认为，降低交易成本的有效途径是进行合理的制度设计，进而提高产出效率。② 自贸试验区建设的制度创新，其本质和内在逻辑在于创造各种国际贸易便利化的条件，简化交易环节和流程，降低交易成本，进而取得制度优势并进一步占据国际市场竞争中的优势地位，以达到吸引全球商品、服务和技术等市场要素的集聚以及增强国内外市场资源配置能力的目的。

如何正确选择自贸试验区和自贸港创新发展的改革路径是制度

---

① See D. C. North, Institutional Change and Economic Growth, *The Journal of Economic History*, Vol. 31, No. 1, 1971, pp. 118-125.

② See R. H. Coase, The Nature of the Firm, *Economica*, Vol. 4, No. 16, 1937, p. 386.

创新理论的重要问题之一。有学者认为，从制度演进角度来看，我国多年发展经验积累下来的改革路径主要分为两种：一种是自上而下的由政府主导推动的改革（顶层设计）；另一种是自下而上诱发的边际革命（基础创新）。这两种改革路径相辅相成、相互结合，是我国改革成功的重要原因。① 由此，我国自贸试验区和自贸港的建设和发展也应当继续遵循顶层设计和基础创新相结合的渐进式改革模式，在具体实践过程中先试点后推广，适应性地探索区域化改革。也有学者认为，我国经济发展在不断深化改革和对外开放的过程中之所以能实现稳步向前，最重要的原因是采取了由点到面、由边缘向纵深逐步改革、稳步推进的"试验+推广"发展模式。② 总之，在建设自贸试验区、探索建设中国特色自贸港的过程中，我国首先在上海建设自贸试验区，实行制度创新先行先试，再宣布探索建设海南自由贸易港，接着启动上海自贸区临港新片区建设，而全国各自贸试验区也先后通过不同阶段的发展推出一批高水平创新成果，这种渐进式适应性和创新性地探索路径，正是中国方案、中国智慧的体现。

目前，我国自贸试验区和自贸港建设和发展的关键在于大胆尝试、深化改革和制度创新。笔者认为，要加速推进和完善投资贸易、政策创新开放和事中事后监管等一揽子制度，既要重视制度安排的顶层设计，同时也要关注制度创新的系统集成，以完善国际化、法治化、市场化营商环境为目标，以对标国际最高标准为落脚点，推进自贸试验区和自贸港建设。

（二）国际贸易理论

国际贸易理论是经济学理论研究的核心问题之一。从国际贸易理论研究的历史演进来看，学者们从贸易要素禀赋优势、贸易竞争条件、贸易模式和政策措施等多方面进行了分析，逐渐形成了倡导

---

① 参见黄剑辉：《主要经济学流派如何阐释中国改革开放》，载《中国经济时报》2018年第6期第3版。
② 参见史本叶、王晓娟：《探索建设中国特色自贸港——理论解析、经验借鉴与制度体系构建》，载《北京大学学报（哲学社会科学版）》2019年第4期。

自由贸易和贸易保护的不同派别。① 其中，古典贸易理论的起点是亚当·斯密（Adam Smith），他在《国富论》一书中提出了绝对优势理论。后来，大卫·李嘉图（David Ricardo）提出了比较优势理论：即使一国在两种产品生产上都处于绝对成本劣势，另一个国家在两种产品生产上都处于绝对成本优势，两国照样可以通过贸易获利，参与双方只要各自选择自己比较成本低的产品进行专业化分工即可。②

自20世纪60年代起，许多学者逐渐放松新古典贸易理论中的假设条件，开始引入"不完全竞争""规模经济"等概念，认为它们对促进国际贸易非常重要，并且认为与国内规模经济相比，国际的规模经济更为重要。③

此外，各国在不同历史时期对自由贸易和贸易保护这两者的政策、观点是不一样的。前者的观点是，自由贸易能促进资源的合理优化配置，提高生产效率，因此国家不应限制或禁止本国进出口贸易，也不应提供特殊的待遇，只有真正实现自由贸易才能获得效益的最大化。后者的观点是，国家为了促进本国进出口贸易的发展，应提供相应的优惠政策和措施，以使本国市场需求得到保护，且减少本国商品或贸易在国际市场竞争中可能受到的损失。由此，国际贸易理论中关于这两者的争论一直存在。④ 长期实践证明，自由贸易及市场资源要素的自由流动能带来巨大的优势。但是，无论是发达国家还是发展中国家，在国际贸易政策的博弈过程中，都会根据实际情况选择与本国发展相对应的贸易保护主义政策，以达到保护本国国内产业和获取国际竞争优势的目的。从长期来看，自由贸易主

---

① 参见宗良、吴丹：《国际贸易理论的创新思维与动态综合竞争优势转换——历史演进、理论创新和模型构建》，载《武汉金融》2019年第7期。

② 参见赵儒煜、王一博：《国际贸易理论的逻辑弊病与重建》，载《人文杂志》2022年第12期。

③ 参见陈洁蓓、张二震：《从分歧到融合——国际贸易与投资理论的发展趋势综述》，载《南京社会科学》2003年第3期。

④ See J. A. Brander & P. Krugman, A "Reciprocal Dumping" Model of International Trade, *Journal of International Economics*, Vol. 13, No. 3/4, 1983, pp. 313-321.

义政策利大于弊,但是在经济衰退时期,出现短暂的贸易保护主义政策属于正常的现象。

综上可知,在国际贸易理论的发展和演进过程中,为了构建更符合实际形势的理论模型,"不完全竞争""规模经济"等假设条件逐渐被放宽。但是,无论是自由贸易还是贸易保护,均不能完全解决实践中面临的贸易问题。实际情况是,目前国际上没有哪个国家实现了完全的自由贸易,同样地,贸易保护更不适用于新时代背景下的国际贸易。通常情况下,大多数国家采用的是自由贸易和贸易保护相结合的操作模式。

从这个意义上讲,以上国际贸易理论指出了我国自贸试验区和自贸港建设的方向和应注意的问题。自贸试验区和自贸港建设不能放松边界,而且要更加高效地完善市场所需的制度环境,加强市场管理和完善市场秩序。若只是单纯追求"自由""开放"等,则不仅会给市场带来混乱和低效,也是违背经济学规律,有违我国自贸试验区建设的初衷的。有学者认为,自贸试验区和自贸港建设和发展应致力于在市场优势和国家经济主权中找到一个平衡点,最大限度地优化市场环境,充分发挥市场在资源配置中的决定性作用,推动我国经济整体上真正实现高质量发展。[①]

上海自贸区临港新片区建设已有四年多的时间,选择对开放度要求高但其他地区尚不具备实施条件的重点领域进行政策创新,这符合我国实际情况,同时也符合国际贸易理论,有利于在风险可控的前提下在更宽领域、更大范围实现我国对外经济高水平发展。

(三)增长极理论

增长极理论属于区域经济学理论的内容之一。法国经济学家弗朗索瓦·佩鲁(François Perroux)于1955年首次提出"增长极"(growth pole)理论,并在《发展极理论》一书中对增长极理论进行了详细阐述。他认为,在经济发展过程中,不同时期和不同地方的经济增长速度是不一样的。在不同时期,从一个或数个"增长中心"

---

① 参见史本叶、王晓娟:《探索建设中国特色自由贸易港——理论解析、经验借鉴与制度体系构建》,载《北京大学学报(哲学社会科学版)》2019年第4期。

逐渐向其他产业或区域传导，这些"增长中心"通常主要集中在主导能力和创新能力较强的产业或地区，它们通过创新和改革优先发展，产生辐射扩散效应，逐渐成为一个产业或地区经济增长的主导力量，进而带动周边产业或地区的发展，这些主导性的产业或地区就变成了"增长极"。[①] 这种增长极具有极化、扩散和溢出效应。

随后，国外一些经济学家在之前理论基础上将城市作为区域的增长极，进一步深入研究城市等地理单元作为区域增长极在社会经济发展中产生的影响和作用。例如，赫希曼（Hirschman）提出，一个国家的社会经济发展需要"增长极"或"增长点"的出现，这会促进区域经济的发展，是整个国家社会进步的表现。缪尔达尔（Myrdal）提出"回波""扩散"两种概念，主要用于进一步阐述增长极对经济落后地区产生既"给予"又"吸收"的双重影响。增长极理论具有广泛的适应性，无论是对发达国家还是发展中国家都具有积极的理论指导意义，因此，世界上众多国家如美国、法国、马来西亚等都根据该理论制定了符合本国实际国情的区域经济发展政策，以推动本国区域经济发展。例如，为了刺激亚马孙河流域等落后地区的经济增长，巴西政府 1967 年建立了玛瑙斯自由港，现已成为巴西乃至全世界最大的经济特区。[②]

事实上，在世界范围内由自贸试验区和自贸港推动一国产业空间集聚现象并不少见。[③] 例如，韩国釜山和新加坡都形成了繁荣的现代产业集聚区，在作为新的经济增长极的同时，也促进全球价值链的合理分工和演进。

在我国，改革开放的宝贵经验告诉我们，中国区域经济发展采取的是从沿海省市大开放到城市群战略实施再到国家级开发区建设，增长极理论得到了广泛的应用，且为我国经济发展起到了积极的推动作用。现阶段，我国经济发展已进入新的历史阶段，区域空间层

---

① 参见范旭、张毅：《发达国家创新极发展的实践经验及其对中国的启示》，载《技术经济与管理研究》2019 年第 3 期。

② 参见贾中华：《基于增长极理论的新常态下中小城市经济发展战略研究》，载《中国发展》2016 年第 4 期。

③ 参见史本叶、王晓娟：《探索建设中国特色自由贸易港——理论解析、经验借鉴与制度体系构建》，载《北京大学学报（哲学社会科学版）》2019 年第 4 期。

面正经历着"由点到面"的跃变。①

在新一轮改革开放中,自贸试验区和自贸港作为对外开放的前沿高地,构成了我国经济新的重要"增长极",吸引人才、资金、技术、信息快速向其集聚并取得优先发展的机会,进而产生溢出效应,带动周边区域的经济发展,以最终实现协同发展。因此,增长极理论对自贸试验区和自贸港建设和发展具有积极的理论指导意义。在我国自贸试验区发展过程中,各地自贸试验区根据各自的功能定位,大力发展该区域内的优势产业,形成协同发展机制,共同构建我国经济发展的新格局。

二、经济学理论在国际航运市场准入中的应用

经济学的核心是市场资源配置的问题,经济学理论的发展对市场经济的规范和完善具有积极的作用。我国国际航运市场的运行机制同样受到航运市场经济规律的调整,充分利用航运市场资源并实现资源配置的优化是航运市场经济追求的目标之一。

(一)凯恩斯新经济学理论下的国际航运市场

国家对经济的全面干预出现于垄断资本主义时期。19 世纪末 20 世纪初,大多数资本主义国家已完成从自由资本主义向垄断资本主义的过渡。为了适应垄断经济不断发展的需要,一些资产阶级的经济学家和政治学家开始逐渐意识到,自由放任的经济学理论已解决不了垄断形成后的经济现实问题,必须寻求新的理论、政策以及立法措施以满足市场经济的发展。②

随后,凯恩斯提出要建立一个以国家干预为中心的解决资本主义经济危机和就业问题的较完整的理论体系。该理论从宏观角度有说服力地证明了自由市场的缺陷,成为很多国家制定经济政策和法律的理论基础。

有学者认为,凯恩斯主义的出现,是西方经济理论和国家经济

---

① 参见王玉海:《区域空间经济架构与现代化经济体系构建》,载《区域经济评论》2018 年第 4 期。

② 参见于语和、刘晓纯:《从凯恩斯到萨缪尔森——试论西方现代经济学理论对经济法发展的影响》,载《政法学刊》2001 年第 5 期。

政策从自由主义占主导地位向现代国家干预主义占主导地位转变的重要标志。根据该理论，政府经济政策的重心应当是使用财政、金融等国家政策，积极有效地介入市场经济运行本身，而不是仍停留在为维护市场机制的正常运行而采取的市场经济保护方面。① 也有学者认为，凯恩斯新经济学理论简单地说就是国家应当对有效需求进行调节。②

在国际航运市场中，凯恩斯新经济学的理论意义是，摆脱了自由竞争资本主义时期所确立的私有财产神圣不可侵犯原则，确立了在特定情况下国家对航运经济进行干预的事实。航运市场的需求弹性很小，主要原因在于：③（1）航运市场的需求是由贸易派生出来的，贸易在商品结构、数量上的变化都通过对航运的需求反映出来，当贸易大幅度增长时，航运的需求必然是迅速增长，航运市场活跃；反之，航运市场低迷。（2）航运市场总体需求的派生性又决定了航运需求的不平衡性。无论是国家之间、地区之间，航运需求的不平衡性在运输对象之间是普遍存在的，这是资源分布、经济发展不平衡导致的结果。（3）航运的个体需求具有差异性。即航运个体因货类不同、运输要求不同，地区和国家不同而各自具有自身的特殊性。

（二）经济学理论在国际航运市场准入中的应用意义

航运市场经济是我国社会国民经济的重要内容之一，航运市场同其他商品、服务要素市场形成了不可分割有机统一的整体。与其他市场一样，航运市场也离不开国家从整体上实施必要的宏观经济调控，以实现航运业科学、健康有序和可持续的发展目标。有学者将航运市场宏观经济调控定义如下：④ 在航运市场失灵或其他特殊时期，国家航运主管部门以及其他相关部门根据法律的授权，以维护航运市场整体利益、市场运行等其他综合经济利益为目的，依法对

---

① 参见胡正良：《中国航运法之研究》，大连海事大学2003年博士学位论文，第46页。
② 参见于语和、刘晓纯：《从凯恩斯到萨缪尔森——试论西方现代经济学理论对经济法发展的影响》，载《政法学刊》2001年第5期。
③ 参见司玉琢主编：《国际海事立法趋势及对策研究》，法律出版社2002年版，第85页。
④ 参见李光春：《航运法研究》，法律出版社2016年版，第170页。

航运市场进行总体调节、规范和控制的行为。

航运市场具有公共性、不完全性的特点。航运市场的公共性主要体现在：一方面，航运是国家非常重要的军事战略资源，一个国家拥有强大的船队规模，无疑是其潜在军事力量的体现；另一方面，航运是国家重要的经济战略资源，一国航运实力是其对外经济和贸易实力的重要内容。航运市场的不完全性主要体现在：一方面，一些航运资源如港口、航道等具有天然性、不可移动性的属性，使得航运市场通常情况下具有垄断性。然而，由于航运市场上的众多要素是围绕航运资源集聚而成的，航运资源的自然垄断性又导致航运要素分布呈现区域性的特征，再加上航运生产经营等活动受外部因素的影响，因此较难形成一个统一的、航运要素分布均匀以及竞争充分的航运市场。另一方面，航运市场的不完全性易导致局部区域的航运市场竞争过度或整体航运市场竞争不足等市场竞争不平衡的现象出现，从而进一步引发航运市场失灵。[①] 因此，航运市场与其他一般市场相比，更需要政府的宏观经济调控。

航运业具有较显著的规模经济效应，各大船公司纷纷采取船舶大型化策略，以降低运营成本，提高盈利空间。反过来，船舶的大型化又使航运业的资本密集度得到进一步加强。目前，国际集装箱班轮运输市场主要由大型跨国公司主宰，市场集中度高。同时，处于竞争关系的班轮公司相互联合，组成班轮公会、协商协议组织和联营体等战略联盟，以满足资本密集的需要和降低运营成本，而这又进一步加剧了市场集中度。

由于航运业的边际成本小，为增加航次利益，船公司会展开激烈的价格战，以达到提升船舶利用率的目的。尤其是当班轮运输市场运力供大于求时，各大船公司往往会为了争夺货源而采用不断降价的手段，极易引起航运市场的恶性竞争。为保证航运市场秩序和健康运行，世界各国必须在利用经济规模和反垄断之间寻求一个平衡，由此国际航运反垄断豁免制度应运而生。

---

① 参见王学锋主编：《航运公共管理与政策》，上海交通大学出版社2011年版，第45—46页。

当前，面对国际航运市场的新发展，无论是欧盟还是美国，都在反思其现行的航运反垄断规制路径是否与国际航运市场相适应。反垄断实质上是一个经济问题，即如何有效利用反垄断规则促进经济效率的提高，最终提高消费者的社会福利。早前，有学者从新制度经济学角度阐述国际航运市场的竞争问题；① 也有学者运用经济学与法学交叉研究方法，针对国际航运市场的反垄断问题进行阐述，着重分析与国际航运市场相关的两个重要经济学理论，即"空核市场"理论和"寡头垄断"理论，得出国际航运市场的新常态是联盟化，以及需引入寡头垄断理论作为制度创新的理论基石的结论。② 结合本书研究，经济学理论在国际航运市场准入中的应用主要涉及国际航运反垄断问题，第五章将详述相关内容。

第三节 管理学视角下的自贸试验区国际航运市场准入

本节从管理学角度出发，结合我国自贸试验区国际航运市场中各种要素的确认和协调，对国际航运市场的目标管理进行分析，为不断完善国际航运市场科学管理，从而达到降低成本和提高经济效益的目的提供理论上的支撑。

一、自贸试验区建设的管理学分析

我国在自贸试验区建设过程中强调转变政府职能，其中涉及政府角色定位、管理模式创新等方面。在全面改革创新，扩大对外开放的大背景下，自贸试验区更需要通过改革管理体制、建立事中事后监管制度等一系列措施，简化行政审批程序，提高政府服务和管理水平。而系统理论、新公共管理理论等管理学理论可为自贸试验区建设提供方向和思路，有助于实现政府管理理念和政府职能创新

---

① 参见於世成：《美国航运法研究》，北京大学出版社 2007 年版，第 13—14 页。
② 参见朱作贤：《反思当代国际航运反垄断规制的欧美法路径——兼论中国特色模式之构建》，载《中国海商法研究》2015 年第 1 期。

的战略目标。

（一）系统理论

系统理论由美籍奥地利生物学家贝塔朗菲（Bertalanffy）于 1932 年提出。他认为，一个系统是若干个相互影响、相互联系的要素按照一定的结构形式构成的具有某种特定功能的有机整体。系统理论的基本思想是将待处理和研究的对象作为一个系统，从而分析系统的结构和功能，研究系统、要素和环境三者之间的关系和变动规律，并以优化系统的观点分析和解决问题。系统是普遍存在的，世界上万事万物都可以被看成一个系统，系统整体思想是系统理论的核心。任何一个系统都是有机统一的整体，而不是由各个要素简单相加或是机械地组合而构成的。[1] 有学者指出，贝塔朗菲在批判古典科学中"把客观分解成组成部分和线性因果关系"的分析程序的同时，以整体论替代了还原论，否定了"整体等于部分之和"的机械观，强调"个体来而复去，而整体却一直维持着"的整体特征。[2]

实际上，作为分析问题和解决问题的出发点，系统理论突出系统内部各个要素之间的关联性，强调系统的整体性。[3] 如若协调好系统内部各个要素之间的相互联系与作用的关系，则可以实现系统整体大于要素之和的功能。

自贸试验区和自贸港的建设和发展是一个复杂的系统问题，涉及方方面面。因此，应从整体、开放和联系的思想出发，统筹兼顾、全面规划、加强协同，从而实现系统整体功能大于各子系统功能之和的目的。这正是系统理论思想在自贸试验区和自贸港发展过程中的具体应用。

（二）新公共管理理论

通常认为，新公共管理理论是公共管理理论在传统公共行政理

---

[1] 参见高增安、姚毅、廖民超：《内陆自贸区研究：理论、经验与借鉴》，四川大学出版社 2018 年版，第 26 页。
[2] 参见乔非、沈荣芳、吴启迪：《系统理论、系统方法、系统工程——发展与展望》，载《系统工程》1996 年第 5 期。
[3] 同上书，第 27 页。

我国自贸试验区国际航运市场准入制度研究

论之后的又一发展阶段。① 该理论最早源于西方国家的政府体制改革,其核心观点是,政府要服务于公民,追求公共利益,重视公民权胜过重视企业家精神,政府的职能是服务而不是掌舵。② 具体而言,新公共管理理论的价值观念体现为健全决策机制,推动决策科学化、人性化发展,建立和完善社会重大事项公示制度、听证制度,加大政务公开力度,畅通政府和公民之间的信息交流渠道,提高政府为民服务的理念和意识。

根据新公共管理理论,在现代社会经济发展过程中,政府应当是公共产品和服务的主要提供者。近年来,我国政府多次强调要坚持市场化的发展要求,这并非意味着取消政府对市场的宏观调控,而是更加重视政府对市场的宏观调控,要求政府建立和完善科学高效的宏观调控体系。同时,政府需要从传统的市场参与者角色转变为公共产品和服务的提供者、市场的客观仲裁者。③

新公共管理理论具有如下特征:一是更加重视政府的服务效率,提出管理者应当被合理授权,提倡管理的专业化、自由化;二是提出应改变传统公共行政的官僚体制,认为政府是为民服务的,要提高为民服务意识;三是认为应参照企业管理办法,提倡公平竞争,注重提高政府绩效;四是提出应改革政府组织结构和人员,认为应适当减少一些公共服务部门,将相关职能交由社会企业负责。

回顾历史,政府治理模式经历了从最初的统治型政府治理模式发展为管理型政府治理模式,再演化为当今的服务型政府治理模式的演变。其中,服务型政府治理模式包括政府、市场和社会等多元化的主体,不再是政府对市场和社会进行管制,而是贯彻法律、民主及公共利益等原则,为社会提供更高质量的公共服务。世界上主要的自贸区和自贸港均采用服务型政府治理模式。

在我国,构建与开放型经济相适应的现代政府治理体系是实现

---

① See Owen E. Hughes, *Public Management and Administration*, Palgrave Macmillan Press, 2012, p. 130.
② 参见高增安、姚毅、廖民超:《内陆自贸区研究:理论、经验与借鉴》,四川大学出版社2018年版,第28页。
③ 参见李光春:《航运法研究》,法律出版社2016年版,第169页。

政府管理体系和管理能力现代化的根本目标。改革开放四十多年来，我国坚持市场化改革方向，不断提升市场作为资源配置手段的地位，以经济体制改革为核心，划定政府和市场的合理边界，努力解决政府和市场之间的"错位、缺位、越位"等问题。[①] 2013 年上海自贸试验区的成立，启动了以负面清单为核心的投资管理体制创新，更是体现了新形势下对政府职能转变的进一步要求。政府职能转变是自贸试验区建设的一项主要任务，在社会主义市场经济条件下，政府的主要职能是经济调控、社会管理、市场监管和公共服务。因此，要形成一种新型的社会治理结构，即形成政府、市场和社会之间的分工合作关系，政府应将由市场和社会程度的职责归还给市场和社会，切实履行好政府职能，建设服务政府、责任政府和法治政府。[②] 这也是在自贸试验区背景下，构建职责明确、依法行政的政府管理体系，提高开放环境下政府治理能力的基本要求。

二、管理学理论在国际航运市场准入中的应用

在自贸试验区建设背景下，政府转变管理职能、航运企业目标管理方法的优化以及航运管理体制的创新等都体现了管理学理论在我国国际航运市场准入中的具体应用。

（一）航运企业的目标管理

目标管理具有以下特点：首先，能以结果导向的计划方式加强对管理工作的完善。其次，界定组织的任务和结构，根据对执行任务人员的期望结果进行授权。最后，有利于开展有效的控制与结果的度量，并采取相应的纠正措施。在航运企业发展过程中，企业的发展取决于明确的发展目标，而更多的发展目标是随着国际航运市场的发展变化而确定的。因此，航运企业应当建立起有效的沟通机制，以便对国际航运市场的信息变化及时更新，进而促进企业发展。此外，航运企业应及时更新数据库，了解客户最新动向和变化，尤

---

① 参见刘一展：《自贸区负面清单管理模式与政府治理能力现代化》，载《国际经济合作》2018 年第 4 期。
② 参见肖林、张湧主编：《中国（上海）自由贸易试验区制度创新：回顾与前瞻》，格致出版社 2017 年版，第 231 页。

其是在当前新形势下,应不断对国际航运市场的发展形势进行评估,从而及时作出企业经营战略调整。

（二）航运管理体制创新

自贸试验区建设围绕准入前国民待遇和负面清单管理制度、以贸易便利化为核心的贸易管理体制、完善政府监管制度等方面,在制度创新上积极探索,已形成了一批可复制可推广的经验和做法。下面,笔者主要围绕以负面清单管理为核心的外商投资管理体制进行分析。

负面清单是指一个国家禁止外资进入或限定外商投资股比的行业清单,负面清单之外的领域对外资充分开放。2013年9月,为了优化投资管理体制,上海市人民政府公布《中国（上海）自由贸易试验区外商投资准入特别管理措施（负面清单）（2013年）》(以下简称《2013自贸试验区负面清单》),创设负面清单管理模式,规定对清单之外的领域外商投资项目由核准制改为备案制。之后,负面清单的数量不断优化、质量稳步提升。2018年,负面清单管理模式推广至全国,有效地激励了投资,成为自贸试验区制度创新的重要组成部分。

在航运领域,负面清单管理模式的创新激活了航运市场主体的活力,给航运企业的发展带来了决策自由,创造了更大的航运市场发展空间和活力。这种管理制度创新带来的制度红利,还得益于其在实施过程中充分发挥了航运市场管理机制的作用,促进投资转移和资源要素的自由流动,充分形成了自贸试验区内航运要素集聚和层次化发展空间,加快了我国对标高标准国际规则,给我国航运市场经济发展注入了新的制度源泉。

（三）管理学理论在国际航运市场准入中的应用意义

目前,我国航运市场经济取得较快发展,政府对航运市场的管理成效显著。有学者指出,我国政府对航运市场的管理存在不足,如航运规范不健全,全国各地航运管理体制不统一,航运市场竞争无序和监管薄弱,缺乏合理有效的市场准入及退出机制,科学高效的动态监管有待完善等。①笔者认为，要从本质上解决这些航运市场管理中存在的问题，必须通过制度创新，而自贸试验区的建设正好为我国政府航运市场管理制度的改革创造了机会，提供了平台。同时，自贸试验区背景下政府对国际航运市场管理方面获得的成功经验可被复制推广至全国，这将进一步促进我国国际航运市场管理制度的发展和完善，也有助于进一步实现自贸试验区先行先试、探索和复制推广经验、引领政府管理模式创新发展的目标。

在自贸试验区建设中，对我国国际航运市场准入的评价方法涉及管理学理论的具体运用。对自贸试验区背景下国际航运市场现状进行分析，需要运用管理学上的分析方法，指出我国港口管理、航运企业管理等方面的发展方向，进而对航运企业管理及核心竞争力提升等展开研究。

第四节　法学视角下的自贸试验区国际航运市场准入

"先行先试""负面清单"和"制度创新"这些在自贸试验区国际航运市场准入制度探索过程中的关键词，昭示着相伴而来的众多法律问题需要抓紧研究。笔者将从法学理论的角度深入分析，以期对自贸试验区国际航运市场准入制度的健康有序发展提供一些法治方面的有益思考。

一、自贸试验区建设的法学分析

自贸试验区建设离不开法治保障，自贸试验区法治建设涉及众多领域的规则治理，在此过程中，基于法学理论深入理解自贸试验区负面清单等一系列改革背后的深层次法理要义是非常重要的。

（一）自贸试验区负面清单的法理基础

法的渊源包括两个不可分割的要素：一是与法的效力的直接关

---

① 参见胡正良、郑丙贵：《中国〈航运法〉制定中几个基本理论问题之研究》，载《中国海商法研究》2012年第1期。

系，二是表现为一定的法的外部形式，两者缺一不可。当代，我国法的渊源以宪法为核心、以制定法为主要表现形式，这是由中国的实际国情决定的。我国法的渊源分为正式渊源和非正式渊源，前者包括宪法、法律和行政法规等，后者包括习惯、政策、指导性案例等。中国特色社会主义法治建设的实践表明，制定法的公布有利于发挥法的引导、教育、规范和惩罚的功能，更有助于推进法治文明的进程。①

我国负面清单的法律渊源主要来自国内法律法规的规定。当前，我国八个版本自贸试验区负面清单、2021年《外商投资准入特别管理措施（负面清单）》（以下简称《2021全国版负面清单》）、《鼓励外商投资产业目录（2022年版）》以及2020年1月1日起实施的《外商投资法》，都是负面清单制度的主要法律渊源。负面清单的具体内容主要吸收和借鉴了国家发展和改革委员会（以下简称"国家发改委"）和商务部共同修订的《外商投资产业指导目录》，该目录多年来不断优化，在开放程度上持续拓展范围，在某种程度上是我国试行自贸试验区创新政策的经验总结。

此外，负面清单制度中管理模式转变及背后承载的改革思维也值得关注。上海自贸试验区刚成立时，就有学者详细阐述了负面清单的法理基础，认为负面清单体现的是"法无禁止即可为"的法律理念，其实质是原则的例外。②也有学者提出，"重大改革都要于法有据"是涉及改革方向的重大问题，需要我们结合全面推进法治中国建设的大背景进一步理解深化改革的合法性，而不能把改革"于法有据"之"法"简单理解为制定法。③另有学者以数据和案例为切入点，提出要在实践中进一步实现改革和法治的良性互动。④

---

① 参见张文显主编：《法理学（第五版）》，高等教育出版社2018年版，第87—91页。
② 参见龚柏华：《"法无禁止即可为"的法理与上海自贸区"负面清单"模式》，载《东方法学》2013年第6期。
③ 参见陈金钊：《对"重大改革都要于法有据"之"法"的理解》，载《中共浙江省委党校学报》2015年第3期。
④ 参见刘作翔：《论重大改革于法有据：改革与法治的良性互动——以相关数据和案例为切入点》，载《东方法学》2018年第1期。

从正面清单转变为负面清单,实质上是从"政府先行、市场跟随"到"市场优先、政府服务"的管理模式转变。从政府承担义务方面来说,后者远高于前者。① 笔者认为,负面清单与正面清单最本质的区别是对法律规定之外的空白或未知领域的态度。正面清单遵循的是"法无授权即禁止"原则,针对法律规定之外的空白或未知领域,通常情况下外资不能进入。但是,负面清单遵循的是"法无禁止即可为"原则,即法律未明确规定的领域允许外资进入。因此,在负面清单背景下,我国市场准入条件放宽,市场开放程度达到了一个前所未有的新高度,对外国投资者来说,其投资获得了保障,但对我国经济来说,具有一定风险性。

(二)自贸试验区法治建设

我国现代法治是以民主为前提,以法律至上为原则,以严格依法办事为核心,以制约权力为关键的国家治理方式、社会管理机制、社会活动方式和社会秩序状态。② 有学者认为,以英美为代表的西方国家在长期市场经济的发展过程中建立了发达和完善的私法机制和私法环境,具有久远和深入人心的法治传统。③

自贸试验区法治建设应立足国家战略,实现对既有规则的突破。当前,我国法律体系已基本完备,但随着社会的发展,有必要对那些滞后于经济发展的法律进行重新分析和评判。同时,我国正处于转型发展时期,需要通过立法的手段来实现法律体系和社会发展的平衡。④ 就自贸试验区法治建设来说,应根据我国实际国情,在借鉴和吸收国外有益经验的基础上推进我国立法进程。

在《海南自由贸易港法》颁布实施之前,众多学者从不同角度对自贸试验区法治建设的内容进行了分析。有学者认为,自贸试验区《总体方案》法律位阶定性不清导致其引领和统筹自贸试验区整

---

① 参见庄钰静、王敬波:《自贸区负面清单制度与我国现行市场准入法关系研究》,载《亚太经济》2019 年第 5 期。
② 参见张文显主编:《法理学(第五版)》,高等教育出版社 2018 年版,第 366 页。
③ 参见肖林:《市场进入管制研究》,经济科学出版社 2007 年版,第 163 页。
④ 参见沈国明:《法治创新:建设上海自贸区的基础要求》,载《东方法学》2013 年第 6 期。

体建设的功能和作用受限,应出台《中国自贸试验区法》,为我国自贸试验区的发展提供稳定和可靠的顶层法治保障。① 也有学者认为,应该对自由贸易港授权立法,这是构建中国特色自由贸易港政策和制度体系的根本路径和重要保障。② 2021年6月10日《海南自由贸易港法》的正式颁布施行为海南自由贸易港建设提供了基础性、原则性法治保障,实现了制度顶层设计的法治化,彰显了法治引领的法治道路。③

回顾过去,2013年11月12日,党的十八届三中全会通过《中共中央关于全面深化改革若干重大问题的决定》(以下简称《深化改革决定》),明确全面深化改革是一场新的伟大革命,需要进行体制改革,尤其需要通过法治政府、法治市场和法治社会,实现政府、市场和社会的三方治理,推进国家治理体系和治理能力现代化。当前,自贸试验区建设将充分发挥全面深化改革的作用,但诸多领域如行政体制改革、社会管理创新、生态环境保护等的发展都对立法创新提出了更高要求。2013年以来,全国人大及常委会已经过多次"试点授权",主要目的是彰显"重大改革于法有据"④。"试点授权"本身离不开"于法有据",这意味着既要符合程序上的授权决议,又要能实现真正意义上的"授权立法"。⑤

"实践是法律的基础,法律是随着实践的发展而发展。"⑥ 我国自贸试验区的建设,凸显的是中国特色,对标国际高标准,探索创新体制新模式,而这一切离不开法治的保障和立法的支持。

---

① 参见李猛:《中国自贸区国家立法问题研究》,载《理论月刊》2017年第1期。

② 参见刘云亮:《中国特色自由贸易港授权立法研究》,载《政法论丛》2019年第3期。

③ 参见熊勇先:《论海南自由贸易港法规制定权及其行使》,载《暨南学报(哲学社会科学版)》2022年第8期。

④ 2014年10月党的十八届四中全会通过的《中共中央关于全面推进依法治国若干重大问题的决定》指出:"实现立法和改革决策相衔接,做到重大改革于法有据、立法主动适应改革和经济社会发展需要。"

⑤ 参见郑磊、王逸冉:《全国人大常委会"试点授权"要素论——基于〈立法法〉第13条的规范性思考》,载《浙江社会科学》2017年第8期。

⑥ 中共中央文献研究室编:《习近平关于全面依法治国论述摘编》,中央文献出版社2015年版,第15页。

二、法学理论在国际航运市场准入中的应用

法治创新是建设自贸试验区的前提和基础。自贸试验区国际航运市场准入制度的完善应重视立法层面的保障，从而为我国航运业的发展保驾护航。

（一）航运立法与航运市场准入的关系

1. 法制建设与我国航运立法

法制，相当于英文中的"legal system"，主要有三层含义：一是法律制度的简称；二是指依法办事的制度；三是指包括法律制度的制定、修改和执行等在内的完整法律体系，是有关法律制度运行的一系列活动和环节的总称。法治和法制两者之间既有联系又有区别，具体为：一方面，法制是法治的基础，法制首先强调的是关于法律的制度建设，它为法治确立制度前提，奠定制度基础。另一方面，法治是法制的深化。法律制度的建立及其被切实实现是法制的目的。只有实行法治，法制才能获得最好的立法环境、实施机制和实现条件。只有奠定了法制的基础，进而实现法治目标，才能实现依法治国，建立法治国家。[①]

从广义角度来看，一国法制建设是推动国家社会经济发展的重要基石，在现代社会，相关法律法规的确立和完善是政府管理部门改革的前提和基础。在航运领域，航运市场法制建设不仅包括航运市场运行和管理所依据的各种法律法规的制定、修改和执行，还包括航运管理部门本身的改革。作为当前国际航运市场发展重要法律依据的《国际海运条例》，确立了国际海上运输业及辅助业制度、无船承运人制度、调查制度等，为规范国际海上运输活动、维护国际航运市场良好秩序和国际航运市场主体的合法权益提供了重要的法律保障，对促进我国航运法制建设和发展起到了积极的作用。

2. 科学性原则与我国航运立法

任何立法均应遵循科学性原则。有学者认为，科学立法的关键

[①] 参见张文显主编：《法理学（第五版）》，高等教育出版社2018年版，第369—370页。

是尊重立法规律、克服立法中的主观随意性和盲目性，避免或减少错误和失误，降低成本，提高立法效益。坚持科学立法原则，就是要实现立法观念的科学化和现代化，把立法作为科学活动。① 立法的科学性一般不是在自然科学意义上的基于客观自然规律的科学性，而是基于经济、社会和法治本身发展规律的科学性。

在国际航运领域，实现航运立法的科学性需要对以下问题有正确的认识：其一，航运立法的合理性。具体包括立法时机的把握、法律内容的合理性、法律结构上的科学性、法律概念的准确性等内容。其二，正确认识和处理公平与效率的关系。"正义""公正""公道""公平"虽然措辞不同，但所表达的意思基本相同，都是人类所追求的一种理想状态。② 法理学学者多使用"正义"一词，而经济法学者在论述经济法的价值或基本原则时，普遍使用"公平"一词。

（二）经济法的宏观经济调控

经济法自诞生之日起，便与国家和市场存在密切关系。而经济法作为国家和市场博弈的均衡已成为众多经济法学者的共识。由此，学者们围绕国家和市场的关联性从多维度的视角出发，抽象出以下几种对经济法的认知范式：③

1. 从多维角度揭示国家、市场与经济法之间的内在联系④

（1）经济法是对政府和市场的失灵进行双重干预之法。市场的作用巨大，但是在很多情况下，市场的资源配置也会呈现低效运行的非理想状态，导致公共物品缺位、外部性、信息失灵、经济周期和垄断等市场失灵现象经常出现，而市场失灵又为政府干预提供了一定的空间。然而，政府的干预并非万能的，政府的有限理性和其具有的"经济人""政治人"特质，易使其陷入政府干预失灵的困境。正是这种政府和市场的双重失灵现象，构成了作为国家干预市

---

① 参见张文显主编：《法理学（第五版）》，高等教育出版社 2018 年版，第 232 页。
② 参见孙国华、朱景文主编：《法理学》，中国人民大学出版社 1999 年版，第 67 页。
③ "范式"这一概念最早由库恩（Thomas S. Kuhn）在其《科学革命的结构》一书中提出，但他并没有给出明确的定义。对于特定范式，一般可以理解为一种理论框架，一种具有抽象意义的系统的思考方式和思维框架。
④ 参见李昌麒：《经济法学（第三版）》，法律出版社 2016 年版，第 2—3 页。

场经济的基本法律形式——经济法的逻辑起点之一。

(2) 经济法是市场调节与宏观调控关联耦合之法。在物理学上，两个或两个以上的物体或运动形式之间通过相互作用而对彼此产生一定的影响，进而导致互相之间联合起来的现象，称为"耦合现象"。我国有学者借用这一概念，认为在当前市场经济体制下，尤其是在中国特色的社会主义市场经济体制下，以民主法治的途径进一步促进经济市场机制和国家宏观调控之间的结合，同样是一种耦合。这主要是因为市场经济的物质基础、市场主体的利益多元化以及市场的自由竞争都会导致垄断的残酷现实，使得两者的耦合具有内在的必然性。由此，经济法作为体现经济市场机制和国家宏观调控耦合要求的基本法律形式，主要任务是促进和稳定两者之间的耦合。①

(3) 经济法是市场自由竞争和秩序调控的协调之法。两者是经济法的基础，无论是社会主义国家由政府主治转向市场主治，还是资本主义国家由两极思维转向辩证思维，均说明市场自由竞争和秩序调控的关系是任何社会经济关系的基本问题之一。这就要求国家干预的主要核心是市场自由竞争和秩序调控的均衡。因此，经济法是市场自由竞争和秩序调控思想规则化的体现。②

2. 经济法的宏观经济调控

宏观经济调控是指，国家从社会经济发展的全局出发，运用各种宏观经济调控手段，对社会国民经济整体上的供求关系进行控制。③ 2013年《深化改革决定》明确："科学的宏观调控、有效的政府治理，是发挥社会主义市场经济体制优势的内在要求。"宏观经济调控围绕保持市场经济总量平衡、促进重大经济结构协调发展、优化生产力布局以及降低经济周期波动的影响等主要任务，努力实现防范区域性风险、稳定市场经济预期和有效保障经济可持续发展的目标。可见，宏观经济调控不仅是社会主义市场经济发展的宏观要

---

① 参见徐孟洲：《论市场机制与宏观调控的经济法耦合》，载《法学家》1996年第2期。
② 参见邱本：《自由竞争与秩序调控——经济法的基础构建与原理阐析》，中国政法大学出版社2001年版，第115页。
③ 参见李昌麒：《经济法学（第三版）》，法律出版社2016年版，第309页。

求，更在社会主义市场经济中占有极其重要的地位。

宏观经济调控以间接调控为主要方式，以调控经济总量的平衡为主要目标，以引导经济利益为实现宏观经济调控的主要手段。实际上，宏观经济调控法，就是调整宏观经济中各种市场关系的法律，其特征主要有调整范围的整体性、普遍性，调整方法的协调性、指导性，以及调整手段的综合性等。我国宏观经济调控法的基本制度主要包括：产业调节法律制度、投资法律制度、财政税收法律制度、金融法律制度、价格法律制度和国有资产管理法律制度。

在国际航运市场中，宏观经济调控是国家调控国际航运市场经济运行的重要手段，国家以宏观经济调控的方式制定相关的航运产业政策和发展战略规划，并对国际航运市场进行有效、合理的资源配置，以引导航运市场健康有序运行，推动航运业稳定发展。

（三）法学在国际航运市场准入中的应用意义

市场经济是法治经济，法律在国家对市场经济管理过程中起着重要的保障作用。在国际航运领域，国际航运市场具有自然垄断性、公共性等与其他一般市场不同的特点，需要国家在法律层面对国际航运市场进行有效的规范。有学者认为，国际航运市场准入是实现政府对国际航运市场主体和市场行为的引导、鼓励、限制和禁止等经济、安全方面的航运管理目标的具体体现。[①] 政府为实现国际航运市场的管理目标，以立法的形式设定国际航运市场准入条件、规范国际航运市场行为和维护国际航运市场秩序是有效和重要的途径。同时，只有通过航运立法，科学合理设定国际航运市场准入的条件，才能充分实现船员权益保护、环境保护等方面的政策目标。例如，国务院于 2020 年 3 月 27 日修改《中华人民共和国船员条例》（以下简称《船员条例》）即体现了政府推进简政放权、维护船员合法权益和促进航运改革的目的。

实现立法价值和立法目的整体统一是构建国际航运市场准入法律制度的根本目标。一方面，立法价值决定立法目的。国际航运市场准入的立法价值主要是政府依据相关的市场准入条件和程序规则，

---

① 参见李光春：《航运法研究》，法律出版社 2016 年版，第 127 页。

对国际航运市场主体进入市场从事生产经营活动的规范、控制和干预，以克服市场失灵、实现市场监管的公共政策。这是立法的先导思想。另一方面，立法目的是判断立法价值的基本标准。① 在当前自贸试验区背景下，国际航运市场准入制度是否取得实效，能否经得起实践的检验，是否具有正当性等，都应被设定为构建一部以市场经济为基础、符合我国国情且兼顾国际立法经验的法律制度的立法初衷，并通过法律的公开、明确及稳定等特征来体现立法目的。值得强调的是，立法在国际航运市场准入中既是市场监管的重要手段，也是一国政府执政理念的体现。

自贸试验区和自贸港要成为深化改革的先行先试者，就必须建立相应的法律制度，实现立法和改革的同步协调。涉及国际航运领域，国际航运市场的良好有序运行必须建立在规范和健全的航运法律制度基础上。此外，自贸港建设对法治保障的要求更高，一方面，需赋予航运企业更充分的自主经营权，实现高度自由；另一方面，又需要政府监管高效和安全，守住底线并控制风险。因此，建立良好的航运法律制度对促进自贸试验区国际航运市场准入制度的发展具有重要意义。

第五节 自贸试验区国际航运市场准入的立法依据和遵循原则

"重大改革于法有据"深刻揭示了改革和法治的辩证关系，为我国全面推进深化改革和依法治国有机结合、协调发展提供了动力，夯实了基础，是我国自贸试验区国际航运市场准入制度的立法依据。同时，在自贸试验区建设过程中，我国国际航运市场准入制度发展应把握并保证实质公平原则、整体效率优先原则、实事求是原则、协调性和统筹性原则、国家利益保护原则。

---

① 参见陈雪平：《立法价值研究——以精益学理论为视阈》，中国社会科学出版社2009年版，第73页。

一、自贸试验区国际航运市场准入的立法依据

对于如何实现改革和法治两者的良性互动,党和政府经历了一个长期的理论和实践的探索过程。早在第十一届全国人大四次会议上,就提出了针对改革与法治两者间关系的三种处理方式:①(1)对于改革过程中实践经验较为成熟且各利益方达成一致意见的,规定得具体些,进一步增强法律的可操作性;(2)对于改革过程中实践经验尚不成熟但现实情况下仍需要法律加以规范的,先作原则性规定,为指导实践提供规范和保障,待条件成熟之后再进一步作出修改和补充;(3)对改革过程中遇到的新情况新问题,用法律规范尚不具备充分条件的,先依据法定权限制定行政法规、地方性法规,先行先试,待取得一定的实践经验且条件成熟时,再制定法律。通过多年的实践,以上三种处理方式为后来党的十八届四中全会提出正确处理改革和法治两者的互动关系奠定了基础。

"凡属重大改革都要于法有据。"这是习总书记于2014年召开中央全面深化改革领导小组第二次会议时强调的。党的十八大以来,党和国家对改革和法治的关系进行了更加深刻、系统和全面的探索与思考。有学者认为,改革是鲜活的实践,法律是成熟的制度,"重大改革于法有据"的理论基础就是法律稳定性和实践变动性之间的关系。② 也有学者认为,任何改革都要做到"于法有据",实际上就很难真正实现改革,应该把"重大改革于法有据"进一步理解为把改革纳入法治的轨道。③ 这意味着,"重大改革于法有据"中的"法"是广义上的法,实际上是指一种法治思维或法治方式,即重大改革措施的出台和实施,必须坚守社会主义法治原则,运用法治思维、法治方式进一步明确要实现的改革目标。

此外,"重大改革于法有据"也并非说任何改革都要到法律条文

---

① 参见刘作翔:《论重大改革于法有据:改革与法治的良性互动——以相关数据和案例为切入点》,载《东方法学》2018年第1期。

② 参见胡健:《习近平"重大改革于法有据"思想探析》,载《云南社会科学》2015年第3期。

③ 参见陈金钊:《对"重大改革于法有据"之"法"的理解》,载《中共浙江省委党校学报》2015年第3期。

中寻找，因为改革本身就是对现行法律制度的改变，墨守成规肯定不是改革。① 因此，要形成改革的共识，就必须合理充分地利用法律规则和程序，用法治凝聚改革共识，为谨慎改革提供有效路径。

二、自贸试验区国际航运市场准入立法应遵循的原则

在自贸试验区和自贸港建设背景下，我国国际航运市场准入立法应遵循的原则主要有：

1. 保证实质公平原则

公平是法律的永恒价值。在整个市场经济运行过程中，公平主要体现为市场主体在平等的市场环境中，依据共同的市场经营规则和条件进行公平的市场交易和竞争。公平可分为形式公平、实质公平。前者是指从形式上看，法律要赋予各类市场主体相同的权利，且使其承担相同的义务，从而实现公平的目标。后者着眼于市场主体实质性权利义务的配置和结果，而非局限于形式上的规定。② 国际航运市场准入立法以达到实质公平为目标，以确保航运市场主体在实质上处于相同的地位，维持开展公平的市场交易和竞争。

《国际海运条例》第 1 条即明确保护公平竞争的规定。③ 其中，"公平"第一层含义是，对于外国船公司，要给予不低于本国船公司相同的待遇。这也是"准入前国民待遇"原则的体现。第二层含义是本国船公司之间开展公平竞争，禁止不正当竞争和扰乱市场竞争秩序的行为。这意味着，船公司之间达成的国际班轮运输协议如果实质性限制或排除了竞争，那就是不公平的。在自贸试验区建设背景下，保障航运企业进入市场后的公平竞争，有效防控国际航运市场垄断和不正当竞争行为，维护国际航运市场秩序和保障航运交易安全，是国际航运市场准入立法的首要任务。

---

① 参见陈金钊：《对"重大改革于法有据"之"法"的理解》，载《中共浙江省委党校学报》2015 年第 3 期。
② 参见李昌麒：《经济法学（第三版）》，法律出版社 2016 年版，第 178 页。
③ 《国际海运条例》第 1 条规定："为规范国际海上运输活动，保护公平竞争，维护国际海上运输市场的秩序，保障国际海上运输各方当事人的合法权益，制定本条例。"

2. 整体效率优先原则

市场运行的整体效率是指，各类市场主体在整个市场经济运行过程中所取得的综合经济及社会绩效。维护市场的整体效率原则要求有：（1）当市场的整体效率与市场主体的个人利益产生冲突时，应以市场的整体效率为重；（2）当市场的整体效率与公平产生冲突时，应优先考虑市场的整体效率。①

当前，自贸试验区建设对政府服务能力的提升、政府职能转变提出了新要求。相应地，航运市场准入制度的发展应当顺应社会和时代发展要求。有学者认为，我国航运市场立法应遵循效率优先原则，即以利于提高社会整体效率的方式合理有效地分配航运市场资源，且以明确的权利义务规定对航运市场资源的合理优化配置加以保障，这些是航运立法的内在逻辑和主要宗旨。② 而高效的航运市场准入制度直接影响航运市场主体的根本利益，是整个航运法律制度建设的内在要求和基本原则。

3. 实事求是原则

实事求是是研究和遵循客观事物规律性，维护和保障立法科学性的重要原则。③ 当前，我国应从实际国情和经济发展实际需求的角度，深入调查和研究一系列自贸试验区国际航运市场准入制度创新方面取得的进展。理论联系实际，正确反映、适应性地调整自贸试验区国际航运市场准入制度发展过程中存在的问题，及时改进。同时，国际航运市场准入制度立法应充分考虑我国未来的长远利益，应具有一定的前瞻性。

4. 协调性和统筹性原则

在国际航运市场准入制度创新方面，应确保政策落地，以及相应配套机制的协调性。以国际船舶登记制度创新为例，上海自贸试验区改革中采取了国际船舶登记新政，对标国际高标准。然而不可

---

① 参见李昌麒：《经济法学（第三版）》，法律出版社 2016 年版，第 178 页。
② 参见胡正良：《论我国航运立法的价值和基本原则》，载《大连海事大学学报（社会科学版）》2004 年第 2 期。
③ 参见胡正良：《论我国〈航运法〉制定的目的和应遵循的原则》，载《大连海事大学学报（社会科学版）》2004 年第 3 期。

否认的是，仅仅孤立地改革船舶登记制度是远远不够的，更重要的是其与其他相配套制度的有效衔接。由于该制度的落地与税收政策、工商登记和融资等方面有关，因此应当充分考虑这些因素对该创新政策的影响。可见，自贸试验区国际航运市场准入制度的创新应充分考虑制度的协调性和统筹性，才能有助于推动我国航运软实力的提升。

5. 国家利益保护原则

航运业与一国国民经济命脉和国防安全都有密切的关系。在当前我国自贸试验区背景下，国际航运领域对外开放进一步扩大，航运市场准入外商投资准入负面清单不断缩减，使得外商更易涉足我国国际航运市场的各领域。同时，航运市场准入制度的发展应当以合理保护我国航运业，维护我国国家利益和国防安全为重要原则。在遵循国家利益保护的原则上，进一步促进我国国际航运竞争力和话语权的提升才有意义。例如，沿海捎带业务的开放问题涉及一国沿海运输权问题，应采取谨慎开放沿海运输权的态度。

第六节 自贸试验区国际航运市场准入的价值目标和现实意义

当前，我国处于一个深刻的转型和变革发展的过程中，对外开放是我国长期坚持的一项基本国策。在自贸试验区背景下，积极采取合适的航运政策手段促进我国航运业发展，对提高国家整体经济实力和贸易水平具有重要意义。

一、自贸试验区国际航运市场准入的价值目标

航运市场准入制度是一国国际航运政策的重要部分，与一国的航运政策目标、国家经济利益密切关联。例如，欧盟制定航运政策目标主要围绕以下三点：一是促进国际航运市场的公平竞争，二是提高国际航运竞争力，三是加强航行安全和环境保护。美国向来视航运业为国家经济命脉，非常强调其对国家主权和安全的重要性，

这在美国航运政策中有着具体体现。以美国《1998年航运改革法》为例，该法确立了四项政策目标：① 一是为美国对外贸易货物的水上运输建立无歧视的、政府干预程序和管理成本最低的管理制度；二是为美国远洋贸易提供有效、经济的运输体系，且尽可能实现该体系与国际航运惯例协调一致；三是鼓励发展一支经济效益良好、高效的、能满足国家安全需要的美国籍船队；四是通过竞争、有效率的、更大程度上依赖于市场机制的远洋运输，促进美国进出口的增长和发展。

我国自贸试验区背景下国际航运市场准入制度创新发展的价值目标是：首先，正确处理好政府和国际航运市场的关系。在我国众多自贸试验区建设总体方案文本中，都明确指出自贸试验区建设的目标和任务之一是加快转变政府职能、积极探索管理模式创新，根据国际化、法治化的要求，积极探索建立与国际最高标准投资和贸易规则体系相适应的行政管理体系，推进政府事中事后监管。在国际航运市场领域，我们应当借助自贸试验区建设的东风，完善政府航运市场宏观调控、航运市场监管、社会管理和公共服务等一系列职责。其次，实现国家对航运市场的宏观调控。我国宏观调控是经济政策总体框架的一部分，它从来不是孤立的，而是正确处理改革、发展与稳定关系的重要抓手。② 航运市场作为国民经济的重要组成部分之一，保障整体航运经济的持续、稳定和健康发展是国家实现对航运市场宏观调控的目标。为了进一步促进航运经济发展，国家应该适当调节航运总需求和总供给之间的关系，使两者保持平衡。最后，落实建设国家海洋强国、航运强国的发展战略构想。

强大的航运实力是国家对外贸易和经济实力的重要组成部分，在新一轮深化改革开放背景下，我国应以维护国家主权和航运安全、服务社会经济发展、促进航运可持续发展以及建设航运强国为战略目标。

---

① 参见於世成：《美国航运法研究》，北京大学出版社2007年版，第256页。
② 参见董昀：《中国宏观调控思想七十年演变脉络初探——基于官方文献的研究》，载《金融评论》2019年第5期。

二、自贸试验区国际航运市场准入的现实意义

国际航运市场准入制度更多地涉及国家对外贸易关系，从立法调整的价值取向看，主要涉及对外贸易制度、利用外资和航运保护等方面。我国要实现国际航运市场的管理目标，采用立法的方式设定国际航运市场准入的条件是十分有效的途径。通过航运立法科学合理地设定准入条件，能更好地实现对航运市场的规范、引导和鼓励，保障国家主权和航运安全的目标，进一步促进航运市场朝着科技发展、绿色发展和可持续发展的方向进行。

此外，自贸试验区和自贸港建设所实施的监管服务模式，对政府的监管能力提出了挑战。自贸试验区"一线放开"不仅涉及国务院各部委之间的高度协调，而且要求海关、边检、外汇等相关监管部门的联动协作。"二线管住"对政府监管部门提出了更高的要求。在国际航运领域，自贸试验区国际航运市场准入制度发展面临的问题是如何在国际航运市场运行过程中建立起有效的风险防范屏障，保障我国国际航运市场的健康有序运行。同时，随着航运制度的创新和功能的不断拓展，航运监管部门之间的信息共享、有效协调越来越重要。值得强调的是，自贸试验区国际航运市场准入制度创新改革的目的是实现区内的航运创新制度在区外的复制和推广，因此，在国际航运市场准入制度不断发展进程中，进一步实现区内与区外港口航运业联动，不断深入完善国际航运市场准入监管制度创新具有重要的现实意义。

本 章 小 结

我国自贸试验区建设既是应对国际新形势、新挑战的重要战略举措，也是构建我国开放型经济新体制和推动形成全面对外开放新格局的内在要求和迫切需要。当前，自贸试验区扩容升级，一系列可复制可推广制度经验在全国范围内实施运行。作为中国新一轮改革开放和贸易转型的"试验田"，以上海自贸试验区为首的自贸试验

区建设的首要任务是制度创新，形成一套可复制可推广的经验。本章从自贸试验区和国际航运市场准入的基本概念和特征着手，系统回顾了世界自贸试验区的发展过程和演进特点，梳理了我国自2013年上海自贸试验区成立起分批次逐步扩容全国自贸试验区建设的历程，具有重要的现实意义。在航运领域，自贸试验区国际航运市场准入制度的研究涉及内容众多，笔者综合运用了经济学、管理学和法学的基础理论知识，使其贯穿整个自贸试验区国际航运市场准入制度的研究脉络，以多角度切入问题进行深入分析，为该制度的研究奠定坚实的基础。

此外，探索建设自贸试验区，发展国际航运市场，需要综合考虑各种国际航运市场因素，及时分析我国国际航运市场在发展过程中遇到的问题并提出解决方案。我国自贸试验区国际航运市场准入制度的不断发展和完善离不开各种因素的共同作用和相互提升。与此同时，在我国国际航运市场开放过程中应注意维护国家主权和安全，继续建立健全相关航运法律法规制度。

第二章
我国自贸试验区国际航运市场准入前国民待遇和负面清单制度

从《2013上海方案》第二点"主要任务和措施"之"（二）扩大投资领域的开放"中规定"探索建立负面清单管理模式。借鉴国际通行规则，对外商投资试行准入前国民待遇，研究制订自贸试验区外商投资与国民待遇不符的负面清单，改革投资管理模式"，到2019《6个新设自贸试验区方案》——江苏、山东、广西、河北、云南、黑龙江自贸试验区总体方案——第三点"主要任务和措施"之"（二）深化投资领域改革"中规定"深入推进投资自由化便利化。全面落实外商投资准入前国民待遇和负面清单管理制度"可知，从"探索建立"到"深入推进"，在短短不到6年时间里，准入前国民待遇和负面清单管理制度已在自贸试验区和全国范围内全面推广和实施，改革成果显著。

更重要的是，第十三届全国人大二次会议于2019年3月15日通过了《外商投资法》，国家首次从法律层面明确外商投资实施准入前国民待遇和负面清单制度，与之前已在自贸试验区所实行的规定相接轨，将改革成果上升为法律。这是我国外商投资管理制度的重大变革。

涉及航运领域，该制度首次被提及是2013年9月27日《交通运输部、上海市人民政府关于落实〈中国（上海）自由贸易试验区总体方案〉加快推进上海国际航运中心建设的实施意见》（以下简称《实施意见》）第二部分"重点任务"之"（一）扩大开放水平"第4条，即"探索建立航运领域外商投资准入负面清单管理模式，进一步扩大航运服务业对外开放"。此后，交通运输部2014年10月31日印发的《贯彻落实〈国务院关于促进海运业健康发展的若干意见〉的实施方案》（以下简称《实施方案》）明确，在上海自贸试验区建立航运领域外商投资准入前国民待遇加负面清单管理模式。

2019年3月18日，国务院发布第709号令，删除了《国际海运条例》中涉及国际海上运输业及其辅助业领域外商投资股比限制的规定，在法规层面进一步明确了国际海上运输业及其辅助业的全面对外开放。①

随后，2019年6月10日，交通运输部公布《关于废止〈外商投资国际海运业管理规定〉〈外商独资船务公司设立管理办法〉的解读》（以下简称《废止解读》），明确为落实准入前国民待遇加负面清单管理制度，且根据2018年6月30日国家发改委、商务部联合发布的《2018全国版负面清单》《自由贸易试验区外商投资准入特别管理措施（负面清单）（2018年版）》（以下简称《2018自贸试验区负面清单》），将"国际海上运输""国际船舶代理"这两项业务从负面清单中删除。至此，在国际航运领域，外商投资国际海上运输业及其辅助业股比不再受限。

第一节 自贸试验区国际航运市场准入前国民待遇

在国际投资领域，国民待遇属于投资自由化的范畴，准入前国民待遇将国民待遇延伸至投资发生或建立之前的阶段，其核心是给予外资准入权，更好地对外商投资进行保护。现阶段，我国已成为外商投资的大国，在对外签订国际投资条约和贸易协定时，应充分考虑利益平衡，而实行准入前国民待遇也是必然趋势。

一、准入前国民待遇的内涵

准入前国民待遇（Pre-establishment National Treatment），是国民待遇原则在全球化发展到一定阶段时为满足更高贸易和投资开放水平而出现的产物，其中心内涵和价值基础在于国民待遇。就其内涵而论，要求东道国在税收、销售等方面给予外国投资者的待遇

---

① 参见《关于废止〈外商投资国际海运业管理规定〉〈外商独资船务公司设立管理办法〉的解读》，交通运输部长江航务管理局官网，2019年6月11日，https://cjhy.mot.gov.cn/xxgk/xxgkzl/gfxwj/zcjd/201906/t20190611_89746.shtml，2021年6月25日访问。

不得低于其给予国内同类投资者的待遇。①

（一）准入前国民待遇的基础：国民待遇

国民待遇（National Treatment），又称"平等待遇原则"，最早是指东道国应给予外国自然人、法人享有与本国自然人、法人在民事、经济等方面同等的权利和地位。联合国贸发会议的文件中将国民待遇定义为一项原则，即东道国给予外国投资者的待遇至少与给予本国投资者的待遇相同。以这种方式，国民待遇标准力求确保本国和外国投资者之间有一定程度的竞争性平等。②

国民待遇逐渐被引用的主要目的在于保证东道国领域内的本国人与外国人之间的民事权利和地位相互平等，进而排除对外国自然人、法人在民事和经济方面受到低于本国自然人、法人的待遇。有学者提出，国民待遇早期被资本主义国家提出是基于其追逐全球商业利润的目的。自 1804 年《法国民法典》率先于国内法中作出明确和具体规定后，众多资本主义国家相继在本国规定或采用了这一原则。③

在全球经贸关系不断发展过程中，国民待遇经过长期的历史实践，形成了普遍适用于国际贸易和投资领域的法律规范。早期出现的国民待遇一般条款，通常订立于各国之间签署的《友好通商航海条约》（以下简称《航海条约》）中，在国民待遇条款规定的适用范围上，不同国家的规定各不相同；但在适用对象上，各国大多保持一致，即以"人"作为规范的特定对象，明确给予外国自然人、法人与本国自然人、法人一样的待遇。此后，随着全球文化、贸易等领域往来的日益密切，国际民商事法律关系不断发展，体现在国际

---

① 参见王俊峰、于传治：《美版 BIT 对完善中国自贸区负面清单的启示——以准入前国民待遇为视阈》，载《宏观经济研究》2018 年第 10 期。

② See UNCTAD, International Investment Agreements: Key Issues, Volume I, https://unctad.org/system/files/official-document/iteiit200410_en.pdf, visited on June 1st, 2021.

③ 1804 年《法国民法典》第一章第 11 条规定："外国人在法国享有与其本国依据条约给予法国人同等的民事权利。"正是这一经典的条款明确无误地宣告了外国人可与法国人享有同等权利，继而意大利、葡萄牙、西班牙、奥地利、希腊等国也先后效法，在法律上确立并广泛适用国民待遇。

贸易和投资领域，国民待遇的含义日渐丰富，适用范围也从民事权利领域延伸至贸易、投资领域。① 到 19 世纪晚期，国民待遇已被广泛纳入大量的国际贸易条约中，如《保护工业产权巴黎公约》（以下简称《巴黎公约》）、《保护文学和艺术作品伯尔尼公约》（以下简称《伯尔尼公约》）。

在我国，早期的研究主要集中在对国民待遇进行原则性介绍。② 随着我国改革开放的逐步深入，国内学者围绕贸易和投资两个方向对国民待遇进一步拓展研究。中国入世后，WTO 国民待遇成为研究国民待遇的重要内容之一，国内学者着重把该原则同中国实际国情相结合展开研究，在投资领域，主要研究集中在国民待遇在投资领域的发展和中国的适用情况。③

有学者认为，国民待遇是国际多边贸易谈判中的基石条款。④ 在国际投资法领域，国民待遇通常是指在享受权利、承担义务方面，外国投资者享有与东道国投资者相同的法律地位。即东道国通过签订国际双边或多边投资协定承担相应的义务，并且以国内立法的方式进一步承诺给予外国投资者享有与本国投资者同等的权利和地位。

纵观国际实践和各国立法，国民待遇的主要特征有：⑤

第一，一般情况下，以互惠原则为基础实行国民待遇，不存在无条件的国民待遇。⑥ 在国民待遇产生初期，实行的是无条件的国民

---

① 参见杨向东：《WTO 体制下的国民待遇原则研究》，中国政法大学出版社 2008 年版，第 23 页。

② 参见周鲠生：《国际法》，商务印书馆 1981 年版，第 10 页；王铁崖主编：《国际法》，法律出版社 1995 年版，第 18 页。

③ 参见余劲松主编：《国际投资法》，法律出版社 1999 年版，第 13—20 页；王贵国：《国际投资法》，北京大学出版社 2001 年版，第 20—33 页。

④ 参见胡加祥：《国际投资准入前国民待遇法律问题探析——兼论上海自贸区负面清单》，载《上海交通大学学报（哲学社会科学版）》2014 年第 1 期。

⑤ 参见余劲松主编：《国际经济法问题专论》，武汉大学出版社 2003 年版，第 334—335 页。

⑥ 有关待遇制度中的"条件"，有所谓"内在"与"外在"之分。外在条件是指实施某待遇时所附加的政治、经济等条件，亦即通常意义上的条件；而内在条件则是指某待遇的授予需要受惠方给予对等的回报，如 GATT 中对最惠国待遇的限定为"立即地无条件地"，较典型的内在条件的表述可参见美国与其他国家间最惠国条款的措辞："如果（优惠）给予是有条件的，则应以相当补偿作回报。"从现代国际实践看，国民待遇的实施都或多或少附有一定的内在或外在条件，即便在 GATT 中也不存在如同最惠国待遇的严格限定。参见赵维田：《最惠国与多边贸易体制》，中国社会科学出版社 1996 年版，第 43—52 页。

待遇，即不附加任何条件或限制性规定地给予外国人与本国人同等的民商事权利和地位。这体现了"天赋人权"的人文思想，即"人们生来并且始终是自由的，在权利上是平等的"。这一思想是启蒙时代资产阶级思想家提出的。之后，为了满足各国自身利益的需要，同时避免本国人在外国受到歧视性待遇，互惠的国民待遇渐渐兴起并得以确立。

采用互惠原则给予外国人以国民待遇的立法规定，归纳起来，目前主要有两种表现形式：一是外国人在东道国享有的对等的民商事权利须以条约为依据；二是外国人享有的对等的民商事权利应以国际的法律规定为依据。

第二，一般情况下，各国均在特定范围内授予国民待遇。国民待遇确立的是外国人和本国人同等的权利和地位，但并不意味着两者是同样的权利和地位。从长期的国际实践看，各国在确定国民待遇时，总会从本国自身利益角度出发对某些内容作出规定或限制，主要体现在：一方面，把国民待遇的适用范围限定于某一个或多个特定的领域；另一方面，在已适用国民待遇的领域内，各国仍可根据本国实际国情、社会发展和经济利益等方面，对某些适用国民待遇的例外情况作出相应的规定。

第三，多领域的双边、多边国际条约已采用国民待遇。在双边国际条约中，较为突出的有《航海条约》《双边投资协定》等；在多边国际条约中，较为突出的有《巴黎公约》《伯尔尼公约》《关税与贸易总协定》及其后续的《1994年关税与贸易总协定》等。其中，《1994年关税与贸易总协定》最为引人注目，它确立的国民待遇适用于国际经贸关系的所有重要领域，适用范围最为广泛。由于国际条约的参与，国民待遇不仅在适用范围上得到进一步扩展，而且在国际上的发展呈现多边化、自由化和全球化的特点。

（二）准入前国民待遇的演进

纵观各国引入和利用外资的具体实践，国民待遇在国际投资领域的适用主要集中于"准入""营运"两个阶段。① 国民待遇最初只适用于营运阶段,该阶段的国民待遇也被称为"准入后国民待遇",而准入阶段的国民待遇,通常被称为"国民待遇的例外适用"。也有学者将国民待遇依据适用时间划分为"准入前"和"准入后"两大阶段,所谓准入前国民待遇是指,从时间跨度上将国民待遇的适用进行延伸——从投资发生或建立之时延伸至投资发生或建立之前,外资准入权的获得是其核心思想。②

依据国际法上关于国民待遇确定的规则,国家享有对外国投资者的进入进行管理的权利,国民待遇的标准问题起初并未在外国投资者进行投资的准入阶段被提及。况且从地理位置上讲,外国投资者置身于东道国的地域范围之外,相较于东道国国内投资者来讲,既没有地理位置上的可比性,也没有其他方面的共同点,因此,国民待遇对于外国投资者而言无从谈起。③

20世纪60年代至70年代,新兴主权国家为了维护本国国家主权和社会经济利益,就外国投资者的投资准入制定和实施了一系列严格的管制措施。与此同时,联合国也通过部分宣言和决议强调,针对外国投资者及其投资,东道国享有完全独立的管辖权。在这个时期,由于东道国担心给予外国投资者全方位的保护可能损害本国国内投资者的利益,导致其与国内投资者的不当竞争,东道国往往不愿意给予外国投资者全方位的与国内投资者一样的国民保护。④ 因此,在当时的国际环境下,各国在国际投资协定和国内立法方面大多只是重点强调对投资给予保护,至于投资准入、准入前的国民待遇问题一般不被提及。

---

① See Joel P. Trachtman, Toward Open Recognition? Standardization and Regional Integration Under Article XXIV of GATT, *Journal of International Economic Law*, Vol. 2, No. 2, 2003, p. 265.

② 参见赵玉敏:《国际投资体系中的准入前国民待遇——从日韩投资国民待遇看国际投资规则的发展趋势》,载《国际贸易》2012年第3期。

③ See UNCTAD, National Treatment, Vol. IV, 1999, https://unctad.org/system/files/official-document/psiteiitd11v4.en.pdf, visited on Apr. 18th, 2020.

④ See Christopher F. Dugan, Noah D. Rubins, Don Wallace, Jr. & Borzu Sabahi, *Investor-State Arbitration*, Oxford University Press, 2015, p. 398.

第二章
我国自贸试验区国际航运市场准入前国民待遇和负面清单制度

随着经济全球化和一体化的不断推进，各国逐渐重视对于外资的吸引和利用。有关投资准入等问题在一些国际投资协定中开始有所涉及，但往往内容都比较抽象，而且对于外资准入东道国往往直接或者间接地明确在该阶段采取一定的管制措施。

从外资立法的实践中可以看出，各国针对外资准入采取了不同的限制措施，具体表现为：一方面，对外资准入的行业、领域和范围等方面作出明确的禁止或限制性规定；另一方面，对外资准入的资格或条件作出明确规定，包括外商投资股比、外商投资的资本限额规定以及为满足东道国特定领域经济和社会发展要求方面的一些条件。当然，各个国家对于外商投资者限制的程度不尽相同，比较看来，发达国家的限制明显少于发展中国家。但是，从整体上来看，无论是发达国家还是发展中国家，均或多或少对外资准入作出了限制。因此，有学者认为，外资准入前国民待遇实质上是外国投资者国民待遇的一般例外规定。[①]

在具体实践中，各国通常的做法是将涉及公共卫生、人身安全和道德、国家主权和安全等方面牢牢掌握并实际控制在东道国政府手中，对于其他行业、领域，东道国可适当限制外国投资者的参与度和投资范围。

20世纪80年代后，伴随着全球投资自由化程度的加深，传统意义上的东道国对于外资准入的管制理论渐渐受到一些发达国家的质疑。它们认为，外国投资对东道国经济发展有促进和推动作用，是对东道国做出了一定程度贡献的。据此，美国积极主张在投资准入（包括准入前）阶段实行国民待遇，并率先在对外缔结的双边投资协定（Bilateral Investment Treaties，BIT）中引入准入前国民待遇条款。[②] 自此以后，国民待遇在"投资准入前"的适用问题引起国际范围内的关注和讨论。紧随其后引入准入前国民待遇的有日本、加拿大，分别于相关条约中采用准入阶段的国民待遇条款。

为进一步促进投资保护体系的发展，继续扩大BIT产生的作用

[①] 参见单文华：《外资国民待遇基本理论问题研究》，载陈安主编：《国际经济法论丛（第1卷）》，法律出版社1998年版，第249页。

[②] See 1983 U. S. BIT Negotiating Text (Draft), Article 11 (01).

和效果，经济合作与发展组织（OECD）曾组织起草了《多边投资协议》（Multilateral Agreement on Investment，MAI），试图达到用一种彻底的方式对投资准入阶段国民待遇作出明确的适用和规范的目的。具体为："除非有明确的排除规定，否则所有国际贸易和投资领域均适用国民待遇、最惠国待遇原则。"[1] 然而，由于大多数成员国对国民待遇的若干意见存在较大分歧，最终没能就 MAI 达成一致意见，该 MAI 未能生效。此外，《北美自由贸易协定》（North American Free Trade Agreement，NAFTA）、《APEC 非约束性投资规则》中均涉及准入前国民待遇的相关规定。

现阶段，准入前国民待遇已逐渐渗入各领域国际贸易和投资规则，如国际投资条约、双边投资协定等，而且随着全球经济的发展，其适用领域逐步扩张的趋势越来越明显。

(三) 准入前国民待遇的界定

联合国贸发会议的一份研究报告把双边和多边国际条约中的国民待遇分为两类："设立前"（pre-establishment）的国民待遇、"设立后"（post-establishment）的国民待遇。[2] 有学者将其分为国际投资准入阶段国民待遇、国际投资运营阶段国民待遇，而国内学者通常将其称为"准入前国民待遇""准入后国民待遇"。[3] 准入前国民待遇是指，在外国投资者进行投资的准入阶段，东道国以签署双边或多边投资协定以及国内立法的方式，承诺在企业设立、取得和扩大等阶段给予外国投资者及其投资"不低于"（no less favorable than）本国投资者及其投资的待遇。这可进一步理解为，外国投资者在进入东道国的有关行业、领域时即获得"准入前"的国民待遇。准入

---

[1] See Stephan W. Schill，The Multilateralization of International Investment Law：The Emergence of a Multilateral System of Investment Protection on the Basis of Bilateral Treaties，Society of International Economic Law (SIEL) Inaugural Conference Paper，2008，SIEL Online Proceedings Working Paper No. 18/08，https：//ssrn.com/abstract = 1151817，visited on Oct. 28th，2022.

[2] See UNCTAD，International Investment Agreement：Flexibility for Development，UNCTAD/ITE/IIT/18，2000，pp. 94-103.

[3] 参见王俊峰、于传治：《美版 BIT 对完善中国自贸区负面清单的启示——以准入前国民待遇为视阈》，载《宏观经济研究》2018 年第 10 期。

前国民待遇实质上是将国民待遇的适用时间提前,即从投资发生后提前为投资发生之时和建立之前。与此同时,在外资准入领域,准入前国民待遇的适用还会受到东道国的一些限制。东道国宣布给予外国投资者准入前国民待遇时,一般还会公布一份负面清单,[①]其主要目的是对外资准入作出禁止或限制性规定,并进一步保障外资能在清单之外的领域拥有与本国投资者平等和公平的权利。

国际上,"准入前国民待遇"这一概念最早在美国外资立法中被引入。美国1994年BIT范本第2条规定,国民待遇的适用阶段可追溯至外国投资者投资的"设立""运营"阶段。1994年NAFTA第十一章第1102条"国民待遇"明确,国民待遇将与准入问题结合在一起,这说明国民待遇的适用阶段将延伸至准入前阶段。除此之外,1994年NAFTA还通过明确的条款对外国投资者和投资的实际情况、区域分布作出具体的划分,主要是为了更好地给予外国投资者全方位的保护,促进本国经济的全面发展。

值得一提的是,美国2004年、2012年BIT范本中进一步明确了准入前国民待遇的适用范围和对象,准入前国民待遇的适用范围越来越大,其适用的对象也不只是外商投资者,而是包括适格的投资。同时,需进一步强调的是,对许多发展中国家来讲,准入前国民待遇的适用还为促进本国国内经济向更高水平发展、完善国际投资环境以及推动国际投资准入、设立阶段的开放等起到了积极作用。因此,从某种程度上讲,中国设立自贸试验区并逐步探索准入前国民待遇的适用,其原因正在于此。

二、准入前国民待遇在我国航运业的适用

自贸试验区成立前,我国在外商投资领域一直实行准入后国民待遇。其中部分原因是我国长期以来对外资实行多元审批制度,准入前国民待遇同我国现有的行政管理体制和法律制度有不一致的地方。在国际航运领域,准入前国民待遇的合理适用已成为我国在国

[①] 负面清单,在国际投资协定中又被称为"不符措施",英文为"negative list",笔者下文将具体介绍近年来该制度在我国的适用。

际经济和贸易发展中抓住机遇的必然选择。

（一）准入前国民待遇在我国适用的必要性

国民待遇问题是我国利用外资过程中一个非常重要的关键问题。目前，我国在处理国际投资关系方面更多的是依靠BIT。从实践来看，BIT在利用外资投资过程中能够起到很明显的双向保护促进作用。同时，采用准入前国民待遇发展模式是中国发展需要和国际投资市场自由化双重考量下的必然选择。

回顾我国改革开放四十多年的历程，"引进来"和"走出去"国家战略是促进我国经济发展的强大动力。有学者从我国国民待遇条款的三个维度行为逻辑——需求、类型和供给这一角度出发，通过改革开放初期、加入WTO和中美BIT谈判这三个时间节点，详细阐明中外BIT中的国民待遇条款与中国对外开放发展之间的深刻关系。① 也有学者认为，我国对外资的利用先后可分为保守主义、自由主义以及均衡主义这三个阶段。② 还有学者从国民待遇角度将这三个阶段分为：次准入后国民待遇时期、准入后国民待遇时期和准入前国民待遇时期。③ 具体为：

第一阶段为起步阶段，即改革开放到20世纪90年代初期，这个阶段我国完全处于资本净输入国状态。从需求方面来看，我国在对外投资和利用外资这两方面涉及的规模都较小，而且以利用外资为主。同时，我国对保护国家经济主权非常重视，对市场准入的管控非常严格。由此，我们就很容易理解，为何国民待遇问题在对外签订的BIT中几乎不被提及的原因了。也有学者认为，国民待遇不被提及的原因在于，在该阶段，我国实行的计划经济体制与国民待遇是互不相容的。④

---

① 参见张倩雯、王鹏：《双边投资协定国民待遇条款的中国实践：历史经验与未来演进》，载《对外经济贸易大学学报》2018年第5期。

② 参见左海聪、宋阳：《超越"国家利益"：对经济主权概念的反思与重塑》，载《学术界》2013年第4期。

③ 参见张倩雯、王鹏：《双边投资协定国民待遇条款的中国实践：历史经验与未来演进》，载《对外经济贸易大学学报》2018年第5期。

④ 参见单文华：《外资国民待遇与陕西的外资政策研究》，载《西安交通大学学报（社会科学版）》2013年第2期。

第二章
我国自贸试验区国际航运市场准入前国民待遇和负面清单制度

第二阶段为20世纪90年代至2001年加入WTO这段时间。我国进入20世纪90年代后，整体利用外资规模和对外投资的规模都有了大幅度增长，逐渐成为资本输入大国，在利用外资的量上一直处于发展中国家的重要地位。在这种背景下，与我国投资合作的伙伴国家也积极寻求同我国签订BIT的机会，以此来实现对本国投资和投资者双向保护的目的，并为其提供更高的保护。我国也一改以往的保守态度，朝着对投资自由化鼓励和促进的方向努力，虽然在投资待遇这一问题上没有官方的提法，但基本上采取的是准入后国民待遇的做法。

第三阶段为2002年至2012年，我国对外开放进入新阶段，始于2001年加入WTO后。2002年，我国正式提出了"走出去"战略，指出要充分利用好"国内国外两个市场、两种资源"，"引进来"和"走出去"这两者要紧密结合。2003年之后，我国对外投资更是开启高速发展的模式，对外投资规模迅速扩大。相应地，我国保护本国投资和投资者的利益需求越来越强烈，把国民待遇条款纳入BIT中的内生需求也日益增强。由此，在中外BIT中包含国民待遇条款的数据比例也从20世纪90年代的17.54%激增至2000年之后的93.75%。[①]

以上可见，不管从内部环境还是外部环境来看，我国实际上都已做好了实施准入前国民待遇的准备，但是，这一准入前国民待遇标准一直未从制度层面被提出。直到2013年7月，中美第五轮战略与经济对话成为开启新时代的破冰之旅。在此次谈判中，中美双方宣布将准入前国民待遇和负面清单引入中美BIT中。此举意味着我国对外资的国民待遇由"准入后"变为"准入前"。接着，党的十八届三中全会正式提出我国探索实施"准入前国民待遇加负面清单"外资管理模式。同年9月，国务院作出重要批示，决定设立上海自贸试验区，并率先实行新的外资管理制度，为接下来在全国范围内施行和推广该制度探索和积累经验。

---

① 参见张倩雯、王鹏：《双边投资协定国民待遇条款的中国实践：历史经验与未来演进》，载《对外经济贸易大学学报》2018年第5期。

需要注意的是，有学者曾提出，是否实行准入前国民待遇，对于广大发展中国家而言，应该进行充分而全面的思考。这主要是基于准入前国民待遇的实施可能削弱或限制东道国对国际投资领域的全面审查权。因此，是否实施准入前国民待遇，不仅要对本国国家主权和安全、社会经济利益等方面作出全面的考虑，而且应结合本国实际国情、社会发展目标以及产业保护等众多因素作出理性分析和判断。①笔者认为，在我国不断推进自贸试验区建设、探索中国特色自贸易港建设过程中，应进一步加强准入前国民待遇的实施和监督，在考虑国内政策目标的基础上把握好投资自由化和国家管理自治的平衡。②

（二）以自贸试验区建设为契机，准入前国民待遇在我国航运业的适用

历史的航程波澜壮阔，时代的大潮奔腾不息。中国改革开放四十多年也是航运业飞速发展的历程，特别是加入WTO后，一系列航运法律法规的颁布和实施，航运业加快进入国际航运市场。2012年之后，中国航运企业"走出去"步伐加快，高速增长的中国经济对航运需求巨大，中国航运业务发展迅速，中国向航运强国转变的时机已到来，这个过程充满机遇和挑战。③

航运业作为我国最早"走出去"的行业，是我国经济发展的重要战略性基础和服务行业，肩负着深化改革和支持保障的必然使命。回顾发展历程，我国航运业取得的每一次重大进步都得益于改革开放的关键决策和历史机遇。

---

① 参见余劲松：《中国发展过程中的外资准入阶段国民待遇问题》，载《法学家》2004年第6期。

② 自治意味着国家的人格，使其在该体系中有自己的权利和义务，享有取得自己财产、缔约、提出法律请求并获得法律救济的权利。然而，国家签订了条约，有约必践，既限制了自己的自治，也约束了他人。WTO国民待遇的很多案件涉及成员方对健康、安全或环境国内管理的限制，这些限制客观上必须尊重和平衡政府自由追求合法的国内管理目标的权利，但并不意味着贸易自由化要退居其次，而是需要在尊重成员方国内管理自治的基础上，打击贸易保护主义，以推进贸易自由化。参见杨向东：《WTO体制下的国民待遇原则研究》，中国政法大学出版社2008年版，第23页。

③ 参见《改革开放40周年，见证海运40年历史》，搜狐网，2018年12月20日，http://www.sohu.com/a/283216914_120023469，2020年11月20日访问。

第二章
我国自贸试验区国际航运市场准入前国民待遇和负面清单制度

航运具有天然的国际化特征。近些年来，我国在国际航运领域取得了显著成绩。联合国贸发会议公布的班轮连接性指数显示，2014年至今，中国航运全球连接度持续稳居全球榜首。根据《2019年世界最佳连接港口排名》，其中对港口航运连通性指数集海上运输趋势及其港口的位置进行评分，上海港凭借突出的港口信息化和现代化发展连续九年排名世界首位。①《新华·波罗的海国际航运中心发展指数报告（2022）》显示，上海国际航运中心全球排名第三，宁波舟山继2021年首次跻身国际航运中心全球十强后，成功巩固并保持了这一地位。② 在新一轮高水平对外开放、"一带一路"建设背景下，加快推进中国由航运大国向航运强国的历史性转变意义深远。

上海自贸试验区成立后，国务院于2014年9月3日发布《国务院关于促进海运业健康发展的若干意见》，在第二部分"重点任务"之"（六）推动海运企业转型升级"中明确，要实施"走出去"战略，鼓励中资海运企业对外投资和跨国经营活动。有序发展中小海运企业，促进就业。交通运输部2014年10月31日印发的《实施方案》明确，在上海自贸试验区"建立海运领域外商投资准入前国民待遇加负面清单管理模式"。

2019年6月10日，交通运输部公布《废止解读》，明确为落实准入前国民待遇加负面清单管理制度，且根据《2018全国版负面清单》《2018自贸试验区负面清单》将"国际海上运输""国际船舶代理"这两项删除。至此，外商投资股比不再受到限制。2019年3月，国务院发布第709号令，删除《国际海运条例》中关于外商在国际航运业及其辅助业领域投资股比限制的规定，从法规层面对国际航运业及其辅助业全面向外资开放予以明确。③ 2021年4月15日，国

---

① 参见上海海事大学、上海国际航运研究中心：《上海国际航运中心"十四五"规划基本思路研究》（结题评审稿），2019年11月，第1页。
② 参见《国际航运中心报告发布，宁波舟山继续位居前10》，浙江在线，2022年7月12日，https://zjnews.zjol.com.cn/zjnews/nbnews/202207/t20220712_24506068.shtml，2022年8月20日访问。
③ 参见《关于废止〈外商投资国际海运业管理规定〉〈外商独资船务公司设立管理办法〉的解读》，交通运输部长江航务管理局官网，2019年6月11日，https://cjhy.mot.gov.cn/xxgk/xxgkzl/gfxwj/zcjd/201906/t20190611_89746.shtml，2021年6月25日访问。

务院办公厅印发《关于服务"六稳""六保"进一步做好"放管服"改革有关工作的意见》提出,要持续优化外商投资环境,完善外商投资准入前国民待遇加负面清单管理制度。这一系列政策的出台无疑有利于我国航运业"放管服"的进一步落实。

有学者认为,我国自加入 WTO 以来,虽然在投资自由化和市场开放方面实现了巨大突破,但在准入标准的设置方面,尤其是在国民待遇的规定和适用上,始终比较保守。[①] 自上海自贸试验区设立至今,具体就自贸试验区外资进入航运业所享受的国民待遇来看,我国在"准入前国民待遇"趋势影响下尝试逐步开放航运市场,并给予外资更多的优惠待遇,但这必将经历一个循序渐进的过程,不可能一蹴而就。

三、国际航运市场准入前国民待遇面临的挑战

自贸试验区作为我国探索贸易自由化和制度创新的重要试验田,在很大程度上肩负着在服务贸易领域试行全新的外资准入管理制度的任务。准入理念的转变将推动我国进入一个广泛的"准入前国民待遇"的新时期。在国际航运领域,国际航运市场准入前国民待遇面临新挑战,主要包括:

第一,考验政府的航运监管能力。在国际航运市场上,接受准入前国民待遇并不意味着放弃对外资准入的监管,恰恰相反,它能进一步加大促进我国对外资进入国际航运市场之后的监管力度,促进我国产业结构的转型升级。上海自贸试验区成立后不久,《交通运输部关于国际集装箱班轮运价精细化报备实施办法的公告》(以下简称《班轮运价精细化报备办法》)、《国内集装箱班轮运输备案实施办法(征求意见稿)》等一系列航运政策先后公布,但即便在制度建设和监管理念都较先进的上海自贸试验区,仍缺乏应对开放的航运市场所需的一套完备的风险防控机制,国家安全审查等制度仍处于起步阶段。如何通过制度设计和监管防控,在开放航运市场的同

---

① 参见赵竞竞:《银行业外资"准入前国民待遇"制度比较——以上海自贸区的实践为视角》,载《国际经贸探索》2018 年第 2 期。

时将风险降到最小,是自贸试验区试点的一个关键,也是我国航运法律制度建设过程中需要格外重视的问题。

第二,相关航运法律法规需要不断完善。现阶段,准入前国民待遇和负面清单制度在我国实施的时间还不长,虽然近年来国务院、交通运输部不断出台相关政策文件,其中也包含航运服务领域一系列文件,适用范围也从上海自贸试验区扩大至全国范围。但是,专门防范航运市场风险的法律法规尚未于国家层面出台。目前,《海商法》修订工作正在进行中,《国际海运条例》和《船员条例》也已先后经过修订,其他相关航运法律法规的完善工作也应及时跟上。

第三,防止超国民待遇现象的出现。在国际贸易和投资领域,国民待遇被广泛适用的主要原因是其有助于国家在外资市场准入的范围内,对外商投资准入的各种限制性规定以及其他优惠条款加以规范和调控,是国家实施外资市场准入的一种重要和必不可少的政策补充。通常情况下,当一个国家想要引进外国的货物、服务和资本时,往往会不排除实施准入条件优于本国同类投资者的"超国民待遇",但同时,为了进一步防止外国货物、服务和资本过度进入本国国内市场,又会根据具体情况实施差别化的国民待遇。[①] 在我国航运业发展过程中,应防止国际航运市场中出现超国民待遇现象,杜绝实施这种对于外资准入内外有别的国民待遇,应当坚决实施国际航运市场准入的无差别的国民待遇。

第二节 自贸试验区国际航运市场准入负面清单制度

以负面清单为基础的市场准入制度,其核心在于明确设定符合本国国情、维护国家经济利益且有助于外商投资准入的例外条款,把开放本国国内市场对社会和经济等各方面可能产生的不利因素或负面影响降至最低。当前,从社会经济发展角度看,关键在于摸清家底,在考虑国内产业发展相对比较优势的基础上详细列明符合市

---

① 参见李光春:《航运法研究》,法律出版社2016年版,第191页。

场经济发展规律且内容恰当的负面清单。在推进负面清单市场准入管理的大背景下，深入分析国际航运市场准入负面清单的设计特点、发展逻辑并及时总结经验，对促进我国航运领域制度建设具有积极作用。

一、自贸试验区负面清单制度的确立

截至2023年2月底，在外商投资领域，我国已先后出台了八版自贸试验区负面清单和四版全国版负面清单，而负面清单的进一步修订和完善必须对标国际最高标准，其实施及执行效果更需持续跟进。

（一）依法确立我国自贸试验区负面清单制度

2020年1月1日实施的《外商投资法》第4条第1款明确规定："国家对外商投资实行准入前国民待遇加负面清单管理制度。"负面清单制度首次以法律形式固定下来。早在2013年9月，上海市人民政府就公布了我国第一份负面清单（《2013自贸试验区负面清单》），它颠覆了我国长期以来的外资准入正面清单管理模式。负面清单是我国自贸试验区建设的一大亮点，也是难点，承载着我国外商投资管理制度变革、政府职能转变以及对标国际高标准投资规则之先行先试的战略使命，因此一直是理论界和实务界讨论的热门话题。

1. 我国自贸试验区负面清单制度研究现状

所谓负面清单，是指凡是针对外资的与国民待遇、最惠国待遇不符的管理措施或业绩要求、高管要求等方面的管理措施，均以清单方式列明，这样的清单即为负面清单。[①]"负面清单"是一个俗称，国际通行的法律术语为"不符措施"。负面清单即相当于投资领域"黑名单"。

2019年8月26日国务院公布的《6个新设自贸试验区方案》明确："全面落实外商投资准入前国民待遇和负面清单管理制度。探索建立外商投资信息报告制度。""深入实施公平竞争审查制度，实现

---

① 参见商舒:《中国（上海）自由贸易试验区外资准入的负面清单》，载《法学》2014年第1期。

各类市场主体依法平等准入。"2020年6月1日，国务院公布的《海南自由贸易港建设总体方案》指出："实施市场准入承诺即入制。对外商投资实施准入前国民待遇加负面清单管理制度，大幅减少禁止和限制条款。"2020年9月21日国务院公布的《北京、湖南、安徽自贸试验区总体方案及浙江自贸试验区扩区方案》同样提出，要全面落实外商投资准入前国民待遇加负面清单管理制度。同时，要"试行跨境服务贸易负面清单管理模式。在有条件的区域最大限度放宽服务贸易准入限制"。

到目前为止，学者们已从不同视角对负面清单制度进行了深入研究，且研究数量众多。黄庆平、袁始烨（2018）[①]从国际多双边层面、中国香港及新加坡自由贸易港、发展中国家实施负面清单制度的国际经验中得出，在自贸试验区和自由贸易港建设过程中，要注重发挥负面清单衍生效应，注重宏观经济管理与微观经济的自由相平衡等。施元红（2018）[②]从宏观和微观角度对近年来自贸试验区负面清单的变化进行分析，进一步明确在新形势下负面清单的改进方向。孙伯龙等（2017）[③]以我国外资准入负面清单在自贸试验区发展相关经验为基础，着重对外商投资准入前国民待遇和负面清单法律适用展开重点研究，以期实现国内法治和国际法治充分且良好的互动，为我国经济体制改革和完善提供最新发展思路。樊正兰、张宝明（2014）[④]选取较为典型的美国、加拿大、澳大利亚及日本四个国家的国际投资协定中的负面清单，从行业分布、限制方式和原因等众多方面进行比较研究，提出进一步完善我国负面清单制度的建议等。马亚明等（2021）[⑤]认为，我国现行的外资管理负面清单制度与

[①] 参见黄庆平、袁始烨：《自贸港的未来：基于负面清单管理的国际经验》，载《经济体制改革》2018年第3期。

[②] 参见施元红：《我国自由贸易试验区负面清单管理模式探讨》，载《对外经贸实务》2018年第11期。

[③] 参见孙伯龙、王继荣、李晶：《竞争政策视域下我国外商投资准入制度的变革》，载《科学发展》2017年第12期。

[④] 参见樊正兰、张宝明：《负面清单的国际比较及实证研究》，载《上海经济研究》2014年第12期。

[⑤] 参见马亚明、陆建明、李磊：《负面清单模式国际投资协定的信号效应及其对国际直接投资的影响》，载《经济研究》2021年第11期。

采用负面清单模式的国际投资协定相比,在制度效应上还存在重要差异,尽快推动签署负面清单模式国际投资协定对促进我国企业的海外投资和构建开放经济新体制具有重要意义。

2. 我国自贸试验区负面清单制度的特点

截至 2022 年年底,我国自贸试验区负面清单已更新八个版本,①全国版外商投资准入负面清单已更新四个版本。② 此外,海南自由贸易港先后出台了《海南自由贸易港外商投资准入特别管理措施(负面清单)(2020 年版)》(以下简称《2020 年版海南自贸港负面清单》)与《海南自由贸易港跨境服务贸易特别管理措施(负面清单)(2021 年版)》(以下简称《2021 年版海南自贸港负面清单》)。其间,负面清单制度逐步推进并取得突破性进展。

上海自贸试验区成立之初,国家试点先行颁布和实施了 2013 年版、2014 年版负面清单,但由于是第一次制定,存在很多不足之处,如清单表述不充分、特别管理措施条目过多等,因此受到一些批评;《2015 自贸试验区负面清单》扩大适用范围至天津、福建、广东、上海四个自贸试验区;《2017 自贸试验区负面清单》进一步扩大适用范围,增加辽宁、浙江、河南、湖北、重庆、四川及陕西七个自贸试验区;《2018 全国版负面清单》在实行全国统一的负面清单管理模式基础上,在更多领域内试点放宽或取消外资准入限制。笔者就此具体分析如下:

(1) 负面清单条目"瘦身"明显

为了提高负面清单透明度和开放度,负面清单特别管理措施条目不断减少(见表 2.1)。清单条目不断缩减,意味着外商投资限制

---

① 我国自贸试验区外资准入负面清单分别于 2013 年、2014 年、2015 年、2017 年、2018 年、2019 年、2020 年、2021 年出台,后一版本负面清单出台后,前一版本负面清单废止。

② 本书中,《中国(上海)自由贸易试验区外商投资准入特别管理措施(2013 年)》,简称为《2013 自贸试验区负面清单》,其他 7 个版本自贸试验区负面清单的简称同理可知;《外商投资准入特别管理措施(负面清单)(2018 年版)》,简称为《2018 全国版负面清单》,其他 3 个版本全国版负面清单的简称同理可知。

进一步放宽。①

表 2.1　2013—2021 年自贸试验区外商投资准入特别管理措施（负面清单）②

年份	特别管理措施（项）	限制类措施（项）	禁止类措施（项）
2013	190	152	38
2014	139	110	29
2015	122	86	36
2017	95	61	34
2018	45	21	24
2019	37	17	20
2020	30	12	18
2021	27	10	17

由表 2.1 可知：

《2014 自贸试验区负面清单》与《2013 自贸试验区负面清单》相比，特别管理措施减少 51 项，缩减幅度为 26.8%。《2015 自贸试验区负面清单》与《2014 自贸试验区负面清单》相比，特别管理措施减少 17 项，缩减幅度为 12.2%。《2017 自贸试验区负面清单》与《2015 自贸试验区负面清单》相比，特别管理措施减少 27 项，缩减幅度为 22.1%，前者的一大特色为首次将特别管理措施缩减至 100 项以内，③ 完成了一次比较大的"瘦身"。此外，《2017 自贸试验区负面清单》还减少了 10 个条目，包括 6 个条目的删除和 4 个条目的整合。《2018 自贸试验区负面清单》与《2017 自贸试验区负面清单》相比，特别管理措施减少 50 项，缩减幅度为 52.6%；同时，前者涉及 14 个门类、32 个条目、45 项特别管理措施。《2019 自贸试验区负

---

① 参见施元红：《负面清单管理制度的发展现状、问题及提升路径》，载《对外经贸实务》2019 年第 8 期。

② 本表系笔者根据国务院办公厅、商务部、国家发改委公布的相关文件整理而成。

③ 参见《自由贸易试验区外商投资准入特别管理措施（负面清单）（2017 年版）》，中国政府网，2017 年 6 月 16 日，http://www.gov.cn/zhengce/content/2017-06/16/content_5202973.htm，2019 年 11 月 10 日访问。

面清单》与《2018自贸试验区负面清单》相比，特别管理措施减少8项，缩减幅度为17.7%。《2020自贸试验区负面清单》与《2019自贸试验区负面清单》相比，特别管理措施减少7项，缩减幅度为18.9%。《2021自贸试验区负面清单》与《2020自贸试验区负面清单》相比，特别管理措施减少3项，缩减幅度为10%。

通过分析上面数据不难发现，特别管理措施数量逐年减少，对特别管理措施进行删除和压缩来完成负面清单的"瘦身减负"，使其更加符合时代发展需要。同时，大幅度精简负面清单长度，也进一步缩小了政府对外资的审批范围。

(2) 负面清单适用范围不断扩大，表述不断细化

自贸试验区负面清单适用范围得到不断扩大。起初，该制度仅在上海自贸试验区试点实行，之后范围不断扩大，先扩至广东、福建、天津自贸试验区，再推广到全国，使全国乃至全世界都享受到上海自贸试验区负面清单制度创新的红利，其推广取得显著效果。

自贸试验区负面清单表述不断细化主要体现在表述内容和方式这两方面。第一，在表述内容上，负面清单基本上一年出一个新版本，通过对2013—2022这十年间的八个版本进行横向对比和分析可发现，其分类项目的编排逐渐呈合理化和清晰化。例如，《2013自贸试验区负面清单》编排分为"门类""大类""中类""特别管理措施"四个栏目；《2014自贸试验区负面清单》编排分为"部门""领域""序号""特别管理措施""国民经济行业分类代码"五个栏目；而2015年版、2017年版、2018年版、2019年版、2020年版以及2021年版负面清单则一律简化，其中前三版设"序号""领域""特别管理措施"三个栏目，后三版仅设"序号""特别管理措施"两个栏目。同时，逐步进行科学合理的行业分类，部分条款内容也进行了合并。第二，表述方式更加细化。在2013年版和2014年版负面清单中，采用的主要是一些较粗略的表述，比如"中方控股""合资、合作"等。而2015年版、2017年版、2018年版、2019年版、2020年版以及2021年版的负面清单，增加了"由中国政府批准""由中方相对控股""经审批许可"等更加细化的表述。

第二章
我国自贸试验区国际航运市场准入前国民待遇和负面清单制度

（3）着重扩大重点领域开放

我国坚持以更大力度推进对外开放，故优化负面清单并不只是采用减少条目数量，也不是修订条目名称的长度，其核心是要加大重点领域开放程度，并制定出更加具有现实意义的措施。2020年以来，新冠病毒感染疫情给全球跨国投资带来巨大冲击，世界经济受到严重影响，保护主义和单边主义上升。面对如此复杂的形势，习近平总书记在二十国集团领导人应对新冠病毒感染疫情特别峰会上的重要讲话指出，中国将坚定不移扩大改革开放，放宽市场准入，持续优化营商环境。① 我国自贸试验区成立的十年间，自贸试验区和全国版负面清单不断缩减的总体思想可概括为：首先，加大对外开放力度，在部分领域取消限制性措施，大幅度扩大服务业开放。其次，统筹安排那些部分开放的领域，并给予相应过渡期，使其实现逐步开放，加大开放的可预期性。例如，在清单中首先作出明确说明："对部分领域列出了取消或放宽准入限制的过渡期，过渡期满后将按时取消或放宽其准入限制。"再次，向国际高水平经贸规则逐步靠拢。我国已于2021年正式提出申请加入的《全面与进步跨太平洋伙伴关系协定》（CPTPP）等国际经贸谈判都是在负面清单基础上进行，这就要求我国探索建立一套全新的符合高标准国际经贸规则的外商投资管理制度，与国际接轨。最后，经过新冠病毒感染疫情的考验，我国用实际行动践行了对外开放的承诺，坚定在扩大开放中推进我国经济发展。从2015年《外商投资法（草案）》的出台，到2016年通过"外资三法"修订的行政审批决定，再到2019年3月15日《外商投资法》正式通过，负面清单管理制度正式具有明确的法律地位，彰显了我国坚定开放市场的决心和信心。当前，我国参与的《区域全面经济伙伴关系协定》（RCEP）已于2022年1月1日正式生效实施，同时，申请加入CPTPP的谈判工作正按照CPTPP加入程序紧锣密鼓地进行着。这一系列的变化都体现了我国经济的

---

① 参见《推进更高水平对外开放 以开放促改革促发展——国家发展改革委有关负责人就2020年版外商投资准入负面清单答记者问》，中国政府网，2020年6月24日，http://www.gov.cn/zhengce/2020-06/24/content_5521526.htm，2021年7月15日访问。

发展是一个主动融入经济全球化的过程，也是一个探索更高水平的对外开放的过程。

（二）推进负面清单制度过程中存在的问题

1. 对推进负面清单制度的紧迫性认识不够

现阶段，负面清单制度发展围绕的一个关键问题是政府和市场之间的关系，包括政府主管部门实行的众多改革措施，比如经济体制改革、"放管服"改革以及投资体制改革等一系列综合性改革措施。同时，由于我国政府主管部门长期以来实行事前审批的现实和当前事中事后监管改革的矛盾仍然存在，对推进负面清单制度的紧迫性认识不够，其管理理念的彻底转变需要时间。

2. 与国际高标准相比仍存在差距

国际投资规则负面清单的制定和执行通常具有一些内在要素，如公开义务、公众参与、程序保障等。但从目前我国负面清单的制定和执行情况来看，仍存在清单之外应适用的规则体系不够公开、透明，公众参与和咨询程度不够，相关政策的合规性审查机制不完善等问题，与国际高标准的负面清单仍有一定差距。随着经济发展，构建中国话语体系及扩大影响力应当成为我国进一步推动改革试验的主要方向，这就要求自贸试验区在借鉴高标准国际投资规则、探索负面清单制度建设时，应把重点放在如何更好地建立起一整套与国际高标准相契合的外商投资管理体系上。

3. 配套的法制保障仍不够完善

实施负面清单管理制度的风险防控与法制化水平密切相关。国内法制越健全，实施负面清单的风险就会越小，实施效果才会越好。但是目前，我国在外商投资安全审查、社会生态和环境保护、风险管控以及技术标准等领域的立法仍不够健全。与此同时，实施负面清单制度会促进大量外资流入国内市场，若相配套的法律法规制度不完善，则会不利于国内市场健康稳定发展。具体为：一方面，外商投资安全审查制度近些年来越来越受到重视。2020年12月，国家发改委和商务部发布《外商投资安全审查办法》，规定了适用审查的外商投资类型、审查机构、审查范围、审查决定监督执行和违规处理等，进一步提高了审查工作的规范性、精准性和透明度，尽可能减少对外商投资活动的影响。①《外商投资法》第 35 条第 1 款规定："国家建立外商投资安全审查制度，对影响或可能影响国家安全的外商投资进行安全审查。"一系列规定的出台表明国家重视外商投资安全审查制度，但该制度仍存在审查因素不完善、联席会议的工作机制及权限分配不清晰等一系列问题。另一方面，社会生态和环境保护方面的立法不够完善。国家对外资企业在生产经营过程中造成的社会生态和环境污染监管不到位、处罚力度不够等，无疑会导致其破坏社会生态和环境的违法成本较低，不利于外资企业提高在环境保护方面的自律意识。

（三）我国自贸试验区负面清单制度的进一步发展②

1. 继续提高对负面清单制度价值的认识

就美国版 BIT 在全球各个国家进行投资实践取得的效果而言，有必要对我国这几年实行的负面清单制度进行正确和客观的评价，不能片面和局限地认识负面清单作用，也不能对其进行夸大解释。一方面，实行准入前国民待遇和负面清单管理制度之后，政府将面临管理模式的改变，对市场事中事后监管的职责和任务会比较繁重，这就需要政府从根本上认清负面清单的制度价值，进而在准入机制、监管机制、信息共享制度等方面展开深入的探索；另一方面，我们应重视负面清单在外商投资准入和建立阶段的更加公开和更高的透明度，为进一步推动投资便利化起到积极作用。近些年，我国在自贸试验区范围内先后颁布多个版本的负面清单，我们可以把它们看作一种过渡性的蓝本，是从之前正面清单实施准入后国民待遇到现在负面清单实施准入前国民待遇的一种不成熟的蓝本。③因此，我们必须从根本上认清负面清单的制度价值，并结合我国国情实施该制度。

---

① 参见《国家发展改革委、商务部发布〈外商投资安全审查办法〉》，商务部官网，2020 年 12 月 19 日，http：//www.mofcom.gov.cn/article/news/202012/20201203024663.shtml，2022 年 7 月 6 日访问。

② 参见施元红：《负面清单管理制度的发展现状、问题及提升路径》，载《对外经贸实务》2019 年第 8 期。

③ 参见王俊峰、于传治：《美版 BIT 对完善中国自贸区负面清单的启示——以准入前国民待遇为视阈》，载《宏观经济研究》2018 年第 10 期。

2. 与国际通行规则紧密结合的同时，构建中国体系话语权

我国自贸试验区和全国负面清单制度建设应进一步结合国际高标准负面清单发展的经验，在金融领域和高端服务业如航运领域将传统限制措施和最惠国待遇等国际通行规则紧密相结合，且应考虑设置国家核心安全的例外条款。通过借鉴这些条款，不仅能使我国负面清单制度达到国际通行规则的标准，而且能为国家安全提供最大程度的保障，从而实现维护我国国家利益的目的，并更好地制定一套中国标准，进一步构建中国体系话语权。

3. 完善负面清单制度创新的法制保障

要实现负面清单制度的公平、透明，不是仅仅依靠制度本身就能完全实现的，而是需要综合配套措施的及时跟上，以及其他法律法规和政策的及时调整。《外商投资法》的出台具有重要意义，① 该法已于 2020 年 1 月 1 日正式开始实施，这为我国新形势下进一步对外开放并积极利用外资从法律层面提供了有力的保障。

该法对架构起外商投资领域的法律制度起到了重要作用，虽然与之配套同步实施的《外商投资法实施条例》已公布，但仍有一些地方规定不明确，需要进一步予以完善，如需明确对港澳台投资的法律适用；需明确根据"三资法"成立的企业在《外商投资法》出台后的过渡问题等。② 因此，继续完善负面清单创新制度的法制保障任重道远。除此之外，其他涉及外商投资相关领域的立法完善工作也应及时跟上。

4. 结合地方特色，完善负面清单创新模式

我国地域辽阔，不同地区的发展水平呈现明显差异化。目前，全国自贸试验区数量已达 22 个，在战略定位上有各自不同的侧重点，在各自的发展目标上都是非常清晰和明确的。从《2021 版自贸试验区负面清单》和《2021 全国版负面清单》来看，两者区别不大，

---

① 《外商投资法》第 4 条规定："国家对外商投资实行准入前国民待遇加负面清单管理制度。前款所称准入前国民待遇，是指在投资准入阶段给予外国投资者及其投资不低于本国投资者及其投资的待遇；所称负面清单，是指国家规定在特定领域对外商投资实施的准入特别管理措施。国家对负面清单之外的外商投资，给予国民待遇。负面清单由国务院发布或者批准发布。中华人民共和国缔结或者参加的国际条约、协定对外国投资者准入待遇有更优惠规定的，可以按照相关规定执行。"

② 参见《〈外商投资法〉十大解读及完善建议》，搜狐网，2019 年 3 月 17 日，http://www.sohu.com/a/301964331_751532，2020 年 5 月 1 日访问。

但仍有需要突破的地方。下一步应该按照国际高标准市场开放模式继续深化自贸试验区、上海自贸区临港新片区以及海南自由贸易港的建设和发展。未来在对负面清单进行更新调整时，要站在全国统一大市场的角度，充分考虑不同区域的发展需求及其差异性；改革试点工作应遵循差异化原则，有必要对各个不同区域的分工合作进行统筹协调，创新性地完善负面清单制度。

二、国际航运市场准入负面清单的特征

国际航运市场准入负面清单可定义为：在国际航运领域，国家对外商投资实施的准入特别管理措施。在自贸试验区背景下推进我国国际航运市场准入负面清单制度的实施具有重要的意义。

（一）我国国际航运市场准入负面清单的研究概况

负面清单制度最大的特点是面向服务领域，有效降低外资准入中的服务贸易壁垒，是目前全球范围内被各国普遍采取的一种投资准入政策。[①] 航运业的重要性不言而喻，特别是在全球经济一体化发展背景下，科技进步促使国际企业的生产经营活动在全世界范围内进一步扩大，国际贸易稳步增长，国际运输需求不断上升。

国际航运业具有特殊性和独特重要性。联合国贸发会议统计资料显示：在过去几十年间，海运贸易取得显著发展。按重量计算，海运贸易量占全球贸易量的80%—90%，尤其在发展中国家，这一优势更突出；按商品价值计算，海运贸易量占全球贸易量的60%—70%。随着时间推移，发展中国家一直是贸易主要出口国。[②] 可见，国际航运在当今国际贸易中发挥越来越重要的作用。国际贸易总运量中约80%以上的货物是由海上运输完成的，我国更是高达近90%。国际航运与一个国家经济有密切联系，航运业的发展可以带动许多相关行业，对一个国家经济发展有重要促进作用。

[①] 参见谭文君、崔凡、杨志远：《负面清单管理模式对上海自贸区服务业资本流动的影响——基于合成控制法的分析》，载《宏观经济研究》2019年第5期。

[②] See UNCTAD, 50 Years of Review of Maritime Transport, 1968-2018: Reflecting on the Past, Exploring the Future, Transport and Trade Facilitation Series, No. 11, https://unctad.org/en/pages/PublicationWebflyer.aspx?publicationid=2289, visited on May 10th, 2021.

航运和国家经济、国家战略有密不可分的关系。2019年8月6日国务院公布的《临港新片区方案》第7条为"实施高度开放的国际运输管理"，第16条为"建设高能级全球航运枢纽"。同月13日，上海市人民政府公布《上海市新一轮服务业扩大开放若干措施》，提出要"强化现代航运服务业对外辐射能力，提升全球航运自由配置能力"。上海市新一轮服务业扩大开放措施共40条，其中涉及航运领域的有7条。航运服务领域作为扩大开放的重要领域之一，在上海自贸区临港新片区建设的机遇下，对进一步深化上海服务业改革开放具有重大意义。

2019年8月26日，国务院公布的《6个新设自贸试验区方案》再次强调："全面落实外商投资准入前国民待遇加负面清单管理制度。"其中，提升航运服务能力等涉及航运领域创新政策在山东、江苏、广西、河北、云南、黑龙江自贸试验区总体方案中均被提及，并且明确要结合各地特色，不同程度推进和落实航运创新政策。

2020年6月1日，国务院公布《海南自由贸易港建设总体方案》，该方案第16条规定，要建立更加自由开放的航运制度。2020年9月21日，国家再次增设北京、湖南、安徽三个自贸试验区。由此，我国各地自贸试验区结合自身特点和优势，不同程度推进和落实航运创新政策。

当前，我国面临新形势新挑战，海南自由贸易港和上海自贸区临港新片区建设、新设的各个自贸试验区建设无疑彰显了我国进一步对外开放的毅力和决心，在当前复杂多变的国际环境下给我国经济带来了新动力。航运服务业作为现代高端服务业的重要部分，是各类社会资源实现优化配置的重要领域，对促进我国经济发展有重要作用，但同时也是机遇和挑战共存。因此，各国在双边和多边经贸投资协定中通常对航运服务业采取谨慎态度，包括美国签订的不少双边投资协定、对中国有较强借鉴意义的《美韩自由贸易协定》（U.S.-Korea Free Trade Agreement，KORUS）和《美国-墨西哥-加拿大协定》（USMCA）中都有对航运负面清单内容的具体规定。笔者会在下文详细阐述。

近些年，学者们从多个角度对负面清单管理制度展开深入研究。

第二章
我国自贸试验区国际航运市场准入前国民待遇和负面清单制度

黄庆平、袁始烨（2018）① 从国际多双边层面、中国香港及新加坡自由贸易港、发展中国家实施负面清单管理的国际经验中得出，在建设自贸试验区和自由贸易港过程中，要注重发挥负面清单的衍生效应，注重宏观经济管理与微观经济之间的平衡等。施元红（2018）② 认为自贸试验区负面清单是改革过程中的一项重要内容，主要针对近年来自贸试验区负面清单的变化进行分析，进一步明确新形势下负面清单的改进方向。马亚明、陆建明、李磊（2021）③ 认为，中国现行的外资管理负面清单制度与负面清单模式的国际投资协定相比，在制度效应上还存在重要差异。因此，尽快推动签署负面清单模式国际投资协定对促进我国企业的海外投资和构建开放经济新体制具有重要意义。

但是，在航运领域方面，特别是对于航运服务外资市场准入负面清单的相关研究不多，需进一步深入探讨。目前主要有：李强（2015）④ 分析了上海自贸区发展国际航运服务的战略意义和独特优势，着重评估了上海自贸区运行一年多来国际航运创新服务方面的进展，提出推动中国航运强国建设的建议；施国润（2016）⑤ 针对自贸试验区放宽国际船舶管理企业外资股比限制，围绕引进的外资船舶管理企业运营现状、运营过程中存在的问题进行深入分析，进一步探讨相对应的解决方案；茅伯科（2018）⑥ 指出上海国际航运中心建设正处于战略转折的关键时期，面临三大问题，并认为上海国际航运中心建设应有一个长远战略思考，需进一步加强上海国际航运中心与国际金融中心在服务"一带一路"上的协调机制建设等。

---

① 参见黄庆平、袁始烨：《自贸港的未来：基于负面清单管理的国际经验》，载《经济体制改革》2018年第3期。
② 参见施元红：《我国自由贸易试验区负面清单管理模式探讨》，载《对外经贸实务》2018年第11期。
③ 参见马亚明、陆建明、李磊：《负面清单模式国际投资协定的信号效应及其对国际直接投资的影响》，载《经济研究》2021年第11期。
④ 参见李强：《上海自贸区国际航运服务创新进展、计划与建议》，载《中国流通经济》2015年第8期。
⑤ 参见施国润：《上海自贸区外商国际船舶管理业现状分析与政策建议》，载《交通与港航》2016年第6期。
⑥ 参见茅伯科：《面向2035的上海国际航运中心建设》，载《交通与港航》2018年第4期。

(二) 我国国际航运市场准入负面清单的发展特征

回顾我国负面清单管理制度发展历程，自上海自贸试验区成立以来，自贸试验区负面清单已更新八个版本，全国版外商投资准入负面清单已更新四个版本。

此外，海南自由贸易港先后出台了《2020年版海南自贸港负面清单》与《2021年版海南自贸港负面清单》。有学者认为，负面清单管理制度堪称我国未来市场准入法律制度改革走向的一面镜子。①

这期间，负面清单制度逐步推进并取得突破性进展。主要体现在：(1) 特别管理措施条目不断减少、清晰化（上文已分析）；(2) 清单公布时间和体例结构趋于稳定（见表2.2）；(3) 负面清单从之前仅适用于自贸试验区到2018年开始全国范围内适用，即全国版外商投资准入负面清单公布（见表2.2）。更重要的是，《外商投资法》明确规定准入前国民待遇和负面清单管理制度，负面清单制度首次以法律的形式固定下来，在我国外商投资管理体制发展进程中具有里程碑意义。

表2.2 2013—2021年自贸试验区和全国版外商投资准入负面清单适用范围等方面的变化②

清单名称	适用范围	清单公布时间	特别管理措施数量	清单体例结构	
				说明	特别管理措施列表
《2013自贸试验区负面清单》	上海	2013年9月29日	190	无	有
《2014自贸试验区负面清单》	上海	2014年7月1日	139	无	有
《2015自贸试验区负面清单》	上海、天津、广东、福建	2015年4月20日	122	有，不同	有
《2017自贸试验区负面清单》	上海、天津、广东、福建、河南、湖北、辽宁、陕西、四川、浙江、重庆	2017年6月16日	95	有，不同	有

---

① 参见管金平：《中国市场准入法律制度的演进趋势与改革走向——基于自贸区负面清单制度的研究》，载《法商研究》2017年第6期。

② 本表系笔者根据近年来国务院等公布的负面清单文件整理而成。

（续表）

清单名称	适用范围	清单公布时间	特别管理措施数量	清单体例结构 说明	清单体例结构 特别管理措施列表
《2018自贸试验区负面清单》	同上	2018年6月28日	45	有，相同	有
《2019自贸试验区负面清单》	上海、天津、广东、福建、河南、湖北、辽宁、陕西、四川、浙江、重庆、山东、江苏、广西、河北、云南、黑龙江	2019年6月30日	37	有，相同	有
《2020自贸试验区负面清单》	同上	2020年6月23日	30	有，不同	有
《2021自贸试验区负面清单》	上海、天津、广东、福建、河南、湖北、辽宁、陕西、四川、浙江、重庆、海南、山东、江苏、广西、河北、云南、黑龙江、北京、湖南、安徽	2021年12月27日	27	有，不同	有
《2018全国版负面清单》	全国范围适用	2018年6月28日	48	有	有
《2019全国版负面清单》	全国范围适用	2019年6月30日	40	有	有
《2020全国版负面清单》	全国范围适用	2020年6月23日	33	有	有
《2021全国版负面清单》	全国范围适用	2021年12月27日	31	有，不同	有

在八个版本的自贸试验区负面清单、四个全国版负面清单中，国际航运领域的特别管理措施占有一定比例。以《2020自贸试验区负面清单》和《2021全国版负面清单》为例，航运领域的特别管理措施均列于"六、交通运输、仓储和邮政业"行业门类中，且涉及航运领域内容基本相同，均仅包括一项航运领域的特别管理措施，即国内水上运输公司须由中方控股。笔者对航运市场准入负面清单的具体内容进行了详细梳理，具体见表2.3—表2.5。

表2.3 2013—2015年涉及航运领域的自贸试验区负面清单①

领域		2013年版负面清单	2014年版负面清单	2015年版负面清单
铁路、船舶、航空航天和其他运输设备制造业	船舶及相关装置制造	1. 投资豪华邮轮的设计，船舶低、中速柴油机及其零件的设计，游艇的设计与制造须合资、合作 2. 投资船舶低、中速柴油机及曲轴的制造须中方控股 3. 投资船舶舱室机械的设计与制造须中方相对控股 4. 限制投资船舶（含分段）的设计与制造（中方控股）	1. 投资船舶低、中速柴油机及其零部件的设计，游艇的制造须合资、合作 2. 投资船舶低、中速柴油机及曲轴的制造须中方控股 3. 投资船舶舱室机械制造须中方相对控股 4. 限制投资船舶（含分段）的设计、制造与修理（中方控股）；投资海洋工程装备（含模块）制造与修理须中方控股	1. 船舶低、中速柴油机及曲轴制造，须由中方控股 2. 海洋工程装备（含模块）制造与修理，须由中方控股 3. 船舶（含分段）修理、设计与制造属于限制类，须由中方控股

① 本表系笔者根据国务院等公布的负面清单文件整理而成。

(续表)

领域		2013年版负面清单	2014年版负面清单	2015年版负面清单
水上运输业	水上旅客运输、水上货物运输	限制投资水上运输公司（中方控股），投资定期、不定期国际海上运输业务须中方控股	限制投资国内水路运输业务（中方控股），投资定期、不定期国际海上运输业务须合资、合作	水上运输公司（上海自贸试验区内设立的国际船舶运输企业除外）属于限制类，须由中方控股，且不得经营以下业务：（1）中国国内水路运输业务，包括以租用中国籍船舶或者舱位等方式变相经营水路运输业务；（2）国内船舶管理、水路旅客运输代理和水路货物运输代理业务
	水上运输辅助活动	1. 投资国际海运货物装卸、国际海运集装箱站和堆场业务限合资、合作 2. 限制投资船舶代理（中方控股） 3. 限制投资外轮理货（限于合资、合作）	1. 除从事公共国际船舶代理业务的，外资比例不超过51%外，限制投资船舶代理（中方控股） 2. 限制投资外轮理货（限于合资、合作）	1. 船舶代理外资比例不超过51% 2. 外轮理货属于限制类，限于合资、合作 3. 水路运输经营者不得使用外国籍船舶经营国内水路运输业务，经中国政府许可的特殊情形除外 4. 中国港口之间的海上运输和拖航，由悬挂中华人民共和国国旗的船舶经营。外国籍船舶经营中国港口之间的海上运输和拖航，须经中国政府批准

表 2.4 2017—2021 年涉及航运领域的自贸试验区负面清单①

领域		2017 年版负面清单	2018 年版负面清单	2019—2021 年版负面清单
铁路、船舶、航空航天和其他运输设备制造业	船舶制造	船舶（含分段）修理、设计与制造须由中方控股		
水上运输业	水上旅客运输、水上货物运输	水上运输公司（上海自贸试验区内设立的国际船舶运输企业除外）须由中方控股，且不得经营或以租用中国籍船舶或者舱位等方式变相经营国内水路运输业务及其辅助业务（包括国内船舶管理、国内船舶代理、国内水路旅客运输代理和国内水路货物运输代理业务等）	国内水上运输公司须由中方控股（且不得以经营或租用中国籍船舶或者舱位等方式变相经营国内水路运输业务及其辅助业务；水路运输经营者不得使用外国籍船舶经营国内水路运输业务，但经中国政府批准，在国内没有能够满足所申请运输要求的中国籍船舶，并且船舶停靠的港口或者水域为对外开放的港口或者水域的情况下，水路运输经营者可以在中国政府规定的期限或者航次内，临时使用外国籍船舶经营中国港口之间的海上运输和拖航）	与 2018 年规定相同
	水上运输辅助活动	1. 水路运输经营者不得使用外国籍船舶经营国内水路运输业务，但经中国政府批准，在国内没有能够满足所申请运输要求的中国籍船舶，并且船舶停靠的港口或者水域为对外开放的港口或者水域的情况下，水路运输经营者可以在中国政府规定的期限或者航次内，临时使用外国籍船舶经营中国港口之间的海上运输和拖航 2. 国际、国内船舶代理企业外资股比不超过 51%	国内船舶代理公司须由中方控股	

① 本表系笔者根据国务院等公布的负面清单文件整理而成。

第二章
我国自贸试验区国际航运市场准入前国民待遇和负面清单制度

表 2.5　2018—2021 年涉及航运领域的外商投资准入负面清单（全国版）[①]

领域		2018 年全国版负面清单	2019—2021 年全国版负面清单
交通运输、仓储和邮政业	水上运输业	1. 国内水上运输公司须由中方控股 2. 国内船舶代理公司须由中方控股	国内水上运输公司须由中方控股

通过对 2013—2021 年涉及航运自贸试验区领域的市场准入负面清单、全国版外商投资准入负面清单文本的分析，结合上述整理的表格，笔者总结了以下几方面：

（1）除 2013 年版、2014 年版自贸试验区负面清单外，其余每一版负面清单基本遵循相同体例，即由"说明"加"特别管理措施"组成。具体而言，"说明"部分自《2015 自贸试验区负面清单》开始，明确列明负面清单相关内容；2021 年版与 2020 年版自贸试验区、全国版负面清单的"说明"部分内容基本一致。同样地，自《2015 自贸试验区负面清单》起，"特别管理措施"分设"序号""领域""特别管理措施"三个栏目，直至 2019 年版自贸试验区、全国版负面清单，删除"领域"栏目，仅设"序号"加"特别管理措施"两个栏目，更加简洁明了。

（2）在几个版本的自贸试验区负面清单中，航运服务领域的特别管理措施都占一定比例，并且都被归入"制造业""交通运输、仓储和邮政业"两大类中；更进一步来说，又以被归入"船舶制造""水上运输业"领域为主。在《2018 自贸试验区负面清单》中，"船舶制造"领域之"船舶（含分段）修理、设计与制造须由中方控股"条目被删除，意味着在船舶制造这一领域，完全取消对外商投资的限制。

（3）"船舶制造"领域的变化主要表现在：第一，在 2013 年版、2014 年版自贸试验区负面清单中，划入的领域名称为"铁路、船舶、航空航天和其他运输设备制造业"；自 2015 年起，领域名称变为"船舶制造"。第二，在 2013 年版、2014 年版自贸试验区负面清单

---

① 本表系笔者根据国务院等公布的负面清单文件整理而成。

中，该领域的特别管理措施均为 4 个条目；在《2015 自贸试验区负面清单》中，该领域特别管理措施为 3 个条目，删除《2014 自贸试验区负面清单》中该领域的第 51、53 两个条目，①同时把后者第 54 条的"限制投资船舶（含分段）的设计、制造与修理（中方控股）"改为"船舶（含分段）修理、设计与制造属于限制类，须由中方控股"，对该领域的内容作进一步优化。第三，在《2017 自贸试验区负面清单》中，该领域的特别管理措施为 1 个条目，即第 13 条："船舶（含分段）修理、设计与制造须由中方控股。"2018 年后的自贸试验区负面清单，完全放开外商在船舶制造领域的投资限制。可见，该领域是一个逐步开放的过程。

（4）在国际船舶管理领域，上海自贸试验区成立后，就在自贸试验区范围内试点该领域对外资完全开放。鉴于最初的自贸试验区负面清单中未涉及国际船舶管理领域的内容，未规定即视为开放。在国际船舶代理领域，2018 年版自贸试验区、全国版负面清单中皆未规定"国际船舶代理，外资股比不超过 51％"。未规定即为开放，意味着自 2018 年起允许完全放开外商在国际船舶代理领域的投资限制。至此，外商在国际船舶代理领域的投资限制经历了中方控股—股比不超过 51％—完全开放这一过程。

（5）在国际海运货物装卸、国际海运集装箱站和堆场业务领域，《2014 自贸试验区负面清单》未作规定，即意味着自 2014 年起该领域对外商在自贸试验区内试点完全开放，直至推广至全国。在外轮理货方面，《2015 自贸试验区负面清单》未有限制性规定，即意味着自 2015 年起该领域对外商在自贸试验区内试点完全开放，直至推广至全国。

（6）在国内船舶代理领域，2019 年版自贸试验区、全国版负面清单中皆未规定"国内船舶代理公司须由中方控股"。未规定即为开放，意味着自 2019 年起完全放开外商在国内船舶代理市场领域的投资限制。至此，外商在国内船舶代理领域的投资限制同样经历了中

---

① 《2014 自贸试验区负面清单》第 51 项规定："投资船舶低、中速柴油机及其零部件的设计，游艇的制造须合资、合作。"第 53 项规定："投资船舶舱室机械制造须中方相对控股。"

方控股—股比不超过 51%—完全开放这一过程。

此外，需要注意的是，在不同版本的自贸试验区负面清单中，"水上运输业"领域存在名称不统一现象。具体而言，在 2013、2014 版自贸试验区负面清单中，该领域名称为"水上运输业"；在 2015、2017 年版自贸试验区负面清单中，该领域名称为"水上运输"；在 2018 年版自贸试验区、全国版负面清单中，该领域名称又改为"水上运输业"；《2019 自贸试验区负面清单》中无"领域"栏目。笔者认为，名称不宜过多变化，应保证名称的准确性和稳定性。

总之，从 2019—2021 年的自贸试验区版和全国版负面清单中可见，除了国内水上运输应由中方控股外，目前我国国际航运市场其余领域都对外资全面开放，并且开放程度较高；国际航运市场各领域开放是一个循序渐进的过程。

三、国际航运市场准入负面清单的评估

在负面清单的基础上改革外商投资管理制度，体现了国际最高标准投资规则对我国外商投资的基本要求。涉及航运领域，我国国际航运市场的开放度不断提高、负面清单的透明度不断增强、与国际通行规则进一步衔接。据此，笔者对我国国际航运市场准入负面清单的评估主要有以下几个方面：

第一，政府职能转变方面。我国实施负面清单制度重要意义之一是政府监管重心的转变，即政府职能部门要从事前审批向事中事后监管转变，而政府职能转变的意识仍需加强。涉及航运领域，早在上海自贸试验区成立不久，交通运输部就于 2014 年 1 月公布《关于中国（上海）自由贸易试验区试行扩大国际船舶运输和国际船舶管理业务外商投资比例实施办法的公告》，明确允许在自贸试验区设立的外商独资企业经营国际船舶管理业务，办理手续由原来的"经营业务所在地的省、自治区、直辖市人民政府交通主管部门 15 天内审核申请"改为"向国务院交通运输主管部门备案"。2019 年 8 月 26 日，国务院公布《6 个新设自贸试验区方案》。其中，在山东、江苏、云南、黑龙江自贸试验区总体方案中均提出，建立健全以信用监管为核心、与负面清单管理制度相适应的事中事后监管体系。

我国自贸试验区国际航运市场准入制度研究

2021年9月,《海南自由贸易港法》颁布实施后首批配套法规出台,其中《海南自由贸易港社会信用条例》定位为自由贸易港信用体系建设的基础性法规,进一步规范社会信用信息管理,维护信用主体合法权益,加快社会信用体系建设。① 可见,信用监管也是政府职能部门需重视的方面。

在负面清单中具体列明外商投资国际航运市场准入的禁止事项,这能够给予外商投资者一个明确的指引;而清单条目以外的领域,就无须采用行政审批或行政许可,直接采用行政登记或备案即可。这样的做法可以提高行政效率,限制行政权力范围,减少权力滥用行为的发生。有学者认为,这些年行政管理体制改革一直在进行之中,尤其是在自贸试验区,已经发生了根本性改变。但是,在实际操作过程中仍存在不少问题。而企业对此抱有很大期待,但在真正想要进驻负面清单之外的领域时却发现并非想象中那么便利,在无形之中仍旧存在很多审批障碍需要攻克。②

第二,国际航运市场准入负面清单透明度方面。要正确理解负面清单透明度,我们有必要先了解何为透明度。"透明度"(transparency)一词有较丰富含义。从语意角度看,透明度是指一项规则、法律应面向大众公开,进而可以让公众较容易看见、查到以及获取。从管理学角度看,透明度是指在实际管理过程中,管理者为了更好地实现高效透明的管理,面对利益攸关方时应强化信息的及时披露、信息的明确性和准确性。③ 一些国际组织也曾界定过"透明度"。例如,OECD对"透明度"作了两方面的界定。一方面,透明度可被定义为"规则透明度",即在法治条件下,被规制的实体有识别、理解他们的义务,以及充分发表对该义务的观点和看法的可能

---

① 参见《〈中华人民共和国海南自由贸易港法〉颁布实施后首批配套法规出台》,中国政府网,2021年9月30日,http://www.gov.cn/xinwen/2021-09/30/content_5640524.htm,2022年9月7日访问。

② 参见肖林主编:《高标准开放与制度创新——中国自由贸易试验区智库报告 2015/2016》,格致出版社2016年版,第53页。

③ See A. K. Schnackenberg & E. C. Tomlinson, Organizational Transparency: A New Perspective on Managing Trust in Organization-Stakeholder Relationships, *Journal of Management*, Vol. 42, No. 7, 2014, pp. 1784-1810.

性。另一方面，透明度要求政府进一步加强信息透明度。信息透明度包括利益主体的听证、通过透明的程序控制规则异化的实践和上诉程序的建立等。事实上，透明度国际标准是从不同国际法领域的立法、实践以及学者解读中归纳出来的。同时，由于美国是负面清单创始者，而且早在其第一代 BIT 范本（1982 年范本）中就确立了投资协定中的透明度条款。[①] 因此，透明度在国际投资协定中的发展很大程度反映在美国 BIT 范本的发展历程中。

国际航运市场准入负面清单的透明度在航运领域有具体体现。自 2013 年首次发布自贸试验区负面清单至今，清单的透明度有了大幅度提高。（1）2019 年之后的自贸试验区和全国版外商投资负面清单中都删除了"领域"这一栏目，清单的"说明"部分与上一版负面清单保持一致。（2）2018 年之后的负面清单较之前几版负面清单而言，除了"特别管理措施"条目的缩减，清单在"说明"部分有关于过渡期的具体规定。（3）清单继续保持对标国际高标准，不仅清楚列明股权比例，而且设有涉及航运领域的国民待遇等一系列特别管理措施。以上均体现了我国国际航运市场准入负面清单透明度的提高。但是，通过对各国负面清单透明度方面践行的了解可以发现，我国在制定前通知、制定中参与、制定后评估这三个阶段仍需提高透明度，以保障利益相关方的知情权利。此外，国际上高标准负面清单还涵盖了最惠国待遇、业绩要求、高层管理人员和董事会等多方面限制。而我国国际航运市场准入负面清单透明度等方面尚需进一步增强。

第三，清单背后规则和风险防范意识方面。与具体条目的长短相比，负面清单更重要的是代表了一种高标准的、透明化的外商投资管理模式，同时也是一个促进国家治理体系现代化改革的探索过程。负面清单本身只是作为整个管理体制的一个附件，其实施主要依托的是清单背后统一透明的管理体制、法律制度。高标准的负面清单通常都会列明其所依据的法律规定，甚至具体到相关法律条文，具有很强的操作性。严谨的管理体制、完善配套的航运法律法规制

---

① 参见《美国 BIT 范本》第 2 条第 10 款。

度,才是负面清单顺利实施的有力保障。然而,目前我国国际航运市场准入负面清单背后的规则尚未完全理顺。

与此同时,国际航运市场准入负面清单对我国政府部门风险管控能力提出了更高的要求。目前,我国对外资准入的风险防范意识还较薄弱。因此,在全面深化改革开放的同时,安全底线必须牢牢把握住。涉及国家安全及社会公共利益的领域,政府要严格限制其准入。

第三节 自贸试验区国际航运市场准入管理措施比较

在负面清单"法无禁止即可为"的基础上,自贸试验区对航运领域的开放涉及一些关键问题。自贸试验区除了在负面清单中体现出对航运领域实施更开放的政策之外,在其对外公布的管理措施中,还体现出对航运领域进行深入改革和开放的多种举措,这些都会对航运业的发展产生重要的影响。

一、自贸试验区对航运领域开放的深层次原因

我国负面清单经历了 2013 年首次推出—2014 年修改—2015 年共用—2017 年协同—2018 年开始全国推广的发展过程,是自贸试验区建设中最大的亮点之一。在国际航运市场上,自贸试验区对航运领域的不断开放有其深层次原因。

第一,对接航运法治新规则的要求。在总结自贸试验区可复制可推广经验的同时,我们不应忽视中国自贸试验区肩负着制度性改革"试验"的重任,而这种"试验"的核心就是推动法治理念的变化。因此,"法治化"是贯穿于中国自贸试验区整个试验过程的关键词。①涉及航运领域,负面清单的更迭使得外商在国际航运市场上的

---

① 参见龚柏华:《中国自贸试验区需要试验法治新思维》,载《人民法治》2016 年第 12 期。

第二章
我国自贸试验区国际航运市场准入前国民待遇和负面清单制度

投资开放度越来越高。更进一步来讲，外资更容易涉足我国国际航运市场相关领域，在实践过程中必然会存在一些法律上的矛盾，如何化解自贸试验区航运创新政策与国家现行法律的冲突等问题。这就需要我们进一步对接自贸试验区航运法治新规则。

在司法实践中，我们应当合理运用好"法无禁止即可为"的法理思想。有学者认为，市场主体在自主经营和进行贸易活动的过程中通常会寻求利益的最大化，这与社会市场规律发挥的基础性调节作用具有一致性，由此，市场准入负面清单是"法无禁止即可为"的具体体现。[①] 根据这一法理思想，市场准入负面清单之外的事项属于法律未明确作禁止或限制性规定的空白地带，应当交由市场主体根据具体情况自主决定，且应当赋予市场主体在最大范围内自主从事生产经营活动的自由。在航运领域，我国国际航运市场的不断开放同样应遵循"法无禁止即可为"，政府在实施国际航运市场准入负面清单时，要把需要审批、备案等航运领域的特别管理措施限制在特定范围内，这一方面能够保障外国投资者不因国家政策、法律的变化而承担风险，另一方面能够促进我国国际航运市场更大范围的开放。这一系列措施的根本目的是满足自贸试验区航运法治新规则的要求。

第二，完善航运制度创新的需要。在自贸试验区背景下，我国航运制度创新需要不断完善。主要原因有：（1）随着航运领域创新政策的不断推进，出现部分现代航运服务业主管部门分工不明确、相关配套政策不完善等问题，各协同部门之间缺乏深入了解和沟通，部门协同执行力不够。（2）航运体制机制缺乏核心竞争力。面对竞争激烈的国际航运市场，我国与航运制度创新配套的税收政策、法律政策、金融监管等方面尚不完善，航运绿色化、联盟化发展以及数字经济发展也对我国航运企业提出了新挑战。因此，在负面清单内容不断缩减的同时，我们应当不断发展和完善航运制度创新。（3）我国还应当重视提高政府行政透明度，在制度创新的同时确保

---

① 参见庄钰静、王敬波：《自贸区负面清单制度与我国现行市场准入法关系研究》，载《亚太经济》2019年第5期。

执行的一致性。自贸试验区国际航运市场准入负面清单实施的关键在于创新性地推动我国外资审批制转为备案制，在备案制管理理念的引领下，航运制度创新的实现对促进我国航运业发展具有重要意义。

第三，实现航运强国的最终目标。自贸试验区建设对推动我国航运业的发展具有重要作用。"经济强国必定是海洋强国、航运强国"，这深刻阐明了航运与经济、国家战略的重要关系，为我国未来航运业发展进一步指明了方向。① 我国是航运大国，国际海运业在世界上占有独特而重要的地位。改革开放以来，我国港口和对外贸易发展进程高度同步，我国已经成为世界上规模最大的港口国和海运国。② 在《新华·波罗的海国际航运中心发展指数报告（2023）》中，上海连续四年排名世界第三位，新加坡、伦敦、上海作为全球三大航运中心领衔发展的格局已基本形成。③ 自 2020 年首次跻身前三名以来，上海国际航运中心的国际地位日益稳固，航运资源高度集聚、航运服务功能健全、航运市场环境优良、现代物流服务高效、全球航运资源配置能力不断增强。④ 这都表明我国具有巨大的航运优势。然而，我国目前还不是航运强国，与新加坡、伦敦等国际航运服务贸易较强的国家和地区相比，现代航运服务创新活力方面仍存在一定的差距。尽管我国服务贸易额占对外贸易总额的比重逐渐上升，但是服务贸易与货物贸易的发展不平衡。⑤ 此外，我国海港枢纽产能瓶颈越来越明显，存在发展不足的短板。比如，集装箱国际中

---

① 参见许立荣：《经济强国必定是海洋强国航运强国——海运业的战略地位及"强国"担当》，中国社会科学网，2019 年 8 月 19 日，http：//ex.cssn.cn/dzyx/dzyx_xyzs/201908/t20190819_4958922.shtml，2021 年 8 月 25 日访问。

② 参见郭永泉：《中国自由贸易港建设和自由贸易试验区深化改革的策略研究》，载《国际贸易》2018 年第 3 期。

③ 参见《〈新华·波罗的海国际航运中心发展指数报告（2023）〉发布》，上观新闻，2023 年 9 月 24 日，https：//export.shobserver.com/baijiahao/html/659255.html，2023 年 11 月 7 日访问。

④ 参见《上海国际航运中心建设取得多项重大突破！这份报告信息量巨大【航海日】》，上观新闻，2022 年 7 月 11 日，https：//sghexport.shobserver.com/html/baijiahao/2022/07/11/794598.html，2022 年 9 月 12 日访问。

⑤ 参见李强：《上海自贸区国际航运服务创新进展、计划与建议》，载《中国流通经济》2015 年第 8 期。

转比例偏低。上海港集装箱国际中转比例增长缓慢，2017年为7.7%，2021年仅提高到13%。① 大量国际集装箱货物在优惠政策更多、更有吸引力的釜山港等周边港口完成中转。又如，口岸监管流程和手续复杂，多部门联合执法的成本较大且沟通不到位等。因此，在自贸试验区背景下，要进一步扩大国际航运领域的对外开放，从而增强我国航运资源优势，实现航运强国的最终目标。

二、自贸试验区管理措施中涉及航运领域的政策特点

全国各地自贸试验区建设和发展的战略定位非常明确，但是，从目前各自贸试验区出台的涉及航运领域相关文件来看，由于其具有明显的区域化特征，国际航运市场准入的战略定位和政策设计确实存在着一定的差异。相应地，自贸试验区的建设和发展必然会对全国航运产业分布和竞争力产生重要影响。虽然当前全国实施同一张负面清单，但为了了解全国各地自贸试验区航运领域政策的区别，我们有必要对其进行对比和分析。由于篇幅有限，这里主要针对上海、福建、广东和天津四地自贸试验区航运领域创新政策作具体分析。

（一）自贸试验区背景下我国国际航运市场准入发展的实践

在实践过程中，各地自贸试验区不同程度地具有提高政府办事效率、完善国际贸易服务功能、深化金融改革创新和开放等方面的共同特征。具体包括：一是提高政府办事效率。全国自贸试验区均实施和优化"一口受理"服务模式，加强部门间的信息互通共享，注重完善政府部门间的协同机制，规范监管标准并进一步强化事中事后监管，增强政府行政执法的透明度，提高办事效率，鼓励社会力量参与监督管理。二是完善国际贸易服务功能。相关自贸试验区提出要进一步提升国际航运服务能级，在不断完善国际航运服务功能的前提下，探索更具国际竞争力的航运发展运作新模式。此外，自贸试验区实施国际贸易单一窗口管理，创新货物通关和海关监管

---

① 参见《上海扩大开放下一步：重点在放宽市场准入、离岸贸易等领域》，网易，2022年6月10日，https://www.163.com/dy/article/H9GTPSC10519DDQ2.html，2022年7月8日访问。

新模式，在海关特殊监管领域统筹推进货物状态的分类监管，持续完善国际贸易服务功能。三是深化金融服务领域的创新和开放。金融服务领域支持政策的创新是自贸试验区建设和发展的重要内容，在自贸试验区背景下，我国立足深化金融体制创新和改革，进一步促进贸易和投资的自由化，创新金融业务模式且不断增强金融的服务功能，在人民币跨境使用、金融业开放等方面展开了一系列改革探索。

本着"大胆试、大胆闯、自主改"的新时代创新精神，我国正逐步推进自贸试验区的发展。在航运领域，相关省市在建立更加开放透明的市场准入模式、贸易投资自由化等方面先行先试，探索取得了一大批可复制可推广的改革成果和实践经验，这些是其他自贸试验区制度创新的重要来源之一。在自贸试验区背景下我国国际航运市场准入发展实践中，以下问题应予以重视：（1）不同区域航运资源与经济发展存在一定的差异，如何更好地重视差异化定位，寻求不同区域和产业间的优势互补，是我国在制定国际航运市场准入相关政策过程中需慎重考虑的问题。（2）我国长期以来实施的航运政策存在零散化、碎片化现象，未来应重视航运政策推广和实施的可复制性，充分发挥航运政策以点带面、辐射性的拉动作用。（3）我国自贸试验区的立法进程较缓慢。纵观国际上运营成熟的自贸试验区可以发现，它们大多遵循的是先立法后设区，而且不只有国家层面的立法，还包括地方政府出台的条例、规章，形成一套相对完备的法律体系。而公平有序的自贸试验区投资环境离不开完善的法制保障。①（4）自贸试验区背景下大多数航运企业面临资金短缺的共同难题等。

总体上，面对近年来全球经贸规则的新变化，我国航运市场国际竞争力的提升要充分利用好自贸试验区制度创新的发展机遇，在高效监管的基础上，建立和完善对标国际最高标准的管理模式，助力我国航运企业充分把握新形势下的全球航运竞争态势，掌握全球

---

① 参见王洪：《我国自由贸易试验区发展比较分析及提升对策》，载《天津师范大学学报（社会科学版）》2017年第3期。

第二章
我国自贸试验区国际航运市场准入前国民待遇和负面清单制度

航运贸易领域的高端资源和国际航运市场制高点，以制度创新进一步探索我国国际航运市场发展的新途径。

（二）上海、福建、广东和天津自贸试验区推进国际航运市场开放创新措施

1. 上海自贸试验区

作为国内首个自贸试验区、改革创新的排头兵，上海自贸试验区在全国自贸试验区建设中起重要引领作用。近年来，国务院、交通运输部以及上海市人民政府出台的一系列涉及航运领域的政策对我国航运业发展产生深远的影响。而上海自贸区临港新片区建设要进行更高水平、更宽领域和更大力度的全方位、高水平开放，要求涉及国际航运市场的改革创新举措也要对标国际最高标准，力争在原有基础上取得更大的突破。

总体上，上海国际航运中心建设目标需要再定位。经过多年发展，上海国际航运中心建设在枢纽能级提升、集疏运体系优化、航运服务功能完善、发展软环境营造方面成果显著。[1] 2020年上海已基本建成国际航运中心，初步具备全球航运资源配置能力。[2] 2021年7月8日，上海市人民政府印发《上海国际航运中心建设"十四五"规划》，指出"十四五"时期是上海国际航运中心从"基本建成"迈向"全面建成"的历史新阶段。到2025年，要基本建成便捷高效、功能完备、开放融合、绿色智慧、保障有力的世界一流国际航运中心。[3] 当前，上海国际航运中心建设面临新要求新挑战，需要从国家层面更进一步对上海国际航运中心建设和发展再定位，获得新的航运政策支持，从而使上海国际航运中心建设更好地服务海洋强国、长江经济带、"一带一路"等国家战略，提高与其他政策的联

---

[1] 参见《上海国际航运中心建设》，交通运输部官网，2020年12月28日，https://www.mot.gov.cn/zxft2020/shanghaihyzx/index.html，2022年7月12日访问。

[2] 参见李欢、刘晓晶：《上海已基本建成国际航运中心，初步具备全球航运资源配置能力》，东方网，2021年7月8日，https://www.sohu.com/a/476275970_120823584，2022年7月12日访问。

[3] 参见《关于印发〈上海国际航运中心建设"十四五"规划〉的通知》，上海市人民政府官网，2021年6月23日，https://www.shanghai.gov.cn/202115zfwj/20210805/2525c0627ad24c36a5195c0dae5dc4d4.html，2022年7月12日访问。

动效应。近年来，上海自贸试验区推进国际航运市场开放创新措施主要体现于：

（1）航运制度创新取得新突破。上海自贸试验区负面清单中航运服务业开放力度持续扩大，《2021自贸试验区负面清单》中外商投资准入特别管理措施条目为27条，较2020年的30条又减少3条。在国际航运领域，允许外商以合资、合作、独资等方式经营国际航运市场相关业务，如加快国际船舶登记制度创新，在对等原则的基础上逐步放开自贸试验区内中国籍国际船舶登记入级检验与法定检验业务，允许外商在国际船舶运输和船舶管理、国际海运货物装卸、国际海运集装箱站和堆场业务等方面成立独资公司，允许外商成立从事国际船舶代理业务的独资公司等。

截至2021年，累计已有34家外资国际船舶管理公司获批入驻上海自贸试验区，①其中包括世界排名第一、二、五位的中英船舶管理公司、V.Group国际船舶管理公司以及哥伦比亚船舶管理公司。交通运输部水运局2022年10月13日发布《关于开展沿海捎带业务试点的境外集装箱班轮公司及其非五星旗船舶的公示》，公示开展沿海捎带业务试点的境外国际集装箱班轮公司及其非五星旗船舶名单。中资非五星旗实现外贸进出口集装箱沿海捎带，67条中资非五星旗国际航运船舶在上海海关备案。②同时，上海自贸区临港新片区引领新一轮高水平对外开放，赋予了自贸试验区更大改革创新的自主权。

（2）不断推进航运领域制度探索。根据2019年8月《上海市新一轮服务业扩大开放若干措施》的要求，涉及航运领域开放的政策举措有：① 要进一步放宽服务业外资市场准入限制，打造国内一流营商环境。对于外商投资企业要切实保障其依法享有国民待遇，各相关部门应依据与内资一致的条件和程序，对其许可证及相关资质的申请进行审核。② 强化现代航运服务对外辐射作用，提升全球航

---

① 参见《关于印发〈上海国际航运中心建设"十四五"规划〉的通知》，上海市人民政府官网，2021年6月23日，https://www.shanghai.gov.cn/202115zfwj/20210805/2525c0627ad24c36a5195c0dae5dc4d4.html，2022年9月18日访问。

② 参见《关于开展沿海捎带业务试点的境外集装箱班轮公司及其非五星旗船舶的公示》，交通运输部，2022年10月13日，https://xxgk.mot.gov.cn/2020/jigou/syj/202210/t20221014_3694741.html，2023年1月5日访问。

运资源配置能力,其中包括五方面的具体举措。根据最新版的负面清单,当前我国国际航运市场的开放度已非常高,下一阶段应进一步推进航运与其他领域的融合发展,如航运金融、航运保险等现代航运服务领域。

此外,上海自贸区临港新片区建设的目标是打造与境外投资经营便利、货物自由进出、资金流动便利和运输高度开放的更具国际市场影响力和竞争力的特殊经济功能区,因此,应在沿海捎带、国际船舶登记、跨境金融服务便利化等方面积极争取国家有关部门的赋权和支持,进一步实施航运制度先行先试,进一步扩大开放。

2. 福建自贸试验区

福建自贸试验区挂牌成立后,在国际航运领域有很多制度改革和创新的举措。按照总体方案,福建自贸试验区要进一步提升现代航运服务能级,积极探索建设具有国际竞争力的现代航运发展制度及相配套的运作模式,包括允许设立外商独资国际船舶管理企业;放宽在福建自贸试验区内以合资、合作形式设立的国际船舶企业的外资股比限制;允许外商以合资、合作形式从事公共国际船舶代理业务,外方持股比例放宽至51%等。总体而言,福建自贸试验区比照、复制上海自贸试验区做法,创新航运政策,为福建航运在新阶段的发展输入更多的新动力。

此前,根据《厦门市深化两岸交流合作综合配套改革试验总体方案》《厦门东南国际航运中心发展规划》等确定的发展思路,厦门东南国际航运中心作为福建航运创新发展的载体和航运市场要素集聚的平台,在"十三五"期间,以深化改革开放为动力,充分发挥国家赋予厦门经济特区在深化改革、促进两岸交流合作过程中的"窗口"和"排头兵"的重要作用,为进一步推动两岸更高层次、更广范围和更大规模的交流和合作提供重要的制度保障。

近年来,福建自贸试验区推进国际航运市场开放创新措施主要体现在以下方面:

(1)借鉴上海自贸试验区已实施的在国际船舶登记制度方面的创新政策,福建以厦门、平潭作为试点,实施国际船舶保税登记等现代航运服务业政策创新。其中,创新试点平潭综合实验区国际船舶保税登记政策并扩大到厦门保税港区。放宽台湾地区登记船舶关于外籍船员配备的限制。船舶进口关税、进口环节增值税等方面享受保税优惠。

同时，厦门积极推动在建外贸船舶所有权登记，防范外贸船舶产权交易风险，尽可能从船舶登记角度协助企业减少其面临的"弃单船"风险和成本损失的可能性。[①]

（2）中转集拼业务和启运港退税政策不断推进。在福建沿海港口，特别是中转业务较多的厦门港实施启运港退税政策以及开展拼箱相关业务，有利于发挥福建自贸试验区的政策优势，提高物流便利度。从目前发展现状看，新加坡、韩国釜山以及中国香港等传统国际集装箱枢纽港在亚洲地区国际航运中转方面具有优势，中国内地港口在这方面的竞争力较弱。例如，新加坡国际中转集装箱量比重高达85％，而中国厦门港国际中转集装箱量不足6％。无法运作国际中转集拼业务将直接导致国际货物只能在厦门港整箱出口或进口，而不能把厦门港作为集散点或中转站，进行二次运输分配。在自贸试验区背景下，国际中转集拼业务的开启能使更多航运企业在厦门放心揽货和拆装货物，且根据货物派发的具体要求安排合适的航线，这将使行业的运输成本大幅降低，使其拥有较高的利润空间，且可以带动内支线的二次集拼业务。因此，该项政策接轨国际做法，从提升厦门港国际地位和节约市场资源的角度来看，具有重要意义。

3. 广东自贸试验区

航运、金融、贸易等领域的创新发展有助于我国营造更为开放、健康有序的自由贸易和投资环境。广东是全国经济最发达、国际贸易和投资往来最密切且最具市场发展活力的重要地区之一，率先实行改革开放，在区域经济协调发展过程中起着重要作用。当前，在自贸试验区背景下，广东自贸试验区的建设和发展要适应经济发展新常态，继续深化与中西部经济发展较落后的地区之间的合作，全

[①] 参见《厦门海事局推出系列船舶登记惠企便民举措助力航运经济高质量发展》，福建海事局官网，2022年6月14日，https://www.fj.msa.gov.cn/fjmsacms/cms/html/fjhsjwwwz/2022-06-14/1102632566.html，2023年3月1日访问。

第二章
我国自贸试验区国际航运市场准入前国民待遇和负面清单制度

面促进中西部地区经济的稳定和繁荣。①

广东自贸试验区建设强调粤港澳概念,明确依托港澳、服务内地以及面向世界,以制度创新为核心促进内地和港澳经济深度融合和发展,加快推进粤港澳服务贸易和投资自由化,强化粤港澳国际贸易服务功能体系。特别是在 CEPA 总体框架下,② 进一步探索对港澳更深层次的开放,包括大部分现代航运服务领域的开放,如在航运市场准入方面试点创新政策。根据 2019 年 8 月《中共中央、国务院关于支持深圳建设中国特色社会主义先行示范区的意见》,广东深圳要"高标准高质量建设自贸试验区,加快构建与国际接轨的开放型经济新体制"。而高标准建设广东国际航运中心将有利于充分发挥粤港澳大湾区的示范效应和溢出效应,带动泛珠三角地区的发展。

广东自贸试验区共有 3 个片区,分别为广州南沙新区片区、深圳前海蛇口片区、珠海横琴新区片区。其中,深圳前海蛇口片区将依托深港深度合作,依靠深圳改革开放多年来探索出的市场化、国际化、法治化的发展经验,充分发挥 21 世纪海上丝绸之路重要枢纽、粤港澳深度合作示范区的作用,重点发展现代物流和金融、科技和信息服务等高端服务业,努力使其成为新一轮对外开放示范窗口、全球贸易投资的重要基地和国际领先的枢纽港。有学者认为,根据数据显示,深圳前海蛇口片区已成为我国发展最快、效益最好的区域之一。③

近年来,广东自贸试验区推进国际航运市场开放创新措施主要体现于:④ 一方面,扩大对 21 世纪海上丝绸之路沿线国家和地区港口的投资,打造全球港口链。完善集疏运体系,优化公路、铁路、海运、内河航运等多种运输方式的衔接,建立公铁海河多式联运网

---

① 参见马超平:《沪、津、闽自贸区与"海上丝绸之路"对接的经验及其对广东的启示》,载《中国管理信息化》2017 年第 14 期。
② 参见《内地与港澳关于建立更紧密经贸关系的安排(CEPA)专题》,商务部官网,http://tga.mofcom.gov.cn/article/zt_cepanew/,2020 年 12 月 15 日访问。
③ 参见高增安、姚毅、廖民超:《内陆自贸区研究:理论、经验与借鉴》,四川大学出版社 2018 年版,第 146—147 页。
④ 参见广东省人民政府 2018 年 7 月 29 日印发的《关于进一步深化中国(广东)自由贸易试验区改革开放分工方案》。

络。促进与 21 世纪海上丝绸之路沿线国家和地区港口的合作对接。加密通达世界各大港口的货运航线，重点增加欧美远洋航线。另一方面，畅通与香港之间的物流大通道，创新与香港港口之间的通关模式，发展海空联运中转业务，建立与香港机场的快件海空联运、铁空联运通道。打造高端航运服务集聚区，促进国际中转、中转集拼、甩挂运输、沿海捎带业务发展，建设国际中转中心。深化国际船舶登记制度创新，推动国际船舶登记配套制度改革，逐步建立专业化第三方船舶管理市场等。

2021 年 9 月 6 日，广东省人民政府办公厅印发《中国（广东）自由贸易试验区发展"十四五"规划》，其中明确了广东自贸试验区发展的主要目标是，到 2035 年，广东自贸试验区全面形成要素自由便利流动、国际国内两个市场高效统筹、规则制度机制与国际高标准有效衔接的对外开放新格局，建成全球高端资源要素集聚、具有较强国际市场影响力和竞争力的经济功能区，成为我国深度融入经济全球化的重要载体。

4. 天津自贸试验区

天津自贸试验区建设和发展定位是面向东北亚，全面推动京津冀制造业的升级。天津自贸试验区共包括 3 个片区，分别为天津港片区（含东疆保税港区）、天津机场片区、滨海新区中心商务片区。其中，天津港片区集中发展现代服务业，滨海新区中心商务片区重点发展以金融创新为主的现代服务业。

围绕航运业发展，天津自贸试验区建设的重点任务有：增强国际航运和口岸服务功能。深化国际船舶登记制度创新，推动国际船舶登记配套制度改革。逐步开放中国籍国际航行船舶入级检验。加强与国际船舶管理公司合作，逐步形成专业化第三方船舶管理市场。积极开展邮轮公海游试点。建设邮轮旅游岸上国际配送中心，创建与国际配送业务相适应的海关监管制度等。[①]

近年来，天津自贸试验区推进国际航运市场开放创新措施主要

---

① 参见国务院 2018 年 5 月 4 日印发的《关于进一步深化（天津）自由贸易试验区改革开放方案》。

第二章
我国自贸试验区国际航运市场准入前国民待遇和负面清单制度

体现于：① 一方面，推进更深层次的投资自由化改革。为确保各项改革举措依法顺利实施，制定自贸试验区先进制造业市场准入工作指引。对照最新版自贸试验区版外资准入负面清单和《关于进一步深化（天津）自由贸易试验区改革开放方案》，启动外商投资准入地方性法规及规范性文件的"立改废"。率先推动航运、金融等服务领域和飞机、船舶等先进制造业领域的开放。积极探索和制定天津自贸试验区国际贸易振兴计划，推动贸易便利化向贸易自由化转型。另一方面，提升北方国际航运核心区服务能级。天津港应发挥其地理优势，建立与韩国釜山港、仁川港等周边重点国际港口的常态化对标机制，探索与腹地区域口岸经济合作的新模式，提高天津港口国际化水平和综合竞争力。争取设立中国（北方）航运交易市场、具有独立法人资质的航运保险机构。创建与邮轮国际配送业务相适应的海关监管制度，力争做实北方国际邮轮配送基地。

通过对上述几地自贸试验区管理措施中涉及航运领域创新政策的梳理可知，总体上，上海作为多项国家战略的交汇点，承载着党和国家赋予的多项重要历史使命，具有重要的示范作用；在"一带一路"倡议中发挥桥头堡作用，在"长江经济带"战略中发挥龙头作用；以上海自贸区临港新片区建设为契机，继续推进国际航运市场制度创新。广东自贸试验区发展的定位是依托港澳、服务内地以及面向世界，是 21 世纪海上丝绸之路重要枢纽、粤港澳深度合作示范区、全国新一轮改革开放的先行地。福建自贸试验区发展的定位是 21 世纪海上丝绸之路的重要经贸发展平台，致力于促进两岸和谐发展，营造同国际接轨的营商环境，打造两岸服务贸易合作示范区。天津自贸试验区发展的定位是协同京津冀高水平发展，成为面向世界的高水平自贸试验区。此外，其他自贸试验区的发展定位也都与所在地特色紧密结合。这就要求全国各省市紧密围绕对外开放和制度创新这一基本要求，形成错位互补发展，确保我国在改革的整体进程中实现可持续、高质量发展。

---

① 参见天津市人民政府 2019 年 9 月 30 日印发的《关于支持中国（天津）自由贸易试验区创新发展的措施》。

第四节　航运市场准入前国民待遇和负面清单的国际实践分析

我国引入准入前国民待遇和负面清单制度的时间较短，在航运领域，上海市、国务院出台的几版自贸试验区负面清单均列有具体条目，我们理应重视航运市场准入前国民待遇和负面清单的相关问题，然而理论界对这一问题的研究和关注度不够。本节中，笔者主要阐述、分析国际上航运市场准入前国民待遇和负面清单的内容和经验，希望能为我国进一步优化该制度提供借鉴。

一、航运市场准入前国民待遇的国际实践分析

随着全球经济一体化和投资自由化的发展，自美国在其1994年BIT范本中第一次明确提出准入前国民待遇后，国际上许多国家对该制度也逐渐予以认可，准入前国民待遇得到快速发展。不少国家在本国国内法律以及BIT中都对其进行规定，并在区域性投资协定中采纳该制度。由于准入前国民待遇在国际投资协定中大量被采用，以下笔者主要围绕国际投资协定中该制度的内容进行分析。

在所有的国际投资协定中，美国参与签署的协定最具特色。在这些既有发达国家又有发展中国家参与的协定中，我们时常能看到准入前国民待遇和负面清单条款在其中的具体应用。特别是1994年生效的NAFTA，对美国对外签署的各领域国际投资协定具有重要的参考价值。之后，美国根据形势发展的需要，于2004年、2012年对1994年BIT范本分别进行了两次修订，并将这一范本运用到所有国际投资协定的谈判中，以达到促进贸易和投资自由化以及对其予以保护的目的。

迄今为止，美国共颁布了四个版本的BIT范本，分别为1982年版、1994年版、2004年版以及2012年版。这些版本都以原先的范本为基础，具有一定的连续性和稳定性。其中，2004年版和2012年版BIT范本基本保持一致，如2012年版BIT范本中关于准入前国民

待遇的条款主要规定：缔约方应当给予另一缔约方在其境内的投资者及其投资不低于本国国民享有的待遇，且这种待遇不仅在管理、运营以及转让阶段享有，在投资的设立、并购、扩大阶段，投资者同样应享有这种待遇，同时这种待遇在相同情况下对地方政府有同样的约束力。①

总体上看，在国际贸易和投资领域，美国对外签署的 BIT、FTA 等协定呈现自由化的特点，而且按照美国对外签署协定的要求，未来任何有关技术进步、创新等领域均对外资自动开放。然而，基于缔约国的不同国情考虑，美国同样会作出一定的妥协。例如，美国与拉丁美洲国家签署 BIT 时，允许缔约国保留给予中小企业的优惠政策和待遇，使其免受国民待遇条款的约束。② 在具体实践过程中，美国非常重视对外资的安全审查，实施国家安全审查制度不受清单本身的约束。此外，美国实施的负面清单从某种程度上讲具有一定的灵活性，但同时又暴露出其不稳定性。近年来，美国与其他国家的国际贸易谈判中涉及的新议题不断增加，主要目的是为本国争取最大利益，同时也是为其在国际贸易和投资自由化发展的多边关系中占据主导地位而做准备。

在国际航运领域，采取准入前国民待遇的国家通常情况下对外商投资不实行差别对待或予以特别的限制，除非基于国家主权和安全、经济利益等其他方面的考虑对某些重点产业给予外商投资一定的限制。总之，随着全球经济的不断发展，无论是发达国家还是发展中国家，在国际贸易谈判中采用准入前国民待遇已是一种必然趋势。而推行准入前国民待遇和负面清单相结合的模式对促进本国经济发展、紧跟国际发展潮流会起到积极作用。

二、航运市场准入负面清单的国际实践分析

在全球范围内，已有 70 多个国家和地区实施负面清单制度。从法律的角度分析，有学者把负面清单分为国际法意义上的负面清单

---

① See 2012 US BIT Documents，Article 12.4.
② 参见郝红梅：《负面清单管理模式国际经验比较与发展趋势》，载《对外经贸实务》2016 年第 2 期。

和国内法意义上的负面清单。① 前者通常是指,在对外签署的国际投资协定中以附件的形式明确列明限制或禁止另一缔约国投资者进入东道国投资的具体的不符措施条款,如美国、韩国、日本等国家在对外签署的国际投资协定附件中明确列明清单的具体内容;后者是指东道国在本国外资立法、地方政府法规规章中明确列明限制或禁止外国投资者进入本国投资的具体行业、领域和不符措施,如菲律宾、印度等国家的做法。当前,我国自贸试验区负面清单即为后者意义上的负面清单。下面笔者主要针对菲律宾、欧盟、美国航运市场准入负面清单的具体实践进行分析。

(一)菲律宾航运市场准入负面清单

菲律宾在《1991年外国投资法》中首次提出负面清单,该法第3条第7项明确,本国负面清单是指一份经济活动领域的列表,外国投资从事这些经济活动的企业,其股份不得超过40%。而第8条明确采用了"保留菲律宾国民投资的领域清单(外国投资负面清单)"的表述,意味着菲律宾外国投资负面清单也可被称为"保留由菲律宾国民投资的领域清单"。② 菲律宾外国投资负面清单包括过渡性负面清单和常规性负面清单,但这两种清单并非适用于所有外国投资企业。此外,菲律宾负面清单对由法律规范调整的银行、其他金融机构也不适用。

菲律宾已于2022年6月发布了第12版外国投资负面清单,进一步放宽了外商投资限制领域。③ 其常规性负面清单由三个部分组成,分别为序言、具体条款、附件,其中附件包括:(1)清单A明确列明根据本国法律规定限制或禁止外商投资的具体行业、领域和限制内容等;(2)清单B列明根据公共卫生、国家主权和安全、健康和道德风险等原则专门对外商投资行业、领域进行限制的具体内

---

① 参见陶立峰:《对标国际最高标准的自贸区负面清单实现路径——兼评2018年版自贸区负面清单的改进》,载《法学论坛》2018年第5期。

② 参见申海平:《菲律宾外国投资"负面清单"发展之启示》,载《法学》2014年第9期。

③ 参见黄元、徐一帆:《"走出去"系列之——菲律宾外商投资政策简介》,国法网,2023年10月18日,http://www.cnlawweb.net/news/overseas/2023101841703.html,2023年11月7日访问。

容。尽管负面清单的本意在于提高外国投资者在菲律宾投资的透明度,但根据世界银行的相关报告,菲律宾的外国投资负面清单限制了外国直接投资在该国的增长。[①]

在国际航运领域,从菲律宾多年来实施负面清单的情况来看,该制度的功能并未得到很好的发挥,主要原因在于:[②] 一是该国负面清单对提高外国投资者及其投资的透明度、吸引和利用外资的作用相对有限;缺乏透明度影响了外国投资者在菲律宾的投资。二是外国投资者对负面清单的修改程序尚存意见。外国投资者商会为了减少外国投资者在菲律宾投资过程中的障碍,认为应设立菲律宾投资委员会,专门负责对负面清单的审查并直接向国会报告,且应当至少每年对清单中的限制措施予以评估,提出清单中应保留、修改或删除的限制措施,以保障外国投资者的利益,促进更多的外商投资。

（二）欧盟航运市场准入负面清单

欧盟对外签署的国际投资协定数量大约占全球现有已生效协定的一半,但是,欧盟在国际贸易谈判中实施负面清单的起步时间较晚,2009年前主要采用正面清单的模式,且较少涉及投资准入前国民待遇。[③]

2016年,欧盟和加拿大签署了《全面经济与贸易协定》(Comprehensive Economic and Trade Agreement,CETA),成为欧盟对外签署的第一个附有投资规则及负面清单的自贸协定。虽然欧盟官网上没有关于国际投资协定的具体模板,但从实际情况看,CETA已成为"欧式"负面清单的范本。[④] 近些年来,国际形势复杂多变,全球经贸规则正加速重构,CETA的签署意味着欧盟试图通过新一轮国际贸易谈判为全球范围内的贸易和投资活动确立新标准,这对我国重启中欧双边投资协定谈判具有一定的参考意义,同时也

[①] 参见陶立峰:《对标国际最高标准的自贸区负面清单实现路径——兼评2018年版自贸区负面清单的改进》,载《法学论坛》2018年第5期。
[②] 参见申海平:《菲律宾外国投资"负面清单"发展之启示》,载《法学》2014年第9期。
[③] 参见郝红梅:《负面清单管理模式的国际经验比较与发展趋势》,载《对外经贸实务》2016年第2期。
[④] 参见杨荣珍、贾瑞哲:《欧加CETA投资协定负面清单制度及对中国的启示》,载《国际经贸探索》2018年第12期。

给我国其他双边、多边国际贸易谈判带来一些启示。

在CETA第八章"投资"的E节"保留措施和例外"（reservations and exceptions）条款下，规定了欧盟、加拿大可针对业绩要求、国民待遇、最惠国待遇、高层管理人员及董事会项下义务采取具体的不符措施。CETA负面清单包括两个附件：附件Ⅰ是双方的中央或地方政府规定的现有不符措施；附件Ⅱ是双方列明的保留权利，也即未来可限制的不符措施。负面清单列表由部门（子部门）＋产业分类＋保留类型＋政府层级＋法律依据＋具体描述组成。对欧盟而言，有的不符措施只在欧盟某一成员国实施，有的不符措施在欧盟全部成员国实施；对于加拿大而言，附件Ⅰ不仅有针对加拿大本国政府的不符措施条款，还包括其他不同地方政府在内的若干项不符措施条款。加拿大针对不同经济发展区域设置各具特色的负面清单，有利于其更好地实施外资开放和外资监管。

在CETA投资负面清单中，不仅欧盟、加拿大关注的行业领域各不相同，而且在欧盟成员国之间，清单上各领域的不符措施也保留了成员国各自的特色。涉及国际航运领域，CETA第十四章为国际海上运输服务的具体规定，该章建立了规范欧盟与加拿大之间海上运输市场的框架，其中包括确保商业船舶公平、平等地获得港口服务的不符措施。① 具体而言，加拿大对运输服务领域关注较多，且对外资准入所有行业的不符措施都作出明确解释。欧盟列明的现有不符措施较少，在运输服务领域的水运、航空及多式联运等方面对外资准入予以保留；欧盟各国在附件Ⅰ中对运输服务和商业服务进行了限制，其中与运输服务相关的保留措施共46项，涉及内河航运、海运、渔船运输和铁路等领域；附件Ⅱ是未来可限制的不符措施，欧盟在运输服务领域也保留了未来采取限制的权利。②

（三）美国航运市场准入负面清单

美国在与其他国家签订的BIT、FTA以及2018年签署的USMCA中，通常采用负面清单。负面清单中列明的条款被称为

---

① See CETA, CETA Chapter by Chapter, https：//policy.trade.ec.europa.eu/eu-trade-relationships-country-and-region/countries-and-regions/canada/eu-canada-agreement/ceta-chapter-chapter_en, visited on Dec. 5th, 2019.

② 参见杨荣珍、贾瑞哲：《欧加CETA投资协定负面清单制度及对中国的启示》，载《国际经贸探索》2018年第12期。

第二章
我国自贸试验区国际航运市场准入前国民待遇和负面清单制度

"不符措施条款",通过不符措施条款,缔约双方可采取或维持与市场准入条约义务不符的措施,同时允许这些不符措施延续、及时更新或在不扩大范围内予以修订。

截至 2022 年 7 月,美国正在实施的 BIT 共 42 个、FTA 共 16 个,并且几乎所有的 BIT 均采用负面清单。笔者主要基于美国 2004 年 BIT 范本的内容作具体分析。美国和卢旺达 2012 BIT、美国和乌拉圭 2012 BIT 都是基于美国 2004 年 BIT 范本内容签订的,内容包括协定文本和附件一、附件二、附件三。其中,每个附件中的负面清单又包括解释性说明、缔约国清单中的不符措施条款、美国清单中不符措施条款。除协定文本的具体内容外,附件一为现有不符措施,包括双方签署的协定成立并生效后,东道国希望予以保留的现行不符措施;附件二为未来可限制的不符措施;附件三为专门针对金融服务领域的不符措施,可包括现行不符措施,也可包括未来可限制的不符措施。[①] 与此同时,协定中的附件清单项下的不符措施条款一般由部门、相关义务、政府层级、措施依据、描述五要素组成,并且在每个附件的"解释性说明"中都有关于这五要素的具体解释。[②] 由于美国签署的国际投资协定中涉及国际航运市场准入的负面清单较为典型,笔者下文将作进一步分析。

在美国 FTA 缔约实践中,涉及航运领域的负面清单内容通常列入附件一、附件二的具体部门项下予以说明。[③]

第一,美国自 2004 年签署《美国—智利 FTA》起,FTA 中就没有海运运输服务的市场准入例外规定,且内容基本相同。这表明其自身 FTA 的内容具有连续性和一致性。在 2012 年《美国—韩国

[①] 参见钱晓萍:《"少数民族事务"市场准入国际条约"负面清单"规则研究——以美国晚近的缔约实践为对象》,载《中央民族大学学报(哲学社会科学版)》2015 年第 1 期。

[②] 五要素的具体解释如下:"部门"为措施保留的产业部门和活动;"相关义务"为该措施背离的条约义务;"政府层级"表明采取该措施的政府级别;"措施依据"用于明确该条目保留不符措施所对应的法律法规或其他政策;"描述"指对条目进行一般性描述。

[③] 下文所引用 BIT、FTA 及 USMCA 附件中的负面清单均来自以下英文文本:(1) Office of the United States Trade Representative, Free Trade Agreement, https://ustr.gov/trade-agreements/free-trade-Agreements; (2) Office of the United States Trade Representative, Bilateral Investment Treaties, https://ustr.gov/trade-agreements/bilateral-investment-treaties. 由于篇幅有限,笔者在本书主要列举具有代表性的涉及航运领域的负面清单条目。

我国自贸试验区国际航运市场准入制度研究

FTA》附件一之美国负面清单中,美国在"运输服务—报关"项下保留"国民待遇义务和本地存在"两项义务(如表 2.6 所示);在 2012 年《美国—乌拉圭 BIT》、2012 年《美国—卢旺达 BIT》中,两者的附件一之美国负面清单内容相同,美国仅保留该项的国民待遇义务,没有"本地存在"的保留(如表 2.7 所示)。

表 2.6　2012 年《美国—韩国 FTA》附件一之美国负面清单第 8 页

部门	运输服务—报关
相关义务	国民待遇(第 11.3 条、第 12.2 条) 本地存在(第 12.5 条)
政府层级	中央
措施依据	《美国法典》第十九编第 1641 节(b)条
描述	跨境服务与投资 只有美国公民才能获得海关经纪许可证,代理他人办理海关业务。至少有公司、协会或合伙企业的一名成员持有有效的海关经纪人许可证,才可根据任何州的法律建立公司、协会或合伙企业并获得海关经纪许可证

表 2.7　2012 年《美国—乌拉圭 BIT》附件一之美国负面清单第 6 页

部门	运输服务—报关
相关义务	国民待遇(第 3 条)
政府层级	中央
措施依据	《美国法典》第十九编第 1641 节(b)条
描述	只有美国公民才能获得海关经纪许可证,代理他人办理海关业务。至少有公司、协会或合伙企业的一名成员持有有效的海关经纪人许可证,才可根据任何州的法律建立公司、协会或合伙企业并获得海关经纪许可证

在 USMCA 附件二之美国负面清单中,美国在"运输"项下保留国民待遇、最惠国待遇、业绩要求、高级管理人员和董事会、本地存在这五项条约义务(如表 2.8 所示)。

表 2.8 USMCA 附件二之美国负面清单第 5—7 页

部门	运输
相关义务	国民待遇（第 14.4 条和 15.3 条） 最惠国待遇（第 14.5 条和第 15.4 条） 业绩要求（第 14.10 条） 高级管理人员和董事会（第 14.11 条） 本地存在（第 15.6 条）
描述	投资与跨境服务贸易 美国保留采取或维持与提供海运服务和经营悬挂美国国旗的船只有关的任何措施的权利，包括： (a) 对船舶和包括钻井平台在内的其他海洋结构的投资、拥有、控制和操作的要求，包括在国内离岸贸易、沿海贸易、美国领水、大陆架以上水域和内河航道中提供的服务 (b) 在外国贸易中对悬挂美国国旗的船只的投资、拥有、控制和经营的规定 (c) 对在美国领水和专属经济区从事捕鱼和相关活动的船只的投资、拥有或控制和操作的要求 (d) 与记录悬挂美国国旗的船只有关的要求 (e) 向符合某些要求的船东、经营者和船只提供包括税收优惠在内的宣传方案 (f) 悬挂美国国旗的船只上船员的认证、许可证和公民身份要求 (g) 悬挂美国国旗的船只需配备人员 (h) 美国联邦海事委员会（FMC）管辖的所有事项 (i) 谈判和执行双边和其他国际海事协定和谅解 (j) 对船员进行的沿岸工作的限制 (k) 进入美国水域的吨位税和小额摊款 (l) 在美国领水进行领港服务的飞行员的认证、许可证和公民资格要求 本保留不包括下列活动，但向（b）中的一方提供的待遇取决于从该缔约方获得这些部门合适的市场准入条件： (a) 船只建造及修理 (b) 港口活动方面，包括船坞的运营和维护；直接在陆地上装卸船只；海运货物处理；码头的运营和维护；船舶清洁、搬运；船只与卡车、火车、管道和码头之间的货物转运；滨水码头运营；船只清洁；运河运营；船舶拆解；干船坞海运铁路的运营；海事验船师、货物除外；船舶的海上拆解；和船舶船级社
措施依据	美国《1920 商船法》第 19 节和第 27 节；《美国法典》第四十六编第 12101、12118、12120、12132、12139、12151 节等；第 501 节；美国《1916 年航运法》；《美国法典》第四十六编第 50501、56101、57109、50111 节；美国《1936 年商船法》，《美国法典》第四十六编第 109、114、50111、50501 节；……

第二，2012年《美国—韩国FTA》附件一之韩国负面对"国际海上货物运输和辅助业务"作出保留，附件二之韩国负面对"内部水道运输服务和空间运输服务、储存和仓储服务"作出两项保留（见表2.9、表2.10、表2.11）。

表2.9　2012年《美国—韩国FTA》附件一之韩国负面清单第12页

部门	运输服务—国际海上货物运输和辅助业务
相关义务	国民待遇（第12.2条） 市场准入（第12.4条） 本地存在（第12.5条）
措施依据	韩国《海运法》（第8381号法律，2007年4月11日）第24条、第33条 韩国《海运法执行条例》（海事和渔业部第340号法令，2006年6月26日）第17条、第19条、第29条和第30条 韩国《引航法》（第8379号法律，2007年4月11日）第6条 韩国《船舶投资公司法》（第8223号法律，2007年1月3日）第3条、第31条
描述	跨境服务贸易 在韩国，提供国际海上货物运输和航运经纪服务的法人必须是股份公司，船舶投资公司也必须在韩国成立股份公司，只有韩国国民才能提供海上引航服务

表2.10　2012年《美国—韩国FTA》附件二之韩国负面清单第21页

部门	运输服务—内部水道运输服务和空间运输服务
相关义务	国民待遇（第11.3条和第12.2条） 最惠国待遇（第11.4条和第12.3条） 业绩要求（第11.8条） 高级管理人员和董事会（第11.9条） 本地存在（第12.5条）
描述	跨境服务贸易与投资 韩国保留采取或维持有关内部水道运输服务和空间运输服务方面任何措施的权利

第二章 我国自贸试验区国际航运市场准入前国民待遇和负面清单制度

表 2.11 2012 年《美国—韩国 FTA》附件二之韩国负面清单第 22 页

部门	运输服务—储存和仓储服务
相关义务	国民待遇（第 11.3 和第 12.2 条）
描述	跨境服务贸易与投资 韩国保留采取或维持与大米有关的储存和仓储服务的任何措施的权利

由表 2.9—表 2.11 可得出以下结论：(1) 韩国有一套完善的航运法律法规制度。从表 2.9 可见，韩国在 2012 年《美国—韩国 FTA》附件一之负面清单中明确保留的相关义务，详细清楚地列明不符措施的国内法依据，使得该负面清单的透明度大大提高。(2) 从表 2.10 可见，韩国对其内部水道运输服务和空间运输服务执行严格的保留措施，以此全面禁止外国资本进入韩国内部水道运输和空间运输的服务领域。(3) 从表 2.11 可见，韩国对任何有关大米的储存和仓储服务实行严格的条约保留。

第三，在 2004 年《美国—澳大利亚 FTA》附件一之澳大利亚负面清单中，澳大利亚在"运输服务"项下保留国民待遇和本地存在两项义务（见表 2.12）。在该 FTA 附件二之澳大利亚负面清单中，在"海事"项下，澳大利亚仅保留国民待遇一项义务；在"海运"项下，澳大利亚对国民待遇、本地存在、市场准入、业绩要求以及高级管理人员和董事会的相关义务都予以保留；在跨境贸易与投资方面，澳大利亚对沿海运输服务和离岸运输服务实行严格的条约保留（见表 2.13、表 2.14）。

表 2.12 2004 年《美国—澳大利亚 FTA》附件一之澳大利亚负面清单第 19 页

部门	运输服务
相关义务	国民待遇（第 10.2 条和第 11.3 条） 本地存在（第 10.5 条）
政府层级	中央
措施依据	澳大利亚 1974 年《贸易惯例法》
描述	跨境服务贸易与投资 向澳大利亚或由澳大利亚提供国际班轮货运服务的每个海运承运人必须始终由居住在澳大利亚的自然人代表 只有船旗国为澳大利亚的经营者可以向澳大利亚竞争和消费者委员会提出申请，以便审查委员会成员和占有大量市场的非委员会成员是否阻碍其他航运经营者在合理范围内有效提供对外班轮货运服务

表 2.13　2004 年《美国—澳大利亚 FTA》附件二之澳大利亚负面清单第 12 页

部门	海事
相关义务	国民待遇（第 11.3 条）
描述	投资 澳大利亚保留采取或维持注册在澳大利亚的船只的任何措施的权利

表 2.14　2004 年《美国—澳大利亚 FTA》附件二之澳大利亚负面清单第 13 页

部门	海运
相关义务	国民待遇（第 10.2 条和第 11.3 条） 本地存在（第 10.5 条） 市场准入（第 10.4 条） 业绩要求（第 11.9 条） 高级管理人员和董事会（第 11.10 条）
描述	跨境贸易与投资 澳大利亚保留采取或维持关于沿海运输服务和离岸运输服务的任何措施的权利

注：上述条目中，沿海运输是指在澳大利亚的一个港口和位于澳大利亚的另一个港口之间进行乘客或货物的运输，以及在澳大利亚同一港口始发和终止的运输。

离岸运输是指涉及在澳大利亚港口与澳大利亚大陆架、澳大利亚沿海海底的自然资源以及该海床的底土勘探或开采相关或附带的任何地点之间进行乘客或货物的运输服务。

第四，在 2012 年《美国—哥伦比亚 FTA》附件一之哥伦比亚负面清单中，哥伦比亚对"海运和河流运输""港口服务"两部门作出保留（见表 2.15、表 2.16）。在该 FTA 附件二之哥伦比亚负面清单中，哥伦比亚对"公路和河运"作出保留；涉及跨境服务贸易方面，哥伦比亚保留采取或维持对各国给予差别待遇措施的权利（见表 2.17）。

表 2.15　2012 年《美国—哥伦比亚 FTA》附件一之哥伦比亚负面清单第 28 页

部门	海运和河流运输
相关义务	国民待遇（第 11.2 条） 本地存在（第 11.5 条）
政府层级	中央

(续表)

部门	海运和河流运输
措施依据	哥伦比亚 2001 年第 804 号法令第 2 条、第 4 条 哥伦比亚 1971 年《贸易法》第 1455 号 哥伦比亚 1984 年第 2324 号法令第 124 节 哥伦比亚 2001 年第 658 号法令第 11 条 哥伦比亚 1998 年第 1597 号法令第 23 条
描述	**跨境服务贸易** 只有根据哥伦比亚法律使用哥伦比亚国旗船只组建的企业才能在哥伦比亚领土内两个地点之间提供海运和河流运输服务 所有进入哥伦比亚港口的悬挂外国国旗的船只必须有一名代表对其在哥伦比亚的活动负有法律责任，并在哥伦比亚定居 哥伦比亚领海和河流的领航只能由哥伦比亚国民进行

表 2.16　2012 年《美国—哥伦比亚 FTA》附件一之哥伦比亚负面清单第 29 页

部门	港口服务
相关义务	国民待遇（第 11.2 条） 本地存在（第 11.5 条） 市场准入（第 11.4 条）
政府层级	中央
措施依据	哥伦比亚 1991 年第 1 号法令第 6 条、第 520 条 哥伦比亚 1989 年第 1423 号法令第 38 条
描述	**跨境服务贸易** 拥有港口特许经营权的服务提供者必须根据哥伦比亚法律组建公司，目标是港口的建设、维护和管理。为更明确起见，与港口陆上活动方面有关的措施须适用第 22.2 条（基本安全） 只有悬挂哥伦比亚国旗的船只才能在哥伦比亚水域提供港口服务。然而，在特殊情况下，如果哥伦比亚船只没有能力提供这种服务，海事局可授权外国船只提供此类服务。授权期限为六个月，但可延长至一年

表 2.17　2012 年《美国—哥伦比亚 FTA》附件二之哥伦比亚负面清单第 16 页

部门	公路和河运
相关义务	最惠国待遇（第 11.3 条）
描述	跨境服务贸易 哥伦比亚保留采取或维持根据本协定生效之日签署的涉及公路和河运服务的任何双边或多边国际协定，对各国给予差别待遇的措施的权利

　　第五，2004 年，美国与中美洲五国（哥斯达黎加、萨尔瓦多、危地马拉、洪都拉斯、尼加拉瓜）以及多米尼加共同签署的《中美洲自由贸易协定》（CAFTA-DR）主要有以下几个特点：(1) 在附件一中，哥斯达黎加、多米尼加、洪都拉斯、尼加拉瓜的负面清单均涉及海运的内容，其中在"部门"项中，哥斯达黎加的保留部门为"海事和特种航空服务"，多米尼加的保留部门为"运输业—海运"，洪都拉斯的保留部门为"海运—沿海航行"，尼加拉瓜有关航运的保留部门有两项，分别为"海运""港口"。而萨尔瓦多、危地马拉的负面清单均未提及有关海运的规定，也未设立该部门的保留条款。(2) 在"政府层级"这一条目中，哥斯达黎加、洪都拉斯两国有规定，均为"中央"；多米尼加、尼加拉瓜并未列出"政府层级"。(3) 在"描述"这一条目中，多米尼加对于措施描述的规定最为具体，内容最多，也即限制的内容最多。

　　从以上实例可以看出，美国及其缔约方非常重视海运服务及其辅助业方面的市场准入负面清单内容，不仅将其置于维持现有不符措施的附件一中，而且在缔约方可能在未来采取新的不符措施的灵活度更大的附件二中也有体现。具体表现为：(1) 国际条约中航运市场准入不符措施的内容包括：一是政府层级的规定。关于航运市场准入负面清单的规定，基本上列入中央政府层面。二是董事会成员限制。(2) 虽然缔约方在负面清单"描述"部分规定的内容各不相同、各具特色，但仍有一些共同特征：发达国家签署的协定的负面清单中涉及航运的不符措施条目较少、限制内容较少，如新加坡、澳大利亚等；发展中国家签署的协定的负面清单中涉及航运的不符措施条目较多、限制内容多，如乌拉圭、卢旺达等。(3) 对比美国

第二章
我国自贸试验区国际航运市场准入前国民待遇和负面清单制度

在 BIT 和 FTA 中的航运市场准入负面清单内容可知，美国签订的 BIT 和 FTA 的负面清单内容差异不大。

三、国际经验带来的启示

总体上，从社会经济发展水平来看，经济发达国家和地区签订的协定的负面清单相对简短，如美国、欧盟等签订的协定的负面清单包含的具体行业、领域和限制措施均相对简洁；发展中国家签订的协定的负面清单列明的内容较多，且行业、领域等分类更细化，如菲律宾等国的负面清单不仅列表较长，而且限制措施种类繁多。从区域位置来看，欧洲、北美洲等国家和地区的负面清单相对简单，亚洲国家整体上对外资准入控制比较严格。[1] 无论发达国家还是发展中国家，在通过对外签署协定、对内单独立法实施负面清单方面均未形成统一的做法。此外，两者对外资准入的看法各不相同，前者对外资多持更加开放态度，多以对外贸易谈判的方式将负面清单列于协定的附件中；后者由于受制于本国经济发展水平，多以专门的国内立法调整外资准入和经营活动。

有学者认为，虽然准入前国民待遇和负面清单是政府管理模式创新，但我国目前还没有涵盖这些条款的贸易和投资协定，只是在国内进行了尝试和试验。[2] 诚然，我国引入准入前国民待遇和负面清单制度的时间不长，虽然近年来相关政策和文件接连出台，负面清单的适用范围也从上海自贸试验区逐步扩大至全国范围，但在具体操作过程中仍存在诸多问题。在国际航运领域，深入分析并借鉴航运市场准入前国民待遇和负面清单制度在国际上的发展经验，是推进我国进一步完善该制度，提高国际航运竞争力的重要方面。

（一）动态优化清单，预留未来改革空间

从全球主要国际投资协定有关航运市场准入负面清单的结构和内容看，一是相关义务方面，协定涉及国民待遇、本地存在、市场

---

[1] 参见王中美：《"负面清单"转型经验的国际比较及对中国的借鉴意义》，载《国际经贸探索》2014 年第 9 期。
[2] 参见东艳、李国学等：《国际经贸规则重塑与自贸试验区建设》，中国社会科学出版社 2021 年版，第 144—145 页。

准入、最惠国待遇、高级管理人员和董事会等,但是,我国航运领域负面清单条款中相关义务方面的限制维度较窄,并且不包含本地存在、最惠国待遇等,而负面清单的修改是一个动态过程,后续我国应继续优化负面清单;二是限制类别方面,其他国家和地区的负面清单基本都涉及现有和未来的不符措施,而我国单边开放的负面清单中只有现有不符措施,对未来的改革措施没有预留出多余的具体政策空间。

全球贸易环境和经贸规则在不断变化,我国负面清单的制定和完善不可能一锤定音,也不可能朝令夕改。因此,在推进我国实施准入前国民待遇和负面清单管理制度时,应循序渐进,使其能不但满足国内发展要求,而且适应主要国际潮流。涉及航运领域,还要注意国家主权和安全问题,可在负面清单中单独设置未来可保留的不符措施条款,对未来可能面临的威胁或恶性竞争等有一定的预判,以此保留相对的可操作空间,实现航运市场准入负面清单的动态优化。

(二)基于对等原则,制定互惠条款或特殊政策

对外开放应遵循对等原则,特别是与不同国家和地区签订国际投资协定,应遵循对等开放的基本原则。就以前述协定中有关航运领域负面清单的不符措施条款看,多涉及互惠条款和特殊政策,而我国航运领域负面清单中未提及互惠条款等。因此,应立足我国实际国情,结合航运发展具体情况,深入研究对方航运领域的优劣势,以对等原则为基础,以便通过互补或交换方式制定相对应的互惠条款或特殊政策。在国内方面,上海自贸区临港新片区的建设肩负着对标国际公认竞争力最强的自由贸易试验区,是特殊政策试点先行、进行压力测试的特殊经济功能区。《临港新片区方案》规定,"研究在对等原则下允许外籍国际航行船舶开展以洋山港为国际中转港的外贸集装箱沿海捎带业务"。该特殊政策为外方涉足此项业务提供了一个路径,然而后期仍需持续跟踪包括沿海捎带在内的一系列航运领域特殊政策的实施情况和效果。在国际方面,国际投资协定的达成通常是以经贸谈判为基础的,每个国家的经济发展状况各不相同且开放程度不一,因此有必要通过互惠条款对不同国家和地区的投

资者及其投资区分对待，以确保本国国家安全和实现利益最大化。

（三）有法可依，完善配套的航运法律法规制度

从国际投资协定中可以发现，负面清单文本中涉及的具体领域都有明确的国内法律法规作为配套的制度支撑，规则透明度高。相比之下，我国负面清单文本单一，也缺乏配套的法律法规制度。这在很大程度上与我国国内航运法律法规不完善、修订过程复杂且不确定因素较多有关。自2013年以来，我国已相继更新了多个版本的自贸试验区外商投资准入负面清单，全国版外商投资准入负面清单也已公布实施了四个版本，在国内投资准入负面清单立法方面也积极探索并取得阶段性的成果，这些都为负面清单的继续完善提供了法律基础。负面清单最大的特点是其背后体现了"法无禁止即可为"的理念，对于清单未禁止或限制的行业、领域外商可直接进入投资且获得准入前国民待遇，能够在很大程度上方便外商投资。但与此同时，这也对我国政府对外资准入的安全、监管等方面提出了挑战，也就需要我国继续完善国内立法。

在航运领域，我国"单边开放型"的航运市场准入负面清单，面向的是所有外国投资者且为我国主动承诺开放，因此，相关立法部门更需要在我国航运法律法规的制定和修改上深入研究，多调研，多下功夫。对于"国际协定型"的航运市场准入负面清单，除参照国内航运立法外，也可尝试在双边或多边贸易谈判中与缔约方基于公平、平等原则真诚沟通，通过深度协商达成一致意见，形成区域性或国际性合作协定，作为补充的制度依据。

（四）对标国际，继续提升我国航运领域全球话语权

通过对一国在不同国际投资协定中的比对可以发现，同一国家在不同协定中的负面清单结构和内容大致相同，如美国签订的BIT和FTA中涉及航运市场准入的负面清单内容基本相同，有一定稳定性。由此我们可以得到启发，我国在未来与其他国家签订双边或多边国际投资协定时，也应保持较稳定和平等的开放态势，以提升我国在航运领域的全球话语权和国际影响力。

我国是航运大国，但航运业的国际竞争力不强也是不争的现实。如今，全球经贸规则正面临巨大的挑战和调整，在不久的将来很可

能出现全新的全球经贸规则。与此同时，我国经济已由高速增长阶段转向高质量发展阶段，美国通过对外贸易谈判推广其本国理念并主张"美国优先"、推进其本国经济发展的目标，更应引起高度注意。在航运服务领域，我国要吸收对促进自身航运业发展有利的政策理念，总结国际经验，努力提升自身国际航运的竞争力和积极引领全球经济发展。

本 章 小 结

准入前国民待遇和负面清单制度是自贸试验区外商投资管理制度改革的重点，也是难点。在航运领域，国际航运市场准入前国民待遇和负面清单制度的一系列创新政策，具有重要的研究价值。然而，由于我国国际航运市场准入前国民待遇和负面清单制度实施时间不长，很多方面尚不成熟。面对新一轮对外开放格局，我们既要确保创新政策实施的稳步推进，又要确保自贸试验区建设的有序发展，维护好公平公正的国际航运市场秩序，促进航运业健康发展。这一过程将会面临各种挑战。

准入前国民待遇使得国民待遇这一原则延伸至投资发生和建立之前的阶段，其核心是给予外资准入权。国家之间相互给予准入前国民待遇是全球经济一体化发展的表现，但这并不意味着放弃对外资准入的监管，并非无条件。无论发达国家或是发展中国家，均平等地享有对准入前国民待遇的保留权利，以保护本国利益。因此，采取准入前国民待遇和负面清单相结合的管理制度具有重要意义。

在航运领域，国际航运市场准入负面清单首先从上海自贸试验区开始尝试，负面清单制度背后透视的是"法无禁止即可为"的法理思想。这种思想在自贸试验区法治实践中得到贯彻，并通过复制、推广进一步推动我国法治改革。

纵观全球，世界上较多国家和地区实施负面清单，不同国家和地区由于经济发展差异，涉及具体市场开放时均会根据本国实际情况采取不同策略。例如，欧盟近些年才开始尝试在国际投资协定中纳入负面清单，其负面清单具有区域保护特征；美国较早在国际投资协定中纳入负面清单，积累了较为丰富的实践经验。此外，进一步了解全球主要国际投资协定中涉及国际航运市场准入负面清单的具体情况，有助于我国对标国际最高标准建设自贸试验区，推动我国尽快掌握在国际航运领域制定国际规则主导权的进程。

目前，我国负面清单的修订仍处于一个动态过程中，面对不断缩减的负面清单，更应该有与之相适应的监管机制。若不能平衡地解决这两者之间的关系，自贸试验区的试验作用将会减弱，而准入前国民待遇和负面清单制度在全国实施和推广过程中可能也达不到想要的结果。

第三章
我国自贸试验区国际航运市场准入制度的创新发展

我国自贸试验区建设是全面深化改革和对外开放的重大举措，是加快政府职能转变、扩大投资领域开放、促进贸易发展方式转变和完善相关制度保障的试验田。自《2013 上海方案》开始，一系列包含国际航运领域的创新政策逐步试点运行，取得积极效果。结合自贸试验区建设的目标和背景，进一步探索包括航运业在内的服务业扩大开放和制度创新改革，研究航运领域相关创新政策的落实情况和实施效果，以及明确下一步发展方向，是当前我国自贸试验区国际航运市场亟须研究的重要问题。

围绕国际航运市场准入制度方面的新发展主要包括：国际海上运输业及其辅助业市场准入的新发展、国际邮轮市场准入、航运保险市场准入、国际船舶登记制度、沿海捎带业务政策等方面的新发展。本章中，笔者集中对这些航运创新政策进行系统梳理和总体评估，通过评估和总结经验，分析在国际航运市场准入制度创新先行先试过程中面临的问题，并在此基础上提出相应的建议。

上海自贸区临港新片区建设和发展的主要目标是对标国际公认的竞争力最强的自贸区，打造在全球范围内更具影响力和竞争力的特殊经济功能区。"增设新片区不是简单的原有上海自贸试验区扩区，也不是简单的现有政策平移，是全方位、深层次、根本性的制度创新变革。"[①] 笔者认为，从某种意义上讲，上海自贸区临港新片区可视为不是自由贸易港的"自由贸易港"。

与自贸试验区相比，自由贸易港建设是更高层次、更宽领域、更大范围对外开放的窗口，是我国进一步实施扩大开放的重要途径。例如，《海南自由贸易港建设总体方案》明确海南具有实施全面深化改革和试验的最高水平开放政策的独特优势。更重要的是，支持海

---

① 《上海自贸区新片区起航》，中国政府网，2019 年 8 月 7 日，http://www.gov.cn/zhengce/2019-08/07/content_5419368.htm?from=groupmessage & isappinstalled=0, 2020 年 8 月 15 日访问。

南逐步探索、稳步推进中国特色自由贸易港建设，分步骤、分阶段建立自由贸易港政策和制度体系，是习近平总书记亲自谋划、亲自部署、亲自推动的改革开放重大举措，是党中央着眼国内国际两个大局，深入研究、统筹考虑、科学谋划作出的战略决策。①

由此，我国目前处于扩大自贸试验区建设和探索建设自由贸易港并行的推进阶段，自贸试验区和自由贸易港犹如发展之双翼，共同作为下一步深化改革的重点。

第一节 自贸试验区国际航运市场准入制度创新发展的探索历程

当前，国际航运市场形势严峻，全球经济发展不确定性大幅上升，航运市场运力供需矛盾依然突出。面对长期矛盾和短期问题错综复杂的现状，对于航运业这样的传统行业来说，创新发展显得尤为重要。尤其是在当前整体市场环境低迷之际，唯有创新才有未来。自贸试验区是我国目前对外开放程度最高、政策环境最为宽松的全方位对外开展贸易投资的重要区域，试点运行了一系列有关国际航运市场准入的开放政策，翻开了我国各项制度创新的新篇章。

一、国际航运市场准入制度的现状及不足

航运经济是市场经济，允许何种主体进入航运市场首先由市场作出选择。准入主体是否适格是维护国际航运市场秩序的第一道门槛，因此国际航运市场准入制度为维护国际航运市场秩序起着非常重要的作用。当前，我国国际航运市场准入制度在发展的同时存在诸多不足之处，需要我们对其作进一步分析。

（一）国际航运市场准入制度的现状

航运市场准入制度是一国政府管理国际航运市场的起点，它既

---

① 参见《中共中央国务院印发海南自由贸易港建设总体方案》，中国政府网，2020年6月1日，http://www.gov.cn/zhengce/2020-06/01/content_5516608.htm，2022年1月10日访问。

第三章
我国自贸试验区国际航运市场准入制度的创新发展

是对具体市场主体进行管理的开端,又是一系列后续管理措施实施的基础。在我国,该制度是市场经济体制下一项基础的、极为重要的经济法律制度。① 在国际航运市场,该制度的实施使得适格航运市场主体获得进入国际航运市场从事生产经营活动的资格,即具有享受航运市场主体应有的权利和承担航运市场主体应尽的责任和义务的能力。

国际航运市场准入制度是我国航运管理的一个重要方面,是实现我国航运保护和创新政策的重要手段。政府调控和市场调节是对立统一的关系。在资源配置效率方面,两者的最终目标都是使效率达到最优。然而,如何克服两者各自的缺陷,使其优势互补,需要解决好两者的协调关系。在市场经济条件下,有效的竞争对于资源配置效率的提高具有重要作用。同样,在国际航运市场,市场需要公平有效的竞争。

从国际航运业发展现状看,国际航运市场的变化具有一定的潜在风险性,面对随时可能出现的各种状况,国家需要快速反应进而迅速解决国际航运市场中出现的各种问题。笔者认为,在当前新形势下,发展以建设航运强国为目标的航运法律体系,政府需充分发挥市场对资源配置的决定性作用,政府的干预也要建立在市场机制基础上,让市场充分发挥对资源配置的主导作用。但是,在国际航运市场准入方面,并非要求政府完全退出市场,而是需要赋予政府更多的补充责任。

有学者认为,国际航运市场准入主要侧重于控制外国人介入的范围,如本国的沿海内河运输、内陆仓储等,要控制外资的投资范围、比例限制等,其目的重在对国内航运市场的保护和国家主权利益的维护。国际航运市场准入主要表现在国民待遇、最惠国待遇、沿海运输权、国际船舶登记等方面。② 随着我国改革开放的不断深入,尤其是加入WTO后,我国航运市场的对外开放程度大大提高,外资进入我国航运市场的众多领域,特别是国际海上运输业和国际

---

① 参见胡正良:《中国航运法之研究》,大连海事大学2003年博士学位论文,第63页。
② 参见李光春:《航运法研究》,法律出版社2016年版,第123页。

海事运输辅助业市场。我国航运业在迈入经济全球化、市场一体化和数字信息化时代的同时,也不得不面对全球航运市场竞争日益激烈的现实。

国际航运市场准入同一国国际航运市场的开放程度直接相关。我国国际航运市场准入受 GATS 等国际公约的调整。可以说,在不违反国际公约规定的前提下,国际航运市场准入的范围越大,表明一国政府对国际航运市场控制越严,国际航运市场的开放度越低。反之,国际航运市场准入范围越小,则表明一国政府对国际航运市场控制较为宽松,国际航运市场的开放度越高。①我国航运市场是服务贸易领域最早开放、开放程度最高且开放领域范围最广的行业之一。早在加入 WTO 时,根据我国政府和其他 WTO 成员政府双边谈判的结果,我国就对海运服务贸易作出了较高程度的开放承诺。可以说,从那时起,我国航运业正式进入全面开放阶段。

《2018 全国版负面清单》第 14 条"水上运输业"删除了之前自贸试验清单中"国际船舶代理企业外资股比不超过 51％"的表述,至此国际船舶代理行业对外资全部放开。根据交通运输部 2021 年 7 月发布的《2020 中国航运发展报告》,截至 2020 年年底,我国持有国际船舶运输经营许可证的航运企业 233 家,外商在华设立独资船务公司 42 家,在华开展班轮运输业务的中外航运企业 135 家。2020 年,我国拥有的商船队规模排名继续位列第二,占世界船队比重的 15.5％。②在国际船舶代理开放方面,截至 2020 年年底,中资国际船舶代理企业 3633 家,中外合资合作、港澳台合资独资的国际船舶代理企业 154 家。③

(二)国际航运市场准入制度的不足

曾有学者指出,我国对国际航运市场经济进行干预的法律规范,部分是于计划经济体制下产生的,部分是于社会经济转型发展的特

---

① 参见李光春:《航运法研究》,法律出版社 2016 年版,第 127 页。
② 参见中华人民共和国交通运输部:《2020 中国航运发展报告》,人民交通出版社 2021 年版,第 29 页。
③ 同上书,第 60 页。

殊阶段产生的，存在很多不完备之处。[①] 笔者认为，我国国际航运市场准入制度存在的不足之处主要有：

1. 航运市场运行机制存在弊端

长期以来，我国航运市场主管部门存在重市场准入管理、轻市场经营行为的管理思想。在维护航运市场秩序和市场宏观调控方面，缺乏强有力的检查监督机制。同时，我国的行政组织机构层级较多，影响了行政效率的提高。此外，由于市场机制固有的缺陷，航运市场经济的有序运行和发展不能完全依赖市场机制本身，而需要国家进行必要和有效的干预。高效率的政府管理是航运市场经济有序运行和发展的重要保障。[②] 而要建立高效率的政府管理体制，一方面需要政府转变"重准入、轻管理"的管理思想，另一方面需要国家以立法的形式建立和确保该制度的法律地位。

2. 航运市场准入相关的立法效力和层次不高

经过改革开放四十多年的立法发展，我国航运法律法规体系已初步形成。但面对国际航运业不断扩大开放带来的新挑战，我国航运法律法规体系亟待进一步充实和完善。从国际上看，大多数航运发达国家均制定了专门的航运法律，而当前航运立法状况不仅可能使我国在国际上运用法律维护国家航运权益时处于不利地位，也必将影响到整个国家对外贸易利益的维护。[③]

同时，我国航运市场准入相关立法在效力等级上也存在不足，立法层次不高。《国际海运条例》仅仅是国务院颁布的行政法规，面对日益复杂的国际航运市场环境，难以确保能够充分实现法律调整航运经济活动的价值追求。因此，结合国际服务贸易和国际航运市场发展，进一步研究航运市场准入相关立法问题，对更好地维护国家利益具有重大意义。

[①] 参见於世成、胡正良、郑丙贵：《美国航运政策、法律与管理体制研究》，北京大学出版社 2008 年版，第 267 页。
[②] 参见胡正良、郑丙贵：《中国〈航运法〉制定中几个基本理论问题之研究》，载《中国海商法研究》2012 年第 1 期。
[③] 参见李光春：《航运法研究论纲》，载《中国海商法研究》2013 年第 3 期。

3. 航运制度创新有待进一步优化

绿色航运、智能航运是未来全球航运业发展的主要趋势,这些新的发展趋势也对我国航运业提出新的挑战。然而,受制于我国国内体制机制的束缚,在激烈的国际航运市场竞争环境下,我国航运制度创新能力不足,缺乏核心竞争力。主要原因在于,鼓励企业创新的制度供给不够,部分领域有进一步向市场开放的空间;缺乏孕育航运创新的政策机制和环境,航运政策与市场需求不够贴合,税收支持、金融监管、市场开放以及法制监管等配套政策不够完善。①因此,我国航运体制机制有待进一步优化。

总之,航运市场运行机制的弊端、航运市场准入相关立法层级和效力不高、航运制度创新有待进一步优化等问题在我国当前国际航运市场准入制度中普遍存在,这些因素制约着我国国际航运市场准入法律制度的健全与完善。要解决这些问题,一是需要全国上下通力协作,共同努力;二是需要制度创新。当前,我国自贸试验区和海南自由贸易港建设为国际航运市场准入制度创新发展提供了一个很好的平台。

二、国际航运市场准入制度创新发展的必要性

航运业是国民经济的重要组成部分。在自贸试验区背景下,我国国际航运市场准入制度创新发展对促进我国对外贸易发展有着重要的作用。国际航运市场中各要素的协调发展是提升国家经济实力、促进经济发展的重要保证,因此国际航运市场准入制度创新发展具有重要意义。

(一)航运管理职能部门建立高效运行机制的迫切需要

自贸试验区建设推动了我国政府职能转变,以往的建设服务政府、责任政府和法治政府三大理念也相应地发生了较大变化。

在航运领域,政府对航运市场的管理,属于国家对经济干预范畴,是政府及其主管部门在航运领域行使政府经济职能的行为。航

---

① 参见上海海事大学、上海国际航运研究中心:《上海国际航运中心"十四五"规划基本思路研究》(结题评审稿),2019年11月,第94页。

第三章
我国自贸试验区国际航运市场准入制度的创新发展

运管理职能部门高效的运行机制是我国国际航运市场健康可持续发展的基础,而我国现行航运管理体制中存在办事效率不高、改革不够深入等不足,迫切需要进行改进和完善。

(二)航运市场经济健康有序发展的客观要求

航运市场经济发展是实现国家航运长远发展战略的重要内涵,而公平、效率和秩序是航运市场准入制度的基本原则。当前,国际航运市场准入方面的一系列创新政策在自贸试验区内试点运行,这对公平、效率和秩序基本原则提出了更高的要求,在实践过程中,需要航运市场各方主体依据共同的经营规则进行市场经营行为和公平竞争,具体要求为:一是各航运市场主体在进入市场时享有公平的机会,能平等地享有权利和承担义务;二是规范航运市场主体经营行为,以有效的手段对航运市场准入、垄断和不公平竞争等行为进行规制,优化航运市场结构,进而促进航运市场整体效率的提高。[①]由此,在整体把握和研判市场经济发展规律下,努力提升我国航运市场经济发展水平。

(三)促进区域经济一体化等国家战略发展的重要动力

区域经济一体化发展在国家现代化建设大局和全方位开放格局中具有举足轻重的战略地位。以长三角区域一体化发展为例,通过贸易和投资便利化、金融制度创新、航运制度创新以及政府职能转变等一系列举措的实施,以上海为首的长三角地区航运资源得到整合,国际航运辐射范围得到了拓展,国际航运服务功能有了创新和突破。此外,2019年12月1日,中共中央、国务院印发《长江三角洲区域一体化发展规划纲要》,专门要求高标准建设上海自贸区临港新片区,打造与国际通行规则相衔接、更具国际市场影响力和竞争力的特殊经济功能区。笔者认为,推动建设上海自贸区临港新片区的任务在该纲要中得到进一步明确,意味着上海自贸区临港新片区的建设要着眼于带动区域经济发展,要带动长三角区域经济的协同发展,推进深化新一轮改革开放。那么,利用自贸试验区平台推进

---

① 参见胡正良:《论我国航运法的价值和基本原则》,载《大连海事大学学报(社会科学版)》2004年第2期。

国际航运市场准入制度创新发展,可有效促进区域经济一体化等国家战略的实施。

(四)提高我国国际航运影响力和话语权的有效途径

当前,我国航运服务功能基本齐全,航运服务能级有所提升,但是我国在国际航运市场中仍存在创新不足等问题,导致我国在航运领域全球话语权较弱。例如,在传统的船代、货代等航运服务业方面,相关产品较单一,同质化程度高;在航运保险领域,具有专业服务能力的外资航运保险和再保险机构数量较少;在国际邮轮市场领域,由"高速增长"向"高质量发展"转变,由邮轮旅游向邮轮经济全产业链发展仍需要时间,需要政策体系、配套服务等方面的创新突破。在自贸试验区背景下,国际航运市场准入方面一系列创新政策可以先行先试,大胆试错,并在总结经验教训的基础上实行渐进式改革,从而提高我国国际航运影响力和全球话语权。

第二节 自贸试验区国际海上运输业和辅助业市场准入的创新发展

国际海上运输业和辅助业是国际海运服务的重要组成部分。前者是国际海运服务的最主要形式,后者是国际海上运输业务正常开展的必要条件。在我国的对外贸易中,两者都与国际货物贸易关系密切,其中国际海运服务的作用更为明显。因此,国际海上运输业和辅助业市场准入在自贸试验区背景下的创新发展现状和存在问题值得进一步研究。

一、国际海上运输业市场准入

国际海上运输业务根据不同的标准有不同的分类。其中,按运输标的的不同可分为货物运输和旅客运输。货物运输是指船方作为承运人将货方托运的货物经海路由一港运送至另一港,并有权收取运费的行为；旅客运输是指船方作为承运人，以适合运送旅客的船舶经海路将旅客及其行李从一港送至另一港，由旅客支付票款的行为。① 本节主要讨论以货物运输为主的国际海上运输业务市场准入的创新发展。

（一）国际海上运输业市场准入的运行现状

通过对自贸试验区的国际航运市场一系列创新政策的分析可以发现，在国际海上运输业市场中，自贸试验区的设立和运行主要对国际船舶运输市场的外资准入条件有一定的调整和变化。因此，笔者主要围绕自贸试验区背景下国际船舶运输市场外资准入制度的变化进行深入探讨。

2023年修订的《国际海运条例》第5条对国际船舶运输业务市场领域外资准入的具体条件作了新的规定。在此之前，2019年修订的《国际海运条例》第5条规定了经营国际船舶运输业务应当具备的条件；② 2016年修订后的《国际海运条例》第29条规定其还应满足下列两个条件：中外合资、合作的国际船舶运输企业中外商的出资比例不得超过49％；企业的董事会主席、总经理由合资合作双方协商后，由中方指定。

十年来，随着自贸试验区建设的不断推进以及制度的创新和不断完善，国务院、交通运输部不断出台一系列新规定，并在原有的法律、行政法规基础上对相关内容进行了适当修订和完善。例如，国务院分别于2013年、2016年、2019年、2023年对《国际海运条例》进行了修订。2019年11月28日，修正后的《国际海运条例实施细则》公布。2018年1月9日，《国务院关于在自由贸易试验区暂时调整有关行政法规、国务院文件和经国务院批准的部门规章规定

---

① 参见张湘兰、张辉：《"入世"与中国海运服务贸易法律制度》，载《武大国际法评论》2003年第1期。

② 2019年修订后的《国际海运条例》第5条规定："经营国际船舶运输业务，应当具备以下条件：（1）取得企业法人资格；（2）有与经营该项业务相适应的船舶，其中必须有中国籍船舶；（3）投入运营的船舶符合国家规定的海上交通安全技术标准；（4）有提单、客票或者多式联运单证；（5）有具备国务院交通主管部门规定的从业资格的高级业务管理人员。"

的决定》(以下简称《暂时调整决定》)公布,明确在自由贸易试验区暂时调整 11 部行政法规等,其中包含《国际海运条例》,具体调整情况为:"暂时停止实施相关内容,允许设立外商独资国际船舶运输、国际船舶管理、国际海运货物装卸、国际海运集装箱站和堆场企业,允许外商合资、合作形式从事国际船舶代理业务,外方持股比例放宽至 51%。"2021 年 11 月 18 日,《国务院关于同意在中国(上海)自由贸易试验区临港新片区暂时调整实施有关行政法规规定的批复》公布,在上海自贸区临港新片区内暂时调整实施《国际海运条例》《国内水路运输管理条例》的相关规定。①

从中可见,配套政策的出台是及时有效的,政策效果也在不断显现(具体见表 3.1)。

表 3.1　外资控股经营国际船舶运输业务的支持政策进度表②

政策公布日期	发布主体	文件名称和具体内容
2013 年 9 月 27 日	国务院	《中国(上海)自由贸易试验区总体方案》:"放宽中外合资、中外合作国际船舶运输企业的外资股比限制,由国务院交通运输主管部门制定相关管理试行办法。"
2014 年 1 月 27 日	交通运输部	《关于中国(上海)自由贸易试验区试行扩大国际船舶运输和国际船舶管理业务外商投资比例实施办法的公告》:明确具体操作办法和法律参照
2014 年 10 月 31 日		《贯彻落实〈国务院关于促进海运业健康发展的若干意见〉的实施方案》:"(九)深化海运改革开放。……在中国(上海)自由贸易试验区稳妥开展外商成立独资船舶管理公司、控股合资海运公司、海员外派机构等对外开放试点……"

---

① 参见中华人民共和国中央人民政府:《国务院关于同意在中国(上海)自由贸易试验区临港新片区暂时调整实施有关行政法规规定的批复》,http://www.gov.cn/zhengce/content/2021-11/18/content_5651689.htm,2022 年 1 月 20 日访问。

② 本表系笔者根据国务院、国家发改委、商务部和交通运输部公布的相关文件整理而成。

(续表)

政策公布日期	发布主体	文件名称和具体内容
2015年4月20日	国务院办公厅	《自由贸易试验区外商投资准入特别管理措施（负面清单）（2015年版）》："水上运输公司（上海自贸试验区内设立的国际船舶运输企业除外）属于限制类，须由中方控股，且不得经营以下业务：（1）中国国内水路运输业务，包括以租用中国籍船舶或者舱位等方式变相经营水路运输业务；（2）国内船舶管理、水路旅客运输代理和水路货物运输代理业务。"
2015年4月20日	国务院	《中国（福建）自由贸易试验区总体方案》："探索具有国际竞争力的航运发展制度和运作模式。允许设立外商独资国际船舶管理企业。放宽在自贸试验区设立的中外合资、中外合作国际船舶企业的外资股比限制。允许外商以合资、合作形式从事公共国际船舶代理业务，外方持股比例放宽至51%，将外资经营国际船舶管理业务的许可权限下放给福建省，简化国际船舶运输经营许可流程。"
2015年4月20日	国务院	《中国（广东）自由贸易试验区总体方案》："积极发展国际船舶运输、国际船舶管理、国际船员服务、国际航运经纪等产业，支持港澳投资国际远洋、国际航空运输服务，允许在自贸试验区试点航空快件国际和台港澳中转集拼业务。允许设立外商独资国际船舶管理企业。放宽在自贸试验区设立的中外合资、中外合作国际船舶企业的外资股比限制。允许外商以合资、合作形式从事公共国际船舶代理业务，外方持股比例放宽至51%，将外资经营国际船舶管理业务的许可权限下放给广东省。"
		《中国（天津）自由贸易试验区总体方案》："允许设立外商独资国际船舶管理企业。放宽在自贸试验区设立的中外合资、中外合作国际船舶企业的外资股比限制。允许外商以合资、合作形式从事公共国际船舶代理业务，外方持股比例放宽至51%，将外资经营国际船舶管理业务的许可权限下放给天津市。"

(续表)

政策公布日期	发布主体	文件名称和具体内容
2015年6月5日	交通运输部	《关于在国家自由贸易试验区试点若干海运政策的公告》:"经国务院交通运输主管部门批准,外商可在自贸区设立股比不限的中外合资、合作企业,经营进出中国港口的国际船舶运输业务;其中,在上海自贸区可设立外商独资企业,在广东自贸区可设立港澳独资企业。""在自贸区设立的中外合资、合作国际船舶运输企业,其董事会主席和总经理由中外合资、合作的双方协商确定。"
2017年4月1日	国务院	《中国(湖北)自由贸易试验区总体方案》:"增强航运服务功能。在保障安全的前提下,放宽船舶融资租赁登记地选择,简化换证程序。将外资经营国际船舶管理业务的许可权限下放给湖北省。"
		《中国(辽宁)自由贸易试验区总体方案》:"在交通运输领域,完善快件处理设施和绿色通道。将外资经营国际船舶管理业务的许可权限下放给辽宁省。"
		《中国(陕西)自由贸易试验区总体方案》:"深入发展多式联运,引进航运及国际船舶运输服务等经纪公司。"
2018年5月23日		《国务院关于做好自由贸易试验区第四批改革试点经验复制推广工作的通知》:"服务业开放领域:……'国际船舶运输领域扩大开放'、'国际船舶管理领域扩大开放'、'国际船舶代理领域扩大开放'、'国际海运货物装卸、国际海运集装箱场站和堆场业务扩大开放'等5项。"

(续表)

政策公布日期	发布主体	文件名称和具体内容
2018年6月28日	国家发改委、商务部	《外商投资准入特别管理措施（负面清单）(2018年版)》："国内水上运输公司须由中方控股。"
2018年10月16日	国务院	《中国（海南）自由贸易试验区总体方案》："取消国际海上运输公司、国际船舶代理公司外资股比限制。"
2018年12月21日	国家发改委、商务部	《市场准入负面清单（2018年版）》："国内水路运输经营许可；国际海上运输业务及海运辅助业务经营审批。"
2019年6月30日		《外商投资准入特别管理措施（负面清单）(2019年版)》："国内水上运输公司须由中方控股。"
2019年8月6日	国务院	《中国（上海）自由贸易试验区临港新片区总体方案》："实施高度开放的国际运输管理。"
2020年6月23日		《外商投资准入特别管理措施（负面清单）(2020年版)》："国内水上运输公司须由中方控股。"
2020年12月31日	国家发改委、商务部	《自由贸易试验区外商投资准入特别管理措施（负面清单）(2020年版)》："国内水上运输公司须由中方控股。"
		《海南自由贸易港外商投资准入特别管理措施（负面清单）(2020年版)》："国内水上运输公司须由中方控股。"
2021年12月27日		《自由贸易试验区外商投资准入特别管理措施（负面清单）(2021年版)》："国内水上运输公司须由中方控股。"
		《外商投资准入特别管理措施（负面清单）(2021年版)》："国内水上运输公司须由中方控股。"

（二）国际海上运输业市场准入的评估

笔者就我国国际船舶运输市场准入政策评估如下：

（1）从政策运行的角度看，我国开放国际船舶运输市场是一个循序渐进的过程，是逐步试点探索直至完全开放的过程。

（2）从对航运业影响的角度看，设立自贸试验区前，在我国境内设立国际海上运输企业须由中方控股。自2018年起，在全国范围内允许设立外商独资的国际船舶运输企业。这一政策与以往相比，有了巨大的突破，这将有助于我国引入国外先进的航运管理理念，完善我国航运企业的管理模式，增强航运企业的竞争意识，采取较为精细化的管理。同时，该政策属于全国首创，有一定的创新性，因此会对我国航运业创新发展产生较大的推动作用。

（3）从政策运行效果的角度看，目前为止，在自贸试验区内完成注册的外商独资国际船舶运输企业并不是很多。主要原因在于，放宽外商投资国际船舶运输准入的门槛对于国外航运企业的吸引力并不是很大，而且允许外商在全国自贸试验区内设立独资国际船舶运输这一规定出台的时间较短，很多企业可能还在观望这一规定。因此，尚需要时间去跟踪政策的运行效果。

（三）进一步完善国际海上运输业市场准入的建议

1. 改善国内投资环境

在税费上，目前我国内地航运企业一般要按照利润总额的25%缴纳企业所得税，并且还有其他附加税。而在新加坡，税制简单，企业所得税税率仅为17%，且根据新加坡所得税法令对收入来源于新加坡注册并航行于国际海域的船舶免征所得税。在我国香港地区，企业所得税税率为16.5%，并且对于国际航运企业境外所得免征。此外，我国香港地区对外国航运企业的进驻不作任何限制，其经营内容和范围等完全由外资航运企业自己决定。① 由此可见，外商在我国内地设立国际船舶运输企业面临的税收方面压力仍旧很大。因此，应进一步完善外商在我国内地的投资环境，给外商提供一定的税收优惠政策，提高外商对进驻我国内地设立国际船舶运输企业的吸引力。

2. 完善配套政策

目前，我国多数航运企业的管理模式仍有不足，航运企业的精细化管理水平仍有待提升，相配套政策也需要进一步完善。例如，

---

① 参见殷明主编：《中国港航业的创新发展：从自由贸易试验区到自由贸易港》，上海浦江教育出版社2019年版，第40—41页。

可借鉴国际上有益的做法，交通运输部与财政部等相协调，降低航运企业税负，包括船舶吨税、船员个人所得税等。

二、国际海上运输辅助业市场准入

国际海上运输辅助业是指与国际海上运输相关的辅助性经营活动，包括国际船舶管理、国际船舶代理以及国际海运货物装卸、国际海运货物仓储、国际海运集装箱站和堆场等业务。[①] 以下，笔者就这几个方面外资在我国自贸试验区国际航运市场准入的创新发展作进一步研究。

（一）国际海上运输辅助业市场准入的运行现状

1. 国际船舶管理

国际船舶管理领域的开放主要是允许外商成立从事国际船舶管理业务的独资公司。国际船舶管理依据管理主体的不同可以分为三类：船东本身对国际船舶管理（包括航次租船、期租）、租船人对国际船舶管理、第三方对国际船舶管理（专业管理）。[②] 国际船舶管理企业是具备专业的船舶管理体制并取得相应船舶管理资质的企业，它们受船东委托，向委托方收取一定管理费，对船舶技术、安全等方面进行管理，以最大限度确保船舶的营运和航行安全。一般来讲，一国船舶管理水平是该国航运软实力的直接体现。由于国际上航运发达国家的船舶管理企业发展起步较早，其国际船舶管理业务具有一定的规模性，因此积累了较为丰富的经验并具有相对的优势。我国国内国际船舶企业的发展起步相对较晚，已有的国际船舶企业规模都不大，大多是在原来的机务、海务部门基础上建立起来的，并且在国际船舶管理业务方面的经验尚不丰富。[③] 由此可见，当前我国虽然已是全球航运大国，但是船舶管理水平仍存在局限和不足之处，尚需进一步推进专业化的国际船舶管理企业发展。

自 2014 年 1 月 1 日起，低绩效的船舶管理企业开始面临比高绩

---

① 参见 2023 年修订的《国际海运条例》第 2 条。
② 参见李强：《上海自贸区国际航运服务创新进展、计划与建议》，载《中国流通经济》2015 年第 8 期。
③ 参见张文颖：《上海自贸区建设对上海航运业的影响分析》，载《对外经贸》2014 年第 4 期。

效的船舶管理企业更高的管理和监管成本。而允许外商成立从事国际船舶管理业务的独资公司可利用"鲶鱼"效应,以充分和有效的竞争方式促使国内船舶管理企业进一步加强对船舶的营运和航行安全管理,从而对标国际最高标准,提高船舶管理水平。

在政策方面,随着 2013 年上海自贸试验区成立,2013 年《实施意见》明确,允许外商设立独资公司从事船舶管理业务,外商可在上海自贸试验区内设立独资公司经营国际船舶管理业务;港澳台商比照执行;相关管理试行办法另行制定。之后,上海市人民政府公布《2013 自贸试验区负面清单》,该版负面清单的出台是为了贯彻落实 2013 年《国务院关于印发中国(上海)自由贸易试验区总体方案的通知》,是首次在上海自贸试验区先行试点扩大船舶管理企业的外商投资比例。此后,一系列政策随之出台(详细见表 3.2),同时该政策也在全国范围内逐步复制推广并实施。

表 3.2　外资控股经营国际船舶管理业务的支持政策进度表①

政策公布日期	发布主体	文件名称和具体内容
2013 年 9 月 27 日	国务院	《中国(上海)自由贸易试验区总体方案》:"放宽中外合资、中外合作国际船舶运输企业的外资股比限制……允许设立外商独资国际船舶管理企业。"
2013 年 9 月 27 日	交通运输部、上海市人民政府	《交通运输部、上海市人民政府关于落实〈中国(上海)自由贸易试验区总体方案〉加快推进上海国际航运中心建设的实施意见》:"允许外商设立独资企业从事船舶管理业务。外商可在中国(上海)自由贸易试验区投资设立独资企业经营国际船舶管理业务。港澳台商比照执行。相关管理试行办法另行制定。"
2014 年 1 月 27 日	交通运输部	《关于中国(上海)自由贸易试验区试行扩大国际船舶运输和国际船舶管理业务外商投资比例实施办法的公告》:明确具体操作办法和法律参照

---

① 本表系笔者根据国务院、交通运输部和上海市人民政府等公布的相关文件整理而成。

（续表）

政策公布日期	发布主体	文件名称和具体内容
2014年8月15日	国务院	《国务院关于促进海运业健康发展的若干意见》第8条："稳步推进对外开放，在风险可控前提下，在中国（上海）自由贸易试验区稳妥开展外商成立独资船舶管理公司、控股合资海运公司等试点。"
2014年10月31日	交通运输部	《贯彻落实〈国务院关于促进海运业健康发展的若干意见〉的实施方案》："（九）深化海运改革开放。……在中国（上海）自由贸易试验区稳妥开展外商成立独资船舶管理公司、控股合资海运公司、海员外派机构等对外开放试点……"
2015年4月20日	国务院	《中国（福建）自由贸易试验区总体方案》："探索具有国际竞争力的航运发展制度和运作模式。允许设立外商独资国际船舶管理企业。放宽在自贸试验区设立的中外合资、中外合作国际船舶企业的外资股比限制。允许外商以合资、合作形式从事公共国际船舶代理业务，外方持股比例放宽至51%，将外资经营国际船舶管理业务的许可权限下放给福建省，简化国际船舶运输经营许可流程。"
		《中国（广东）自由贸易试验区总体方案》："积极发展国际船舶运输、国际船舶管理、国际船员服务、国际航运经纪等产业，支持港澳投资国际远洋、国际航空运输服务，允许在自贸试验区试点航空快件国际和台港澳中转集拼业务。允许设立外商独资国际船舶管理企业。放宽在自贸试验区设立的中外合资、中外合作国际船舶企业的外资股比限制。允许外商以合资、合作形式从事公共国际船舶代理业务，外方持股比例放宽至51%，将外资经营国际船舶管理业务的许可权限下放给广东省。"
		《中国（天津）自由贸易试验区总体方案》："允许设立外商独资国际船舶管理企业。放宽在自贸试验区设立的中外合资、中外合作国际船舶企业的外资股比限制。允许外商以合资、合作形式从事公共国际船舶代理业务，外方持股比例放宽至51%，将外资经营国际船舶管理业务的许可权限下放给天津市。"

（续表）

政策公布日期	发布主体	文件名称和具体内容
2017年4月1日	国务院	《中国（湖北）自由贸易试验区总体方案》："增强航运服务功能。在保障安全的前提下，放宽船舶融资租赁登记地选择，简化换证程序。将外资经营国际船舶管理业务的许可权限下放给湖北省。"
		《中国（辽宁）自由贸易试验区总体方案》："在交通运输领域，完善快件处理设施和绿色通道。将外资经营国际船舶管理业务的许可权限下放给辽宁省。"
		《中国（浙江）自由贸易试验区总体方案》："加快拓展国际船舶管理服务。"
2018年5月23日		《国务院关于做好自由贸易试验区第四批改革试点经验复制推广工作的通知》："服务业开放领域：……'国际船舶运输领域扩大开放'、'国际船舶管理领域扩大开放'、'国际船舶代理领域扩大开放'、'国际海运货物装卸、国际海运集装箱场站和堆场业务扩大开放'等5项。"
2018年6月28日	国家发改委、商务部	《外商投资准入特别管理措施（负面清单）（2018年版）》：无规定即开放
2018年6月30日		《自由贸易试验区外商投资准入特别管理措施（负面清单）（2018年版）》：无规定即开放
2018年7月25日	交通运输部	《贯彻落实〈中共中央、国务院关于支持海南全面深化改革开放的指导意见〉实施方案》："加强海运管理政策和制度创新，积极推进海南在国际海运及相关辅助业务市场全面对外开放，大力提升运输及相关服务便利化水平，努力营造良好营商环境，促进海南现代航运服务业加快发展。""在海南率先实现国际海运领域全面对外开放。外商在海南可以设立独资企业或股比不限的合资合作企业，经营国际船舶运输、国际船舶管理、国际船舶代理、国际海运货物装卸、国际海上集装箱场站和堆场等各项国际海运及辅助业务。"

(续表)

政策公布日期	发布主体	文件名称和具体内容
2018年10月16日	国务院	《中国（海南）自由贸易试验区总体方案》："逐步开放中国籍国际航行船舶入级检验。将无船承运、外资经营国际船舶管理业务行政许可权下放给海南省。"
2018年12月21日	国家发改委、商务部	《市场准入负面清单（2018年版）》：无规定即开放
2019年6月30日		《外商投资准入特别管理措施（负面清单）(2019年版)》《自由贸易试验区外商投资准入特别管理措施（负面清单）(2019年版)》：无规定即开放
2019年8月6日	国务院	《中国（上海）自由贸易试验区临港新片区总体方案》："实施高度开放的国际运输管理。"
2020年6月23日	国家发改委、商务部	《外商投资准入特别管理措施（负面清单）(2020年版)》：无规定即开放
		《自由贸易试验区外商投资准入特别管理措施（负面清单）(2020年版)》：无规定即开放
2020年12月31日		《海南自由贸易港外商投资准入特别管理措施（负面清单）(2020年版)》：无规定即开放
2021年12月27日		《自由贸易试验区外商投资准入特别管理措施（负面清单）(2021年版)》：无规定即开放
		《外商投资准入特别管理措施（负面清单）(2021年版)》：无规定即开放

2. 国际船舶代理

国际船舶代理业务是国际海上运输辅助业的重要内容之一，该业务的经营者在受船舶所有人、承租人或经营人委托后，从事的具体业务有：办理船舶进出港手续，联系安排引航、靠泊和装卸；代签提单、运输合同，代办接受订舱业务；办理船舶、集装箱和货物的报关手续；承揽货物，办理货物、集装箱的托运和中转；代收运费，代办结算；组织客源，办理有关海上旅客运输业务等。① 由此可见，国际船舶代理业务是国际航运市场运行过程中不可或缺的重要环节。

十年来，国际船舶代理外资准入相关规定的变化主要体现于我国颁布的一些负面清单中，在福建、广东、天津自贸试验区和海南自由贸易港总体方案中也有体现（具体见表3.3）。

表3.3　国际船舶代理的支持政策进度表②

政策公布日期	发布主体	文件名称和具体内容
2013年9月29日	上海市人民政府	《中国（上海）自由贸易试验区外商投资准入特别管理措施（负面清单）（2013年版）》："限制投资船舶代理（中方控股）。"
2015年4月20日	国务院办公厅	《自由贸易试验区外商投资准入特别管理措施（负面清单）（2015年版）》："船舶代理外资比例不超过51%。"
	国务院	《中国（福建）自由贸易试验区总体方案》《中国（广东）自由贸易试验区总体方案》《中国（天津）自由贸易试验区总体方案》："允许外商以合资、合作形式从事公共国际船舶代理业务，外方持股比例放宽至51%。"
2017年6月5日	国务院办公厅	《自由贸易试验区外商投资准入特别管理措施（负面清单）（2017年版）》："国际、国内船舶代理企业外资股比不超过51%。"
2018年5月23日	国务院	《国务院关于做好自由贸易试验区第四批改革试点经验复制推广工作的通知》："服务业开放领域：……'国际船舶运输领域扩大开放'、'国际船舶管理领域扩大开放'、'国际船舶代理领域扩大开放'、'国际海运货物装卸、国际海运集装箱场站和堆场业务扩大开放'等5项。"

---

① 参见汪传旭、董岗、许长延：《自由贸易试验区背景下上海国际航运中心建设研究》，华东理工大学出版社2015年版，第193页。

② 本表系笔者根据国务院、交通运输部和上海市人民政府等公布的相关文件整理而成。

(续表)

政策公布日期	发布主体	文件名称和具体内容
2018年6月28日	国家发改委、商务部	《外商投资准入特别管理措施（负面清单）（2018年版）》："国内船舶代理公司须由中方控股。"
2018年6月30日		《自由贸易试验区外商投资准入特别管理措施（负面清单）（2018年版）》："国内船舶代理公司须由中方控股。"
2018年7月25日	交通运输部	《贯彻落实〈中共中央、国务院关于支持海南全面深化改革开放的指导意见〉实施方案》："在海南率先实现国际海运领域全面对外开放。外商在海南可以设立独资企业或股比不限的合资合作企业，经营国际船舶运输、国际船舶管理、国际船舶代理、国际海运货物装卸、国际海上集装箱站和堆场等各项国际海运及辅助业务。"
2018年10月16日	国务院	《中国（海南）自由贸易试验区总体方案》："取消国际海上运输公司、国际船舶代理公司外资股比限制。"

从表3.3可以发现，2018年全国版、自贸试验区版负面清单均仅规定："国内船舶代理公司须由中方控股。"这意味着，外商投资国际船舶代理公司的持股比由原先的不超过51%变为无持股比限制，也即国际船舶代理市场对外商完全开放。

此后，2019年6月30日公布的自贸试验区版和全国版负面清单中均删除"国内船舶代理公司须由中方控股"。这意味着，对外商投资国内船舶代理公司的持股比无要求，国内船舶代理市场也对外商完全开放。

由此看出，无论是国内船舶代理市场还是国际船舶代理市场，对外资的开放均是一个循序渐进、从试点到复制推广的过程。

3. 国际海运货物装卸、国际海运集装箱站和堆场等业务

在国际航运市场上，允许外商在国际海运货物装卸、国际海运集装箱站和堆场等业务方面成立独资公司，也是自贸试验区航运创

新政策之一。现将近年来的政策、进度梳理如下：

表 3.4　其他外商从事国际海上运输辅助业务的支持政策①

政策公布日期	发布主体	文件名称和具体内容
2013 年 9 月 29 日	上海市人民政府	《中国（上海）自由贸易试验区外商投资准入特别管理措施（负面清单）（2013 年）》："投资国际海运货物装卸、国际海运集装箱站和堆场业务限合资、合作。"
2014 年 7 月 1 日		《中国（上海）自由贸易试验区外商投资准入特别管理措施（负面清单）（2014 年修订）》：无规定即开放
2015 年 4 月 20 日	国务院	《进一步深化中国（上海）自由贸易试验区改革开放方案》："扩大国际中转集拼业务，拓展海运国际中转集拼业务试点范围，打造具有国际竞争力的拆、拼箱运作环境，实现洋山保税港区、外高桥保税物流园区集装箱国际中转集拼业务规模化运营；拓展浦东机场货邮中转业务，增加国际中转集拼航线和试点企业，在完善总运单拆分国际中转业务基础上，拓展分运单集拼国际中转业务。"
2015 年 6 月 5 日	交通运输部	《关于在国家自由贸易试验区试点若干海运政策的公告》："在自贸区设立的外商独资企业可以经营国际海运货物装卸、国际海运集装箱站和堆场业务。相关要求和办理程序，按照《中华人民共和国国际海运条例》和《中华人民共和国国际海运条例实施细则》有关规定执行。"
2018 年 5 月 23 日	国务院	《国务院关于做好自由贸易试验区第四批改革试点经验复制推广工作的通知》："服务业开放领域：……'国际海运货物装卸、国际海运集装箱场站和堆场业务扩大开放'等 5 项。"
2018 年 6 月 28 日	国家发改委、商务部	《外商投资准入特别管理措施（负面清单）（2018 年版）》：无规定即开放
2018 年 12 月 21 日		《市场准入负面清单（2018 年版）》："国际海上运输业务及海运辅助业务经营审批。"

---

① 本表系笔者根据国务院、交通运输部和上海市人民政府等公布的相关文件整理而成。

（二）国际海上运输辅助业市场准入的评估

1. 国际船舶管理

从政策运行角度来看，航运相关配套措施出台高效且非常及时，是自贸试验区推进较快的一项创新政策。但是，目前外资船舶管理公司进入中国市场的主要需求在于管理五星旗船舶和进入中国的船员市场。在五星旗船舶管理方面，相关政策规定尚未明朗。[①] 在船员管理方面，我国更是尚未对外开放，只有深圳前海允许外资船舶管理公司外派船员。根据媒体报道，世界排名第三的船舶管理公司 Fleet Management Limited 已在深圳前海注册。[②] 此外，船舶管理的行政审批程序仍需进一步完善。

从政策对航运影响的角度来看，国际船舶管理制度对我国航运业的发展起到了积极的推动作用。但同时，由于该制度在我国起步较晚，同国际上拥有一定规模和影响力船舶管理公司的国家相比，我国在船舶管理方面与其存在技术力量、管理方法和经验水平上的差距，仍有一定的发展空间。

从政策的运行效果来看，国际上有一定规模的国际船舶管理公司已在自贸试验区内注册。例如，世界最大的船舶管理公司 V-SHIP、上海润元船舶管理有限公司、海工船舶管理（上海）有限公司、马士基（上海）船务管理咨询有限公司等外商独资船舶管理企业已落户上海自贸试验区；深圳前海也已允许港资国际船舶管理企业开展海员外派业务，其中包括世界第二大船舶管理公司香港华林集团旗下的骅林海事服务（深圳）有限公司、Fleet Management Limited 等。根据 2021 年 7 月 8 日上海市人民政府发布的《上海国

[①] 根据交通运输部发布的《中华人民共和国船舶安全营运和防止污染管理规则》，在我国设立的外资船舶管理公司在国内从事五星旗船舶管理业务，还需要取得由国家海事局审核颁发的安全管理证书，但这类证书国家海事局尚未明确是否会颁发给外资船舶管理企业。

[②] 参见《世界排名第三的船管公司去了前海，它为何没有选择上海自贸区》，360 个人图书馆网，2015 年 12 月 3 日，http：//www.360doc.com/content/15/1203/15/14498325_517645228.shtml，2019 年 1 月 1 日访问。

际航运中心建设"十四五"规划》，除国内水路运输业务，其他航运业务均已对外开放，累计已有34家外资国际船舶管理公司获批入驻自贸试验区。由此可见，国际船舶管理对外开放政策通过近些年的运行和推广，已取得一定的效果。但是，也有很多外资船舶管理公司还处于观望状态，希望能有更好的政策出台。

2. 国际船舶代理

外资控股国际船舶代理业务的开放政策推进速度较快，从之前外资控股比在自贸试验区内不超过51%，到2018年全国版和自贸试验区版负面清单取消外资控股比的限制，即允许外商在全国范围内独资经营国际船舶代理业务。但是，由于政策更新较快，同时本地船代企业基本都有自己固定的客户，外资很难快速进入本地市场。因此，该政策落地实施的效果不明显。

3. 国际海运货物装卸、国际海运集装箱站和堆场等业务

允许外商成立独资公司从事国际海运货物装卸、国际海运集装箱站和堆场业务这一创新政策已在全国范围内推广。但是，由于我国已经形成较为稳定的港口经营管理模式，且在该模式下港口运营良好，因此，虽然取消对外商经营这一业务的准入限制，但在全国范围内尚未有外商以独资方式经营港口码头。该政策落地实施的效果也不明显。

（三）进一步完善国际海上运输辅助业市场准入的建议

第一，借鉴国际经验，形成我国自己的优势。开放航运管理市场，一方面能够给我国带来国际上先进的管理理念，进而更好地服务于本国船东；另一方面，也可以让我国船舶管理企业更好地把握国际产业发展规律，认清目前存在的不足之处，找出差距，与国际接轨。因此，我国船舶管理企业应向国际知名船舶管理公司学习，汲取更多好的管理经验，以服务于本国航运业的发展，进而形成自己的优势。

第二，继续完善配套政策。我国巨大的船舶管理市场和船员市场对外资船舶管理公司是很有吸引力的，但是仍有一些政策上的限制，导致一些船舶管理公司未能进入我国市场，其中包括税收政策

限制、行政审批效率不高等一系列原因。因此,需要充分调研市场,继续完善相关配套政策,以使相关政策能更好地发挥其应有的作用。

第三节 自贸试验区国际邮轮市场准入的创新发展

我国自贸试验区和海南自由贸易港建设为国际邮轮市场的发展创造了有利条件,深入研究自贸试验区和海南自由贸易港背景下国际邮轮市场准入的一系列制度创新,对促进我国国际邮轮市场的进一步发展意义深远。

一、国际邮轮市场准入及评估

在自贸试验区和海南自由贸易港建设背景下,我国国际邮轮市场准入的一系列创新措施正在有序推进中,我们有必要对国际邮轮市场准入及时评估和总结。

(一)国际邮轮市场准入的运行现状

邮轮诞生于欧洲,经过一百多年的发展,欧美众多国家的邮轮以及相关立法发展已较为成熟。与邮轮产业发达的欧美国家相比,我国邮轮产业发展和相关立法完善的空间较大。目前,我国尚未对"邮轮"一词进行界定,官方文件大多采用"邮轮旅游"(cruise ship tourism)一词。例如,《上海市旅游条例》第59条从邮轮旅游角度对邮轮公司、旅行社、旅游者三方面权利义务进行界定。

邮轮市场是由邮轮设计制造、邮轮营销、游客服务、母港服务以及邮轮消费等众多环节形成的若干邮轮产业链组成的巨大消费服务市场。有学者把邮轮市场大致分为两种形式:[①] 一种是邮轮旅游市场。主要是指邮轮公司、游客以及旅行社之间的合同或委托等关系,游客到港岸上旅游、消费等服务关系,是邮轮经济的终端市场。另

[①] 参见孙妍:《基于产业链投入产出表的邮轮经济产业关联度测算》,载《统计与决策》2017年第19期。

一种是邮轮产业市场。主要是指邮轮设计制造、邮轮运营和代理、邮轮设施和零部件等供应市场以及母港建设和服务等,是邮轮经济中最基础的构成成分。

在国际市场中,市场准入通常表现为一国对外国资本进入国内市场而规定的各种程序和条件规则以及一国对本国资本进入国际市场而规定的各种程序和条件规则。① 笔者界定的邮轮市场准入即基于市场准入定义,对进入我国邮轮市场的国内外企业、资本或服务等主体进行研究和限制。邮轮市场准入具有市场主体多元化、制造技术垄断性以及涉外性强等特征。

《中国邮轮产业发展报告(2018)》显示,2017 年中国出境旅游市场达到 1.31 亿人次,继续保持全球最大邮轮客源国地位,在邮轮出境市场,中国成为全球第二大邮轮客源国,中国邮轮产业发展进入黄金发展期。② 可见,我国邮轮旅游虽起步较晚,但市场潜力巨大。同时,邮轮市场的兴旺蓬勃发展也能够带动邮轮经济产业链的延伸壮大。然而,2020 年新冠病毒感染疫情席卷全球,旅游经济受到了巨大的冲击。相关数据显示,2020 年国内游客规模为 28.8 亿人次,比疫情前 2019 年下降 52.1%。在疫情影响下,邮轮行业成为受到冲击最大、恢复最慢的行业之一。随着疫情防控态势的变化和我国双循环发展的不断推动,旅游业的恢复发展必将带动邮轮产业的复苏。2021 年 11 月《中国邮轮产业发展报告(2021)》总结了 2020—2021 年全球及中国邮轮产业链发展形势,指出我国用构建国内旅游大循环的成效和经验去影响带动国际旅游发展,中国市场依然具有良好的发展前景、市场机遇和未来潜力。③

此外,邮轮产业作为集聚多个经济行业的集合体,涉及运输业、

---

① 参见李昌麒主编:《经济法学》,法律出版社 2007 年版,第 147 页。
② 参见《报告精读 邮轮绿皮书:中国邮轮产业发展报告(2018)国际版》,社会科学文献出版社官网,2019 年 4 月 22 日,https://www.ssap.com.cn/c/2019-04-22/1076398.shtml,2020 年 5 月 4 日访问。
③ 参见储舒婷:《中国邮轮产业发展报告(2021)发布:中国邮轮产业具备良好的振兴基础,上海将建设国际一流邮轮港》,文汇报网,2021 年 11 月 28 日,http://wenhui.whb.cn/zhuzhan/xue/20211128/436441.html,2022 年 3 月 10 日访问。

旅游业、制造业等多个领域。在立法方面，这些领域各自有单行成文法，如《海商法》《旅游法》等，无法形成单行的涵盖各个行业的邮轮产业链专门法律，现阶段有关邮轮的立法主要表现为国家层面的指导性意见以及各部委出台的相关规定，邮轮市场法律制度保障有待进一步研究和完善。[①] 鉴于本书主要围绕自贸试验区背景下的国际邮轮市场准入创新政策进行研究，以下对我国自贸试验区涉及国际邮轮市场准入的相关推进政策进行总结。

表3.5　国际邮轮市场准入的支持政策进度表[②]

政策公布日期	发布主体	文件名称和具体内容
2014年8月5日	国务院	《国务院关于促进海运业健康发展的若干意见》第4条："有序发展干散货运输船队和邮轮经济，巩固干散货运输国际优势地位，培育区域邮轮运输品牌。"
2014年10月31日	交通运输部	《贯彻落实〈国务院关于促进海运业健康发展的若干意见〉的实施方案》："在天津、上海、福建、海南等地开展邮轮运输创新试点示范工作，拓展邮轮航线，逐步发展中资邮轮运力，培育本土邮轮运输品牌。到2020年，邮轮航线、航班显著增加，形成2—3个有影响力的邮轮母港。"
2015年4月20日	国务院	《进一步深化中国（上海）自由贸易试验区改革开放方案》："推动与旅游业相关的邮轮、游艇等旅游运输工具出行便利化。"
		《中国（福建）自由贸易试验区总体方案》："允许在自贸试验区内注册的大陆资本邮轮企业所属的'方便旗'邮轮，经批准从事两岸四地邮轮运输。"

[①] 参见郭萍：《促进邮轮产业发展法制保障论略》，载《法学杂志》2016年第8期。
[②] 本表系笔者根据国务院、交通运输部和商务部等公布的相关文件整理而成。

（续表）

政策公布日期	发布主体	文件名称和具体内容
2017年4月1日	国务院	《中国（广东）自由贸易试验区总体方案》："允许在自贸试验区内注册的内地资本邮轮企业所属'方便旗'邮轮，经批准从事两岸四地邮轮运输和其他国内运输。"
		《中国（天津）自由贸易试验区总体方案》："完善国际邮轮旅游支持政策，提升邮轮旅游供应服务和配套设施水平，建立邮轮旅游岸上配送中心和邮轮旅游营销中心。"
		《中国（辽宁）自由贸易试验区总体方案》："加快东北亚区域性邮轮港口和国际客滚中心建设。""推动与旅游相关的邮轮、游艇等旅游运输工具出行的便利化。"
		《中国（浙江）自由贸易试验区总体方案》："推动与旅游相关的邮轮、游艇等旅游运输工具出行的便利化。"
2018年4月11日		《关于支持海南全面深化改革开放的指导意见》："支持海南开通跨国邮轮旅游航线，支持三亚等邮轮港口开展公海游航线试点，加快三亚向邮轮母港方向发展。放宽游艇旅游管制。"
2018年5月24日		《进一步深化中国（福建）自由贸易试验区改革开放方案》："支持厦门东南国际航运中心建设，推动邮轮、游艇等出行便利化，试点实施国际邮轮入境外国旅游团15天免签政策，加快厦门邮轮港口建设。"
		《进一步深化中国（广东）自由贸易试验区改革开放方案》："大力推动邮轮旅游发展，试点实施国际邮轮入境外国旅游团15天免签政策。深入推进粤港澳游艇自由行，进一步提升游艇通关便利化水平。"
		《进一步深化中国（天津）自由贸易试验区改革开放方案》："探索开展邮轮公海游试点。建设邮轮旅游岸上国际配送中心，创建与国际配送业务相适应的海关监管制度。"

(续表)

政策公布日期	发布主体	文件名称和具体内容
2018年10月16日	国务院	《中国（海南）自由贸易试验区总体方案》："提升高端旅游服务能力。发展环海南岛邮轮航线，支持邮轮企业根据市场需求依法拓展东南亚等地区邮轮航线，不断丰富由海南邮轮港口始发的邮轮航线产品。研究支持三亚等邮轮港口参与中资方便旗邮轮公海游试点，将海南纳入国际旅游'一程多站'航线。积极支持实施外国旅游团乘坐邮轮15天入境免签政策。优化对邮轮和邮轮旅客的检疫监管模式。建设邮轮旅游岸上国际配送中心，创建与国际配送业务相适应的检验、检疫、验放等海关监管制度。简化游艇入境手续。允许海南对境外游艇开展临时开放水域审批试点。实施琼港澳游艇自由行。建设一流的国际旅行卫生保健中心，为出入境人员提供高质量的国际旅行医疗服务。加强旅游行业信用体系建设。"
2021年4月24日	商务部	《上海市服务业扩大开放综合试点总体方案》：提出在五星红旗邮轮投入运营前，逐步推进中资邮轮运输经营主体开展中资非五星红旗邮轮海上游业务。将中资邮轮运输经营者开展中资非五星红旗邮轮海上游运输业务的许可下放至上海市交通运输主管部门，允许在上海市设立的外商独资旅行社试点经营中国公民出境旅游业务（赴台湾地区除外）

由表 3.5 可见，国际邮轮市场相关创新政策在全国自贸试验区范围逐步推进，从篇幅和内容来看，国家尤其重视海南自由贸易港国际邮轮旅游市场发展。2020 年 4 月 29 日，为全面支持海南自贸港深化改革开放，推动试点政策的落地，授权国务院在海南自贸试验区暂时调整实施《海商法》第 4 条第 2 款规定，[①] 具体为，将海南自贸试验区港口开展中资方便旗邮轮海上游业务的邮轮企业（经营主

[①] 《海商法》第 4 条第 2 款规定："非经国务院交通主管部门批准，外国籍船舶不得经营中华人民共和国港口之间的海上运输和拖航。"

体）及邮轮的市场准入许可、仅涉及海南自贸试验区港口的外籍邮轮多点挂靠航线许可权限由国务院交通运输主管部门下放至海南省交通运输主管部门。基于海南海域情况及海南国际邮轮发展状况，在五星红旗邮轮投入运营前，允许中资邮轮运输经营主体在海南三亚、海口邮轮港开展中资方便旗邮轮海上游业务。① 这一调整为海南自贸港开展海上旅游航线的试点先行提供了重要的法律保障，有利于推动海南邮轮母港的发展，促进海南邮轮经济的对外开放。此外，结合各自贸试验区特点和优势，上海、福建、广东、天津等自贸试验区国际邮轮市场准入的一系列创新措施也正在有序推进中。

放眼全国各地，各自贸试验区国际邮轮市场准入方面发展各不相同。笔者在此主要介绍海峡两岸暨香港、澳门邮轮运输放宽市场准入方面的情况。海峡两岸暨香港、澳门邮轮运输市场是中国邮轮发展中独具特色的市场，也是香港国际航运中心、澳门繁荣发展，以及促进海峡两岸深入交流的重要保障。自中国政府对香港和澳门恢复行使主权以及海峡两岸间互通之后，中国对海峡两岸暨香港、澳门的相关运输按照"实行特殊管理的国内航线"进行管理，在市场准入方面仍然有较为严格的限制。按照福建自贸试验区的方案，允许在区内注册成立的大陆资本邮轮企业所属的"方便旗"邮轮，经批准从事海峡两岸暨香港、澳门邮轮运输业务，由此对需要悬挂五星红旗的原有政策进一步放宽，以培育促进市场发展。

围绕该项政策，福建省人民政府积极出台了一系列创新措施，主要有：探索邮轮出进关流程便利化方案，以厦门为出发港的国内邮轮旅客经停台湾至境外访问时，在台湾落地单个港口不超过12小时可以免办通行证和入台证，凭船卡"团进团出"入出关作短暂旅游访问。特许境外和台湾邮轮旅客在邮轮经停厦门访问时，在厦门落地不超过24小时可以免签证，凭船卡"团进团出"入出关作短暂旅游访问。积极推动两岸邮轮经济圈建设，研究探索厦门港先行先

---

① 参见《全国人民代表大会常务委员会关于授权国务院在中国（海南）自由贸易试验区暂时调整适用有关法律规定的决定》，中国政府网，2020年4月29日，http://www.gov.cn/xinwen/2020-04/29/content_5507538.htm，2020年5月2日访问。

试国际邮轮"两头在外、中间直航"模式,并视情况开展试点。允许国际邮轮从境外港口出发,经厦门港与台湾双向直航,邮轮上原承载的旅客在厦门或台湾下船观光后仍随船完成整个国际航程;同时允许从厦门或台湾承载新旅客上船并随船完成整个国际航程。争取厦门先行先试邮轮直航两岸多点挂靠基本港政策,允许国际邮轮从台湾或大陆其他港口出发,经厦门港双向直航。此外,还积极规划建设厦门邮轮母港的配送中心、供应报税仓库,探索建立邮轮配送的市场体系;开展邮轮信息化建设,探索建立统一的服务船东、旅行社、旅客、码头的邮轮信息平台等。

(二) 国际邮轮市场准入的评估

1. 国际邮轮市场准入的行业界定不清

邮轮的法律性质具有双重性。具体为:邮轮法律制度在GATS框架下既具有服务贸易中的旅游贸易属性,又有海运服务贸易属性。在现行邮轮产业制度下,邮轮的旅游功能日益显现,而传统的旅客运输功能逐渐弱化。然而,我国外资邮轮的市场准入制度主要由交通运输部的部门规章加以规范。现阶段的准入制度对于第三产业的重视程度不够,导致出现邮轮产业的相关规定不一致的现象。[①] 我们应该更好地认识邮轮具有的旅游和运输的双重属性,这样才能更好地促进海上旅游经济等一系列邮轮产业链的发展。

2. 国际邮轮市场法律保障制度不完善

由于邮轮产业具有双重性和特殊性的特点,在邮轮市场准入、产业经营等方面缺乏一个系统的法制体系来保障邮轮产业的发展,在GATS框架下现有邮轮市场准入制度归入旅游服务贸易下会面临开放幅度过大的局面。此外,由于没有一个产业能完全跨入两个行业,因此邮轮产业在目前情况下应该归入海运服务贸易调整范畴中,但目前国际社会在海运服务的开放领域正处于尚未达成共识的状态,国际上对海运服务业主要还是通过法律文件进行规制。[②] 在我国,邮轮产业刚刚兴起,相关法律法规的缺位也必然会影响国际邮轮市场

[①] 参见郭萍:《促进邮轮产业发展法制保障论略》,载《法学杂志》2016年第8期。
[②] 参见吕方园、戴瑜:《WTO视角下的中国邮轮经济发展问题论略》,载《时代经贸》2013年第7期。

的发展，完善国际邮轮市场法律保障制度任重道远。

3. 国际邮轮市场准入安全监管不到位

保证邮轮运输和旅客安全是国际邮轮市场准入中重要的一部分。随着我国政府的简政放权，市场准入在行政管理方面也发生变化，逐步从以审批管理为重点向对市场秩序和安全监督为重点转变。我国国际邮轮市场准入应该以安全监管为重点。但是，目前邮轮安全监管尚处于缺位状态。我国目前国内邮轮市场上外资邮轮公司运营占大多数，如何充分行使我国邮轮市场准入自主监管权，关系国内邮轮市场能否健康有序发展。同时，邮轮旅游等市场活动又具有复杂性，对邮轮市场安全有效监管的需求十分迫切。

4. 国际邮轮区域经济效益显现不足

邮轮经济的特点是高增长、高聚焦、高产值和高门槛。世界邮轮经济一直保持稳健增长，成为国际旅游业中增速最快的新兴产业，从 2018 年起，我国邮轮产业步入"邮轮旅游"向"邮轮经济"转变的关键时期，邮轮全产业链发展进入实质阶段。[①] 然而，目前我国邮轮产业经济效益主要来自邮轮停靠接待业务、岸上旅游服务和少数邮轮供应服务。以南沙邮轮码头为例，南沙邮轮经济效益单一，主要来源接待业务，其旅游和购物消费等产业链尚未完全形成。[②]

二、国际邮轮市场准入的完善

1. 完善涉及邮轮产业发展的相关法律规则

我国首先应梳理现有邮轮市场政策、法律法规等，利用 2020 年国家发改委公布的《鼓励外商投资产业目录（2020 年版）》中规定"豪华邮轮及深水（3000 米以上）海运工程装备的设计、游艇的设计"以及全国版负面清单中的一系列有利政策，在自贸试验区和自贸港建设、"一带一路"倡议和海洋强国等国家战略背景下，积极发

---

① 参见《2018—2019 中国邮轮经济运行年度报告》，搜狐网，2019 年 2 月 2 日，http://www.sohu.com/a/293041625_100002900，2019 年 4 月 1 日访问。

② 参见马凤霞：《南沙自贸区国际邮轮发展现状的思考》，载《中国国境卫生检疫杂志》2017 年第 1 期。

展我国邮轮产业。目前，我国出台了一系列有利于邮轮产业发展的政策法规，包括国家层面和地方层面的制度，国家层面有国务院、交通运输部、国家发改委、文化和旅游部以及工业和信息化部公布的政策，地方层面有上海、广东、海南、天津、山东、福建、辽宁等地方人民政府公布的相应政策（具体可查阅中国邮轮网）[①]。在此基础上，应进一步完善我国邮轮市场法律法规制度建设。一方面可借鉴其他国家相关邮轮产业发展立法经验，另一方面结合我国本土化邮轮发展情况，形成中国特色的邮轮产业发展模式。

2. 改进国际邮轮市场准入的监管制度

根据我国参加的国际公约、国内法律法规等，我国已建立了针对船舶运输业务和船舶管理业务经营者的安全管理体系，这对保护我国航运市场秩序和航运安全起到了至关重要的作用。在邮轮市场准入方面，我国更应该完善邮轮安全监管相关制度。目前邮轮涉及的政府行政管理部门较多，除交通运输部、文化和旅游部外，还涉及发改委、商务部、海事局等众多政府部门。应从整体考虑和安全角度出发，协调各部门间的合作。同时，应规范我国对邮轮港口国监督检查规章制度，积累我国自身发展经验，总结一条适合我国邮轮港口国监督检查制度发展的道路。

3. 充分发挥国际邮轮市场准入在自贸试验区先行先试的作用

《临港新片区方案》明确，上海自贸区临港新片区"参照经济特区管理"。在适用自由贸易试验区各项开放创新措施实施的基础上，支持新片区以投资自由、贸易自由、资金自由、运输自由、人员从业自由等为重点，推进投资贸易自由化便利化。

以上海邮轮市场发展为例，上海获批创建中国首个邮轮旅游发展示范区。这将在邮轮旅游政策创新、辐射范围、服务能级等方面实现跨越。上海正积极从上、中、下游全方位推进邮轮产业的发展。在邮轮产业链上游，上海不断完善邮轮设计、制造，与中船、招商局等大型企业深度开展战略合作。在邮轮产业链中游，上海加快建

---

① 参见《三年来，邮轮发展有这些政策》，搜狐网，2019年3月14日，https://www.sohu.com/a/301247233_99907105，2020年4月5日访问。

设邮轮总部基地，积极吸引占世界82％市场份额的前四大国际邮轮公司——嘉年华集团、皇家加勒比集团、诺唯真集团、地中海邮轮，先后于上海开启亚洲首航。在邮轮产业链下游，上海继续不断完善邮轮港购物休闲配套。① 2018年11月，中船集团与嘉年华集团、意大利芬坎蒂尼集团共同宣布合作设计建造"2＋4"艘13.35万总吨Vista级大型邮轮，第一艘计划2023年9月30日交付，第二艘初步计划2024年12月交付。这是打响"上海制造"品牌、促进上海邮轮全产业链发展的重要一步。2023年11月4日，由中国船舶外高桥造船有限公司建造的我国国产首艘大型邮轮"爱达·魔都号"正式命名交付。这标志着中国成为集齐造船业"三颗明珠"，即可同时建造航空母舰、大型液化天然气运输船、大型邮轮的国家，已形成世界第二大国际邮轮市场。②

总体上，我国国际邮轮市场发展前景较好，虽然新冠病毒感染疫情对国际邮轮产业的发展带来了较大的冲击，尤其是"钻石公主"号邮轮疫情事件暴露出邮轮疫情防控技术的不完善、国际合作机制的缺乏以及邮轮管理法律法规的不健全等问题，但从长期来看，我国必将在优化邮轮建设标准、完善邮轮防控机制、促进邮轮产业上下游关系发展等方面协同共进，在世界范围内为推动国际邮轮市场的健康可持续发展贡献中国方案。

第四节　自贸试验区航运保险市场准入的创新发展

航运保险业属于金融业的一部分，其对外开放已处于较高水平。自贸试验区的一系列创新举措会吸引更多的国际航运企业进入中国市场，这一方面需要我们不断丰富和完善船舶险、货运险等传统的航运保险市场，另一方面需要根据市场需求，不断创新航运保险产

---

① 参见《上海自贸区新片区方案落地，改革创新力度进一步加大》，搜狐网，2019年8月7日，http://www.sohu.com/a/332068552_770154，2020年8月14日访问。

② 参见任筱楠：《国产大邮轮交付，集齐"三颗明珠"》，环球网，2023年11月6日，https://3w.huanqiu.com/a/de583b/4FF9LA8puKD，2023年11月7日访问。

品和提高航运保险服务水平。

一、航运保险市场准入及评估

随着我国自贸试验区开放政策的推进，航运服务相关准入限制进一步放宽，尤其是上海自贸试验区作为全国自贸试验区的排头兵，肩负改革创新的重大使命。

（一）航运保险市场准入的运行现状

上海航运服务业发展面临重大机遇和挑战，为有效应对国际贸易大环境中的不稳定因素，上海亟须提升航运服务能级，提高现代航运服务业对内集聚和对外辐射能力，开展更具国际竞争力的航运服务制度创新。其中，航运保险市场准入制度随着自贸试验区的推进亦稳步发展。由于航运保险与国际贸易和金融业有关，且在保险行业中有重要作用，其国际化程度随着国家贸易量的增加越来越高。自贸试验区背景下一系列航运保险创新政策先后出台，笔者对此作如下梳理（详见表3.6）：

表3.6 船舶保险市场准入的支持政策进度表[①]

政策公布日期	发布主体	文件名称和具体内容
2013年9月29日	上海市人民政府	《中国（上海）自由贸易试验区外商投资准入特别管理措施（负面清单）(2013年)》《中国(上海)自由贸易试验区外商投资准入特别管理措施（负面清单）(2014年)》："限制投资保险公司（含集团公司，寿险公司外方投资比例不超过50%），保险中介机构（含保险经纪、代理、公估公司），保险资产管理公司。"
2014年7月1日		
2014年7月31日	上海保监会	《中国（上海）自由贸易试验区保险机构和高级管理人员备案管理办法》：明确备案条件和备案管理等规定
2014年8月13日	国务院	《关于加快发展现代保险服务业的若干意见》：明确保险业发展总体要求

[①] 本表系笔者根据国务院、交通运输部和上海市人民政府等公布的相关文件整理而成。

(续表)

政策公布日期	发布主体	文件名称和具体内容
2015年4月20日	国务院	《中国(广东)自由贸易试验区总体方案》:"推进组建专业化地方法人航运保险机构,允许境内外保险公司和保险经纪公司等服务中介设立营业机构并开展航运保险业务,探索航运价指数场外衍生品开发与交易业务。"
		《中国(天津)自由贸易试验区总体方案》:"大力发展航运金融、航运保险业,建设中国北方国际航运融资中心,鼓励境内外航运保险公司和保险经纪公司等航运服务中介机构设立营业机构并开展业务。"
2017年4月1日	国务院	《中国(湖北)自由贸易试验区总体方案》:"1.培育航运保险、海事仲裁、船舶检测认证等高端航运服务业态,探索形成具有国际竞争力的航运发展机制和运作模式。2.支持在自贸试验区内设立健康保险、科技保险和内河航运保险等专业保险机构。"
		《中国(四川)自由贸易试验区总体方案》:"大力发展长江航运金融业务,探索组建专业化地方法人航运保险机构,鼓励境内外航运服务中介机构设立营业机构。"
		《中国(浙江)自由贸易试验区总体方案》:"支持境内外企业开展航运保险、航运仲裁、海损理算、航运交易等高端航运服务。"
2018年5月24日		《进一步深化中国(福建)自由贸易试验区改革开放方案》:"支持境内外企业开展航运保险、航运仲裁、海损理算、航运交易、船舶融资租赁等高端航运服务,打造国际航运服务平台。"
		《进一步深化中国(广东)自由贸易试验区改革开放方案》:"推动成立航运保险领域社会组织。"
		《进一步深化中国(天津)自由贸易试验区改革开放方案》:"支持设立地方法人性质航运保险机构。"

(续表)

政策公布日期	发布主体	文件名称和具体内容
2018年6月28日 2018年6月30日	国家发改委、商务部	《外商投资准入特别管理措施（负面清单）(2018年)》《自由贸易试验区外商投资准入特别管理措施（负面清单）(2018年版)》："寿险公司的外资股比不超过51%。"(2021年取消外资股比限制)
2018年10月16日	国务院	《中国（海南）自由贸易试验区总体方案》规定："支持境内外企业和机构开展航运保险、航运仲裁、海损理算、航运交易、船舶融资租赁等高端航运服务，打造现代国际航运服务平台。支持设立专业化地方法人航运保险机构。"
2019年6月30日	国家发改委、商务部	《外商投资准入特别管理措施（负面清单）(2019年)》《自由贸易试验区外商投资准入特别管理措施（负面清单）(2019年版)》："寿险公司的外资股比不超过51%。"(2021年取消外资股比限制)
2019年8月6日	国务院	《中国（上海）自由贸易试验区临港新片区总体方案》："支持内外资企业和机构开展航运融资、航运保险、航运结算、航材租赁、船舶交易和航运仲裁等服务，探索发展航运指数衍生品业务，提升高端航运服务功能。"
2020年9月21日	国务院	《中国（安徽）自由贸易试验区总体方案》："探索开展离岸保险业务。完善自贸试验区内技术等要素交易市场，允许外资参与投资。"

由表3.6可见，航运保险市场准入创新政策已在全国有条件实施的自贸试验区内稳步推进，如福建、广东、天津、四川、浙江、湖北等地区；《2018全国版负面清单》仅对寿险公司的外资股比规定51%的限制，并有过渡期的规定，保险市场得到更大程度开放，这在一定程度上也促进了我国航运保险业的发展。

（二）航运保险市场准入的评估

航运保险作为航运金融服务业发展的重要支撑，是推动国际金融中心、国际航运中心建设的重要动力。近些年来,我国航运保险业保持了持续稳步的增长态势。① 以上海为例,近些年来上海航运保险规模始终保持全国第一。2018 年,上海船舶险和货运险业务总量达到 41.30 亿元,同比增长 11.3%,占全国船货险业务量的 23.7%。从船舶险来看,上海地区 2018 年船舶险业务总量为 22.76 亿元,同比增长 7.7%,占全国船舶险保费总量的 43.0%。从货运险来看,上海地区 2018 年货运险业务总量为 18.54 亿元,同比增长 16.0%,占全国货运险总量的 15.3%。2018 年,在沪开展业务的 11 家专业航运保险运营中心、中远海运自保公司、东海航运保险上海分公司等航运保险专营机构船货险保费收入合计 22.39 亿元,占整个上海船货险市场的 54.21%,已逐渐成为上海船货险业务发展的重要力量之一。②

《2021 年海运保险行业现状及海运保险市场调研报告》显示,海运保险产品注册制以简政放权为理念,以互联网技术为手段,以促进海运保险产品创新为落脚点,以推动航运保险行业发展、服务实体经济为目的,改变了海运保险产品审批备案制模式,是我国海运保险监管制度突破性的创新举措。现阶段,在外部风险与挑战增加、经济全球化遭遇逆流等大背景下,我国海运保险依旧稳健前行。海运保险年均经济增长达 6.7%,高于世界经济平均水平 3.9 个百分点。③

然而从全球范围看,我国航运保险与国际领先水平尚有差距。航运保险是连接航运业和金融业的服务平台,伦敦、纽约、东京等世界著名的航运中心在发展过程中无不依托国际金融中心的优势,

---

① 参见汪传旭、董岗、许长延:《自由贸易试验区背景下上海国际航运中心建设研究》,华东理工大学出版社 2015 年版,第 217 页。
② 参见中国金融信息中心:《2019 年上海国际航运中心建设蓝皮书》,中国经济信息出版社 2019 年版,第 36 页。
③ 参见《2021 海运保险行业现状及海运保险市场调研报告》,中研网,2021 年 10 月 12 日,https://www.chinairn.com/hyzx/20211012/123434150.shtml,2022 年 1 月 10 日访问。

依托高度发达的航运金融服务体系。① 英国作为目前世界上航运保险发展最成功的国家，有很多地方值得我国借鉴。以伦敦航运保险市场为例，伦敦市场拥有与航运保险相协调发展的国际航运服务集群网络。作为全球最富影响力的航运保险中心，伦敦拥有众多现代化的航运服务公司，分布在全世界不同国家的航运领域，是伦敦航运业发展重要的组成部分。同时，伦敦拥有完善的航运保险人才培养机制，为其完善航运保险制度环境打下良好的基础。我国航运保险业虽然起步晚，但也在依托全国自贸试验区的建设逐渐发展。现阶段，我国航运保险市场准入方面存在的问题主要有：一是航运保险专业人才梯队建设，缺乏高端的航运保险复合型人才。二是航运保险产品创新不够和服务质量有待提高。面对国际市场的复杂和多变，我国航运保险企业不能仅满足于传统的保险产品，而应有更加创新和精准的产品定位。三是我国航运保险法律法规不完善。目前我国仍未有一部专门航运保险的法律，仅有《保险法》和《海商法》可供主要参照，但其中涉及航运保险的条款相对较少，在当下《海商法》修改如火如荼地进行之际，亟须进一步探索和完善航运保险的相关法律法规。②

二、航运保险市场准入的完善

1. 加大发展航运保险业的政策支持力度

航运保险业的健康发展离不开国家对航运保险的法律和政策支持。当前，我国应抓住自贸试验区发展这一有利时机，学习国外先进经验，探索发展和完善我国航运保险的法律法规制度。早在2014年8月13日，国务院就发布了《关于加快发展现代保险服务业的若干意见》，明确要完善现代保险服务业发展的支持政策，推进保险业改革开放，全面提升行业发展水平。2015年6月18日，上海保监局

---

① 参见孙鸣岐：《航运保险是建设上海国际航运中心重要内容》，载《航海》2010年第2期。
② 参见《2018年中国航运保险行业现状及发展建议分析》，观研报告网，2018年5月9日，http：//tuozi.chinabaogao.com/gonggongfuwu/0593354162018.html，2020年5月1日访问。

发布《关于实施航运保险产品注册制改革的通知》,明确航运保险产品注册信息化建设等诸多政策的变化。与此同时,经中国保监会同意,由上海保监局授权上海航运保险协会开展航运保险产品注册管理,以形式审核取代实质审核。该协会随即公布《上海航运保险协会航运保险产品注册管理规则》。① 2019 年 2 月 25 日,浙江宁波专门针对航运保险领域出台了国内首个《关于推进航运保险发展的实施意见》的规范性文件。② 此外,2022 年 6 月,山东青岛出台了中国北方首个航运保险运营支持政策,助力青岛建设东北亚国际航运枢纽中心和国际航运贸易金融创新中心。③

可见,自贸试验区建设也推动了航运保险业制度方面的变化。同时,全国各地一系列相关政策的出台为促进航运保险产品创新,优化航运保险发展环境提供了有力保障。在此基础上,我国更应积极参与国际航运保险制度的规则制定,提高我国航运保险发展水平,在国际上争取更多航运保险领域的话语权,让中国航运保险走向世界,引领全球。航运保险市场准入创新政策作为我国自贸试验区发展中的一个重要领域,相关政府部门应积极主动把握好这一时机,为自贸试验区航运保险发展提供税收优惠等一系列其他有利政策支持,促进我国航运保险业的发展。

2. 提高航运保险业的国际竞争力

目前,世界航运中心正在向中国转移,资金、技术等国际航运资源也在进一步集聚,这为我国航运保险的发展注入了新的活力。其中,加快广东南沙航运保险的发展,是广东自贸试验区和"一带一路"及海洋强国战略实施的重要驱动力。④

---

① 参见《上海航运保险协会航运保险产品注册管理规则》,上海航运保险协会官网,https://www.sh-imi.org/WEB/Home/PolicyDetail? Id=1127,2020 年 5 月 1 日访问。
② 参见《〈关于推进航运保险发展的实施意见〉(甬政办发〔2019〕9 号)的政策解读》,宁波市地方金融监督管理局官网,2019 年 2 月 25 日,http://jrb.ningbo.gov.cn/art/2019/2/25/art_1229024311_163487.html,2021 年 5 月 10 日访问。
③ 参见李倍:《青岛打造中国北方最大港航保险市场 扩大国际航交"朋友圈"》,青岛新闻网,2022 年 6 月 6 日,https://news.qingdaonews.com/qingdao/2022-06/06/content_23236547.htm,2022 年 7 月 28 日访问。
④ 参见《南沙发展航运保险有四大优势》,广东数据库,2021 年 9 月 8 日,https://gdxk.southcn.com/gzk/xwbd/content/post_827192.html,2022 年 7 月 28 日访问。

此外,《临港新片区方案》强调,支持相关企业及机构开展航运融资、航运保险、航运结算、航材租赁、船舶交易和航运仲裁等高端航运服务,发展航运指数衍生品业务,提升高端航运服务功能。航运保险市场服务水平直接反映我国高端航运服务功能的水平。在自贸试验区一系列创新政策的推动下,随着国际贸易量的增加,我们需要不断丰富和完善航运保险种类,创新航运保险产品。同时,在航运保险市场发展过程中,要注意对复杂多变的市场环境及时评估,以便有效应对,加强航运保险风险管理能力,顺利开展航运保险业务,在国际市场上不断提高我国航运保险的国际竞争力。

第五节 自贸试验区国际船舶登记制度的创新发展

国际船舶登记制度的创新发展对促进我国航运业的发展起着重要的作用。长期以来,我国传统国际船舶登记制度具有一定的局限性,在实践中国际船舶登记的限制性条件多、税费繁重、船舶登记的效率不高等因素导致众多船舶在国外注册登记,原本应悬挂五星红旗的船舶大量流失。[①] 要改变这种局面,必须努力实现国际船舶登记制度的创新和突破,而自贸试验区的建设为该制度的转型升级提供了很好的契机和平台。上海自贸区临港新片区的设立进一步推进了国际船舶登记制度的创新发展,《临港新片区方案》明确强调要在国际船舶登记等方面加强探索。可见,国家对于长期试点探索的国际船舶登记制度给予了高度的重视和创新突破。

此外,交通运输部《船舶登记办法)》已于 2017 年 2 月 10 日起施行,该办法作为《国际船舶登记条例》的下位立法,重点对自贸试验区的国际船舶登记制度作了明确且全面的规定。2021 年 9 月 1 日起,《海南自由贸易港国际船舶条例》正式实施。该条例建立了一套新的国际船舶登记制度体系。在放开市场准入方面,国际船舶的

---

① See Hercules E. Haralambides & Jiaqi Yang, A Fuzzy Set Theory Approach to Flagging out: Towards a New Chinese Shipping Policy, *Marine Policy*, Vol. 27, No. 1, 2003, pp. 13-22.

登记主体外资股比不受限制，自然人也能成为国际船舶登记主体。①
2022年5月11日，国务院发布《国务院关于同意在海南自由贸易港暂时调整实施〈中华人民共和国船舶登记条例〉有关规定的批复》，"同意自即日起在海南自由贸易港暂时调整实施〈中华人民共和国船舶登记条例〉第二条第一款第二项的规定，对在海南自由贸易港登记，仅从事海南自由贸易港内航行、作业的船舶，取消船舶登记主体外资股比限制"。

总之，在船舶登记政策不断调整和试点运行的过程中，我们有必要重新审视这一政策的运行现状和存在的障碍，进一步提出可行性建议。这对深化该制度的改革创新，完善我国现代化航运船队建设，服务自贸试验区和海南自由贸易港国际航运市场的创新发展都具有重要意义。

一、国际船舶登记制度的内容

自贸试验区的建设为我国经济发展带来新动力和新机遇。大胆探索和创新国际船舶登记制度，积极做好国际船舶登记工作，为吸引中资方便旗船的回归，增强我国国际航运实力具有重要意义。

（一）国际船舶登记制度的发展沿革

有学者认为，国际船舶登记制度是介于开放船舶登记制度和严格船舶登记制度之间的一种宽严适度的新的登记制度。它突破了该制度原有的一些限制性规定，通过实施优惠政策吸引本国船东所有的、从事国际运输的境外方便旗船舶、新建造船舶和外国船东所有的国际航行船舶前来注册登记。②根据交通运输部《船舶登记办法》第67条的规定，"国际船舶登记是指船舶登记机关为在自贸试验区注册的企业仅航行国际航线及港澳台航线的船舶进行的登记"。

近年来，中国船队规模日益壮大。联合国贸发会议（UNCTAD）

---

① 参见《海南自贸港国际船舶条例施行 多项制度国内首创》，央视网，2021年9月3日，http：//news.cctv.com/2021/09/03/ARTI1vphAyKj9rb8vCZGdiAK210903.shtml，2022年7月29日访问。

② 参见王淑敏、杨欣、李瑞康：《上海自由贸易区实施"国际船舶登记制度"的法律问题研究》，载《中国海商法研究》2015年第2期。

公布的《2019年海运述评》报告显示，世界前10大国家（地区）拥有船队规模占世界商船队总量的71.84%，中国排名超越新加坡位列第三。过去五年的数据显示，德国、日本和韩国一直处于劣势，而希腊、新加坡、中国则保持着增长的趋势。[①] UNCTAD公布的《2021年海运述评》报告显示，截至2021年1月1日，按载重吨计算，世界前三位拥有船队规模最大的国家分别为希腊、中国和日本（表3.7）。在前35名船旗国国家中，载客量份额增幅最大的是阿拉伯联合酋长国，从1.01%增长至1.18%；其次是越南，从0.52%增长至0.59%。[②]

表3.7 全球前10大国家（地区）拥有船队规模（截至2021年1月1日）[③]

2021年排名	国家（地区）	拥有船队总量（百万载重吨）	占世界船队比重（%）	本国旗船队比重（%）	方便旗船队比重（%）
1	希腊	373.42	17.64	15.55	84.45
2	中国	244.56	11.56	43.20	56.80
3	日本	241.85	11.43	14.52	85.48
4	新加坡	139.06	6.57	52.68	47.32
5	中国香港	104.22	4.92	69.44	30.56
6	德国	86.20	4.07	8.63	91.37
7	韩国	86.09	4.07	17.54	82.46
8	挪威	64.04	3.03	2.97	97.03
9	百慕大群岛	64.03	3.03	0.47	99.53
10	英国（不包括海峡群岛）	53.68	2.54	13.34	86.66

注：按1000总吨以上商船计；按2021年载重吨位的世界船队规模排列顺序。

此外，截至2020年年底，中国悬挂方便旗的商船队载重吨位总数为15.2亿载重吨，占全球商船队载重吨的75.5%，较2019年年

[①] See UNCTAD, Review of Maritime Transport 2019, https://unctad.org/system/files/official-document/rmt2019_en.pdf, visited on Dec. 1st, 2019.

[②] See UNCTAD, Review of Maritime Transport 2021, https://unctad.org/system/files/official-document/rmt2021_en_0.pdf, visited on July 29th, 2022.

[③] Ibid.

底的比例上升0.8%。① 方便旗船的比例不断上升，使得中国政府一直在探索鼓励船舶在中国注册登记的政策方案，以扩大中国的船队吨位，加强船舶资源控制。② 事实上，早在2007年7月，我国就推出了特案免税政策。有学者专门对该政策的主要内容和执行过程进行全面评估，总结了该政策执行效果不理想的原因和需要学习的经验。具体而言，该政策实施有三个阶段：③ 第一阶段于2007年7月至2009年6月进行，最初计划实施期限为两年。该政策下的船舶登记地点仅限于三个港口：上海、天津、大连。第二阶段从2009年7月至2011年6月。该政策经过两年执行之后，其效果低于预期，因此，政府延长了政策执行期，再延长两年。第三阶段从2011年7月持续到2015年12月。由于政策在过去两个阶段的作用较小，中国政府进一步延长政策执行期至2015年年底。在此期间，任何中国港口都可以被选为注册港。

总体上，我国实施的特案免税政策对船舶所有人没能产生足够的吸引力，未能达到预期的效果，其原因主要有：一是不合理的政策定位和注册流程；二是过分严格的船舶注册要求；三是过度的运输操作监管；四是相配套的支持政策不足。④ 这也充分说明，我国应全面审视国际船舶登记制度的发展现状，重新定位与我国国情相符合、同国际接轨的国际船舶登记制度。

（二）国际船舶登记制度的运行现状

1. 国际上船舶登记制度的分类

船舶登记制度从不同视角可以有不同分类。根据上海国际航运中心2018年的研究报告（内部资料），国际上的船舶登记制度可分为

---

① 参见中华人民共和国交通运输部编：《2020中国航运发展报告》，人民交通出版社2021年版，第29页。

② See Jingbo Yin, Lixian Fan & Kevin X. Li, Second Ship Registry in Flag Choice Mechanism: The Implications for China in Promoting a Maritime Cluster Policy, *Transportation Research Part A: Policy and Practice*, Vol. 107, 2018, pp. 152-165.

③ See Jihong Chen, Kevin X. Li & Haobo Li, The Development of Ship Registration Policy in China: Response to Flag of Convenience, *Marine Policy*, Vol. 83, 2017, pp. 22-28.

④ See Jihong Chen, Kevin X. Li & Haobo Li, The Development of Ship Registration Policy in China: Response to Flag of Convenience, *Marine Policy*, Vol. 83, 2017, pp. 24-25.

四类：

第一，商业化的船舶登记制度。采取此制度的有巴拿马、利比里亚。其中，巴拿马法律规定，船舶所有权可为本国或外国的自然人、法人或其他法律主体。在船舶登记注册条件上，巴拿马对登记为巴拿马籍的船舶没有任何要求，只是对超过 20 年船龄的船舶，巴拿马海事机构要进行特殊安全检查。相比之下，利比里亚的法律规定相对较严格，要求船舶所有权必须为本国国民所有，但是允许在该国注册登记为航运企业的外国实体进行船舶登记。

第二，分流化的船舶登记制度。采取此制度的有日本、挪威、丹麦。借鉴开放的国际船舶登记制度，日本、挪威、丹麦等航运发达国家分别在本国实行第二国籍国际船舶登记。丹麦允许超过 20 总吨的船舶在其国内登记，并且对船舶所有人没有限制。日本要求 2000 总吨以上的船舶才可以进行登记。在船员配备上，三国均要求船长、轮机长为本国船员，但对其他船员国籍无限制。在税费方面，三国均实行吨税制度。

第三，合作化的船舶登记制度。采取此制度的有英国、法国。英国、法国也是传统航运强国，其第二国籍船舶登记采离岸登记制度。在船舶登记注册方面，英国的马恩岛第二国籍船舶登记制度要求登记船舶超过 500 总吨，并且船舶的船级属于七大船级社之一。相比之下，法国凯尔盖朗群岛要求船舶总长超过 24 米，但 2005 年后商船登记被归为国际船舶登记，基本没有限制。

第四，服务化的船舶登记制度。采取此制度的有新加坡、中国香港。作为新兴国际船舶登记地，新加坡、中国香港创造了服务化的国际船舶登记制度，在增加本地国际船舶登记收入的同时，也为船舶质量监管提供了有效的保障。在船舶登记注册上，中国香港对船龄和吨位没有限制，只要求船舶的过半数权益由一名或超过一名"合资格"的人拥有。即船舶所有权属于本地人士或者在本地注册的公司，但须委任一名居港人士作为船东代表。在新加坡，除要求船龄不能超过 17 年外，对登记船舶基本无限制，但要求船舶所有人必须是本国公民或在新加坡设立公司的公司法人，外资公司船舶可进行豁免。

2. 国际船舶登记制度的内涵

我国探索国际船舶登记制度创新的脚步从未停止。2013年,《中国（上海）自由贸易试验区总体方案》（以下简称《2013上海方案》）明确了国际船舶登记制度创新的内容，同时国家还提出该制度的五项创新举措在上海自贸试验区先行先试。之后，国际船舶登记制度的创新发展拉开序幕。结合全国所有自贸试验区出台的有关国际船舶登记创新政策，该政策的具体发展进度如下（具体见表3.8）：

表3.8 国际船舶登记制度的支持政策进度表①

政策公布日期	发布主体	文件名称和具体内容
2014年1月22日	交通运输部	《中国（上海）自由贸易试验区国际船舶登记制度试点方案》正式获得交通运输部批复同意，标志着上海自贸试验区能够开展国际船舶登记
2014年1月27日		《关于中国（上海）自由贸易试验区试行扩大国际船舶运输和国际船舶管理业务外商投资比例实施办法的公告》："在自贸区设立的中外合资、合作国际船舶运输企业，其拥有或光船租赁的船舶可以按照中国（上海）自贸区国际船舶登记制度进行船舶登记。"
2015年4月20日	国务院	《进一步深化中国（上海）自由贸易试验区改革开放方案》《中国（福建）自由贸易试验区总体方案》："加快国际船舶登记制度创新，充分利用现有中资'方便旗'船税收优惠政策，促进符合条件的船舶在上海（自贸试验区）落户登记。"
		《中国（广东）自由贸易试验区总体方案》《中国（天津）自由贸易试验区总体方案》："在落实国际船舶登记制度相关配套政策基础上，中方投资人持有船公司的股权比例可低于50%。充分利用现有中资'方便旗'船税收优惠政策，促进符合条件的船舶在自贸试验区落户登记。"

---

① 本表系笔者根据国务院、交通运输部和海南省人大常委会公布的相关文件整理而成。

（续表）

政策公布日期	发布主体	文件名称和具体内容
2016年12月13日	交通运输部	《船舶登记办法》船舶登记机关对船舶所有权、船舶国籍、船舶抵押权、光船租赁、船舶烟囱标志和公司旗进行依法登记。
2017年4月1日	国务院	《中国（湖北）自由贸易试验区总体方案》："逐步开放中国籍国际航行船舶入级检验"。
		《中国（四川）自由贸易试验区总体方案》："创新长江船舶登记制度，优化船舶运营、检验与登记业务流程，简化入区申报手续，试行电子数据自动填报，加快智能物流网络建设。"
2018年1月9日		《暂时调整决定》：在自贸试验区暂时调整《中华人民共和国船舶登记条例》等11部行政法规。具体调整情况为："暂时停止实施相关内容，加快国际船舶登记制度创新，基于对等原则逐步放开船级准入，由国务院交通运输主管部门制定相关管理办法。"
2018年5月24日	国务院	《进一步深化中国（福建）自由贸易试验区改革开放方案》："利用现有方便旗船税收政策，促进符合条件的船舶在自贸试验区落户登记。"
		《进一步深化中国（广东）自由贸易试验区改革开放方案》《进一步深化中国（天津）自由贸易试验区改革开放方案》："深化国际船舶登记制度创新，推动国际船舶登记配套制度改革。"

(续表)

政策公布日期	发布主体	文件名称和具体内容
2018年7月25日	交通运输部	《贯彻落实〈中共中央国务院关于支持海南全面深化改革开放的指导意见〉实施方案》："实施更加开放的登记检验制度。在实施自由贸易试验区国际船舶登记制度的基础上,借鉴境外知名自由贸易港开放登记的成功经验,研究探索在海南建立更加开放的海南自由贸易港国际船舶登记制度。推进船检、海事、港航等部门的船舶、船员、企业相关证书信息共享。基于对等原则,逐步放开对海南自由贸易试验区登记的中国籍国际航行船舶的检验业务。"
2019年8月6日	国务院	《中国(海南)自由贸易试验区总体方案》："利用现有方便旗船税收政策,促进符合条件的船舶在自贸试验区落户登记。" 《中国(上海)自由贸易试验区临港新片区总体方案》："在沿海捎带、国际船舶登记、国际航权开放等方面加强探索,提高对国际航线、货物资源的集聚和配置能力。逐步放开船舶法定检验。"
2021年6月1日	海南省人大常委会	《海南自由贸易港国际船舶条例》共8章、50条,覆盖船舶、船员、营运、进出境、税费和航运服务等领域。

2017年9月22日,上海市人民政府发布《中国(上海)自由贸易试验区保税片区"十三五"发展规划》,指出:"积极推进国际船舶登记制度试点,力争在中资方便旗船舶回归等方面取得重大突破。"2019年,国务院公布的《临港新片区方案》明确,要在国际船舶登记等方面加强探索。可见,该政策尚在持续推进和不断完善进程中。

在立法方面,《船舶登记办法》已于2017年2月10日起开始施行,该办法的出台满足了我国航运经济的发展和自贸试验区国际船舶登记的创新要求。《海南自由贸易港国际船舶条例》于2021年9月1日起正式实施。该条例共8章50条,覆盖船舶、船员、营运、进出境、税费和航运服务等领域,其中临时船舶登记制度、船舶质量控制制度、允许外籍人员参加自贸港船员培训考试制度为国内首创。①

2018年1月9日,国务院公布的《暂时调整决定》明确把《中华人民共和国船舶登记条例》(以下简称《船舶登记条例》)列入暂时调整的行政法规,具体调整情况为:"暂时停止实施相关内容,加快国际船舶登记制度创新,基于对等原则逐步放开船级准入,由国务院交通运输主管部门制定相关管理办法。"

二、国际船舶登记制度的发展

在自贸试验区内进行国际船舶登记制度创新,吸引更多中资方便旗船的回归,有助于较大程度上打破国际航运中心发展的瓶颈,进一步增强我国国际航运实力。

(一)国际船舶登记制度的评估

国际船舶登记制度改进的原因主要有:一是进一步满足国际航运中心建设的要求。众所周知,国际航运中心是集港口泊位、集装箱中转、航运金融以及国际航运市场等众多航运服务功能为一体的发挥着较强辐射和带动作用的口岸城市。② 在我国,上海国际航运中心建设更是对全国经济发展起着重要作用。但是,与世界上发展较好的伦敦、新加坡等国际航运中心相比,上海国际航运中心目前的国际地位仍有进一步上升的空间。自贸试验区的设立为上海建设国际航运枢纽、发展港口贸易提供了很好的机遇。二是弥补严格船舶登记制度的不足。我国现行严格国际船舶登记制度的相关规定主要体现在《船舶登记条例》中,该条例由国务院于1994年制定,于2014年经过一次修订。在严格船舶登记制度背景下,我国船舶登记存在登记条件和程序复杂、税费繁重等问题。自贸试验区作为我国新一轮深化改革和产业结构转型升级的重要平台,在很多方面具有

---

① 参见《海南自贸港国际船舶条例施行 多项制度国内首创》,央视网,2021年9月3日,http://news.cctv.com/2021/09/03/ARTI1vphAyKj9rb8vCZGdiAK210903.shtml,2022年7月29日访问。

② 参见张爱国、张忠东、王翔、张娜:《借鉴国际经验,加快我国国际航运中心建设》,载《港口经济》2009年第1期。

开拓性的意义。在自贸试验区内,行政的高效化、贸易的便利化等一系列政策定位都对国际船舶登记制度提出了更高的要求,原有的严格船舶登记制度和烦琐的登记制度已不适应自贸试验区发展的要求。同时,自贸试验区的便利、高效和开放性也促使国际船舶登记制度创新改革的进程。为此,笔者对自贸试验区背景下国际船舶登记制度评估如下:

1. 国际船舶登记制度的配套政策不够完善

从政策运行的角度来看,我国出台的相关政策和具体细则较为及时,效率较高,并且政策从上海自贸试验区推广至全国自贸试验区的进度较快。但是,由于目前我国国内船舶融资成本较高、相关配套服务缺失降低了国际船舶登记制度对船舶的吸引力,因此,在放宽条件和简化手续以外,其他金融、税收方面的改革也需要同步推进。

从对行业的影响角度来看,国际船舶登记制度在船舶登记主体、船龄、外籍船员雇佣、船籍港等方面均实现了国际船舶的创新,具有一定的创新性。国际船舶登记制度的创新应与我国自贸试验区的定位保持一致,不断探索与自贸试验区建设相适应的国际船舶登记制度创新是促进我国航运业发展的重要内容。此外,该创新政策对积极吸引更多中资方便旗船舶的回归,壮大五星红旗船队的规模,增强我国综合实力、提高我国在国际上的航运话语权也具有重要意义。

从政策运行效果来看,洋山保税船舶登记、国际船舶登记制度实施以后,由于财政税收等一些问题,该政策收到的效果不明显,有待进一步观察。

2. 国际船舶登记制度的创新效果有待进一步显现

与世界各国和地区的船舶登记制度相比,我国国际船舶登记制度的实施效果并不理想。我国于 2007 年在上海、天津、大连试行中资国际航运船舶特案免税政策,主要对符合我国相关条件申请办理报关进口的船舶免征关税,但效果并不理想。主要原因有:第一,政策导向和船舶登记程序存在不合理之处;第二,船舶注册规定过于严格;第三,国际航运经营监管过度;第四,与国际船舶登记相配套的支持政策不足。① 自上海自贸试验区成立后，国际船舶登记制度创新的试点工作在全国各个自贸试验区内开展，其中《中国（上海）自由贸易试验区国际船舶登记制度试点方案》进一步放开并优化了船舶所有人股权结构、船舶航行区域、船龄限制、外籍船员配备等登记程序。

2019年8月，上海自贸区临港新片区成立。同月20日，上海市人民政府公布《中国（上海）自由贸易试验区临港新片区管理办法》，以政府规章的形式明确上海自贸区临港新片区的管理体制机制，全面体现新片区的改革亮点，并以独立条款专门针对国际船舶登记制度作出规定："新片区实施更加便利的中国洋山港籍船舶登记制度，逐步放开法定船舶检验。在确保有效监管、风险可控的前提下，对境内制造船舶在洋山港登记从事国际运输的，视同出口，按照国家规定给予出口退税。"可以说，这次国际船舶登记政策在上海自贸区临港新片区的创新在船舶监管理念、出口退税政策等方面有了较大的突破，值得期待。但笔者认为，这项政策能否真正成功实施，还有很多的问题值得思考。好在上海自贸区临港新片区的总体定位是实施其他地区尚不具备条件实施的创新政策，不要求该政策必须可复制可推广。因此，该政策的实施效果有待持续跟踪，不断完善。

（二）进一步完善国际船舶登记制度的建议

探索符合我国实际国情的国际船舶登记制度是一项重要的任务。我国国际船舶登记制度的进一步发展应从立法保障和具体政策两个层面着手。

1. 国际船舶登记制度在立法层面的完善

国际船舶登记制度进一步完善应当重视建立有效管理机制，完善相配套的法律法规制度。在自贸试验区背景下，政府在简政放权的同时，应当进一步规范行政执法和管理机制，推动国际船舶登记创新制度良好运行。同时，需进一步完善相配套法律法规制度。例

---

① See Jihong Chen, Kevin X. Li & Haobo Li, The Development of Ship Registration Policy in China: Response to Flag of Convenience, *Marine Policy*, Vol. 83, 2017, pp. 24-25.

如，由交通运输部主导制定和实施符合我国国情的开放力度更大的国际船舶登记的有关制度及具体管理规定，对标最高国际标准，借鉴国际有益做法，进一步放宽船龄等船舶登记方面的具体要求和规定；优化国际船舶登记流程，更大程度地提高国际船舶登记效率，加快国际船舶登记制度立法工作，并将相关制度以法律形式加以确定。

交通运输部《船舶登记办法》专辟第八章"自贸试验区国际船舶登记的特别规定"，明确国际船舶在区内注册登记的不受"中方投资人的出资额不得低于50%"的股比限制。该办法第68条规定，在自贸试验区内进行船舶登记的主体是根据我国法律在区内设立的中资、中外合资、中外合作企业，以及根据国务院自贸试验区相关方案设立的外商独资、港澳台独资企业。同时，该办法第67条规定，在自贸试验区注册登记的国际船舶仅限于航行国际航线及港澳台航线。总之，该办法明确了有利于提高国际船舶登记效率的一揽子解决方案，包括允许船舶登记申请人通过网上申请的方式申请国际船舶登记，简化办理条件、优化办理程序等。

2. 国际船舶登记制度在政策层面的完善

2016年8月1日起实施的《上海市推进国际航运中心建设条例》规定，海事部门应当简化国际船舶登记手续，完善登记内容，优化国际船舶登记及相关业务流程，为船舶营运、融资、保险、修造、交易等提供便捷高效的船舶登记服务。应当根据国家相关规定，探索建立上海自贸试验区国际船舶登记制度。我国航运企业在本国需缴纳的税负种类较多，且普遍高于国际水平，包括船舶吨位税、船员个人所得税、公司所得税、营业税、增值税等。因此，在财税方面，建议与国际接轨，适当减轻我国航运企业的税负压力，由政府牵头会同有关部门共同研究，改革财税制度，对重点航运企业给予一定的税收优惠。

第六节　自贸试验区沿海捎带业务政策的创新发展

沿海捎带业务是我国自贸试验区创新航运政策之一，属于沿海运输权的重要范畴。国务院文件中专门提及沿海捎带业务，特指在自贸试验区建设过程中，允许中资航运企业拥有或控股拥有非五星旗国际船舶，先行试点开展外贸集装箱在国内沿海港口、自贸试验区内港口从事沿海捎带业务，是我国进一步开放航运市场的重要举措之一。

一、沿海捎带业务政策的由来

从近几年国内研究来看，总体上说，对沿海捎带业务政策进行全面性研究的不多。下文笔者从该政策的内涵着手，系统回顾并总结该政策，希望能对推进该政策理论上的研究与实践中的应用起到一定的积极作用。

（一）沿海捎带业务政策的内涵

沿海捎带属于沿海运输的重要内容，在法律层面上涉及沿海运输权问题。[①] 我国有学者对美国沿海运输权的法律和政策问题进行过深入研究。[②]

而在实际业务中，"沿海捎带"主要指进出口集装箱在国际干线船舶上的互转业务，并不包括全部的内外贸同船问题。具体为：一是指出口捎带，即从国内某港口报关出口的集装箱通过干线船捎带到国内另一港口中转装船出境；二是指进口捎带，即某一干线船将境外集装箱在国内某一港口卸船后，经该港中转再装上另一艘干线船运抵国内港口，然后完成港口报关进口。[③] 本书讨论的沿海捎带，仅涉及国内进出口集装箱在开展国际干线互转业务过程中对外籍船舶开放的问题。

2018年6月24日，上海市人民政府办公厅印发的《上海国际航运中心建设三年行动计划（2018—2020）》明确指出，要进一步拓展沿海捎带等业务规模。2022年3月17日，交通运输部公布了《关于试点实施有关中资非五星旗船舶沿海捎带政策的公告》，明确从事该项业务时应向国务院交通运输主管部门备案。自沿海捎带业务在

[①] 参见刘朝德、丁一、林国龙、徐光华：《考虑沿海运输权的集装箱路径模型》，载《上海海事大学学报》2015年第3期。

[②] 参见於世成、胡正良、郏丙贵：《美国航运政策、法律与管理体制研究》，北京大学出版社2008年版，第60页。

[③] 参见殷明主编：《中国港航业的创新发展：从自由贸易试验区到自由贸易试验港》，上海浦江教育出版社2019年版，第116—117页。

上海自贸试验区内先行先试后,该政策先后被复制推广至全国其他有条件试行的自贸试验区。但是,沿海捎带业务这一创新政策在实施过程中尚存在一些问题。回顾和梳理该政策的执行情况,及时进行评估,对进一步推动和完善我国航运政策的发展具有积极意义。

由于沿海捎带业务这一创新政策涉及沿海运输权的开放问题,一直以来存在着争议。但是,不管是持赞同或是反对的立场,大部分学者认为,对沿海捎带业务的开放,应保持谨慎的态度。例如,张文广认为,沿海捎带业务属于传统沿海运输权的有限放开,该政策有利有弊,应该综合评估,不断积极完善,审慎推广。[1] 马得懿认为,该政策实施的主要目的在于促进航运管理模式的创新、提升我国航运服务水平,其实质是对传统航运政策中沿海运输权的适度开放。对此,应实施管制加开放沿海运输权模式下的沿海捎带业务政策。[2] 谭学文认为,对该政策在自贸区的试点和推广应保持谨慎态度,对该政策涉及的法律问题和法律冲突更应提前加以研判。[3]

(二)沿海捎带业务政策的运行现状

回顾沿海捎带业务这一创新政策可知,它最先在上海自贸试验区内试点进行。2015年6月5日,随着全国自贸试验区范围扩大,该政策被推广至第二批自贸试验区——广东、天津、福建。2017年4月1日,国务院推进第三批自贸试验区建设,湖北、四川、辽宁、浙江自贸试验区总体方案中均有关于沿海捎带业务的相关规定。2018年7月25日,在支持海南全面深化改革开放的实施方案中,交通运输部也提及该政策。2021年11月18日,《国务院关于同意在中国(上海)自由贸易试验区临港新片区暂时调整实施有关行政法规规定的批复》公布,允许符合条件的外国、香港特别行政区和澳门特别行政区国际集装箱班轮公司利用其全资或控股拥有的非五星旗国际航行船舶,开展大连港、天津港、青岛港与上海洋山港之间,以上海洋

---

[1] 参见张文广:《自贸区"沿海捎带"政策应审慎推广》,载《人民法治》2016年第12期。

[2] 参见马得懿:《中国(上海)自贸区实施沿海捎带业务政策之法律解读》,载《上海经济研究》2014年第10期。

[3] 参见谭学文:《自贸区试行沿海捎带的法律困境与突破》,载《人民司法》2018年第10期。

山港区为国际中转港的外贸集装箱沿海捎带业务试点。由上可知，这一政策正在全国范围自贸试验区内有条不紊地推进（详见表3.9）。

表3.9 沿海捎带业务的相关政策详细进度表①

政策公布日期	发布主体	文件名称和具体内容
2013年9月27日	国务院	《中国（上海）自由贸易试验区总体方案》："允许中资公司拥有或控股拥有的非五星旗船，先行先试外贸进出口集装箱在国内沿海港口和上海港之间的沿海捎带业务。"
	交通运输部	《关于在上海试行中资非五星旗国际航行船舶沿海捎带的公告》明确了试点捎带业务的中资航运公司备案手续、申请材料
2014年6月17日	海关总署	《关于调整内外贸集装箱同船运输以及中国籍国际航行船舶承运转关运输货物试点工作的公告》明确了同船运输试点业务备案手续以及相关参照法律
2015年4月20日	国务院	《进一步深化中国（上海）自由贸易试验区改革开放方案》："优化沿海捎带业务监管模式，提高中资非五星旗船沿海捎带业务通关效率。"
		《中国（福建）自由贸易试验区总体方案》《中国（广东）自由贸易试验区总体方案》《中国（天津）自由贸易试验区总体方案》："允许中资公司拥有或控股拥有的非五星旗船，试点开展外贸集装箱在国内沿海港口和自贸试验区内港口之间的沿海捎带业务。"
2015年6月5日	交通运输部	《关于在国家自由贸易试验区试点若干海运政策的公告》："注册在境内的中资航运公司可利用其全资或控股拥有的非五星红旗国际航行船舶，经营以自贸区开放港口为国际中转港的外贸进出口集装箱在国内沿海对外开放港口与自贸区开放港口之间的捎带业务。从事上述业务时，应向国务院交通主管部门备案。"

① 本表系笔者根据国务院、交通运输部和上海市人民政府等公布的相关文件整理而成。

（续表）

政策公布日期	发布主体	文件名称和具体内容
2017年4月1日	国务院	《中国（湖北）自由贸易试验区总体方案》："扩大内外贸同船运输、国轮捎带运输适用范围，提升运力资源综合效能。"
		《中国（四川）自由贸易试验区总体方案》："支持开展内外贸同船运输、国轮捎带业务。"
		《中国（辽宁）自由贸易试验区总体方案》《中国（浙江）自由贸易试验区总体方案》："优化沿海捎带业务监管模式，提高中资非五星旗船沿海捎带业务通关效率。"
2018年6月24日	上海市人民政府办公厅	《上海国际航运中心建设三年行动计划（2018—2020）》："进一步拓展沿海捎带、中转集拼、启运港退税等业务规模。"
2018年7月25日	交通运输部	《贯彻落实〈中共中央 国务院关于支持海南全面深化改革开放的指导意见〉实施方案》："允许中资非五星红旗船舶开展以海南自由贸易试验区港口为国际中转港的沿海捎带业务。"
2018年10月16日		《中国（海南）自由贸易试验区总体方案》："扩大内外贸同船运输、国轮捎带运输适用范围，提升运力资源综合效能。"
2019年8月6日	国务院	《中国（上海）自由贸易试验区临港新片区总体方案》："在沿海捎带国际船舶登记、国际航权开放等方面加强探索……扩大中资方便旗船沿海捎带政策实施效果，研究在对等原则下允许外籍国际航行船舶开展以洋山港为国际中转港的外贸集装箱沿海捎带业务。"
2020年9月21日		《浙江自贸试验区扩区方案》："允许中资非五星旗船开展以宁波舟山港为中转港的外贸集装箱沿海捎带业务。"

(续表)

政策公布日期	发布主体	文件名称和具体内容
2021年11月29日	交通运输部	《关于开展境外国际集装箱班轮公司非五星旗国际航行船舶沿海捎带业务试点的公告》明确了申请开展业务试点的外资班轮公司非五星旗国际航行船舶开展沿海捎带业务的申请程序、申请条件、申请材料等有关要求
2022年3月17日		《关于试点实施有关中资非五星旗船舶沿海捎带政策的公告》:"注册在境内的中资航运公司可利用其全资或控股拥有的非五星旗国际航行船舶,经营以上述自由贸易试验区开放港口为国际中转港的外贸进出口集装箱在国内沿海对外开放港口与自由贸易试验区开放港口之间的捎带业务。从事上述业务时,应向国务院交通运输主管部门备案。"

从发展进度表上看,沿海捎带业务政策具有以下几个特点:一是着重在外向型港口实施沿海捎带业务,湖北、四川、海南自贸试验区片区规定,支持开展和扩大内外贸同船运输、国轮捎带运输适用范围。这表明,各沿海港口的分工进一步明确,港口专业化趋势日益明显。二是"优化沿海捎带业务监管模式,提高通关效率",这一政策在上海、浙江和辽宁自贸试验区总体方案中分别被提及,可见,国家强调在提高沿海捎带业务通关效率的同时监管也不可缺位,应该优化监管模式,两者都应受到重视。在接下去推行该政策过程中需继续完善这方面内容。三是沿海捎带业务属于有效果可推广的自贸试验区政策,这一创新政策继续在自贸试验区范围内有条不紊地推进中。当前,上海自贸区临港新片区承担着进一步深化改革和对标国际公认的竞争力最强自贸试验区建设的重任,海南省探索建设自由贸易港的步伐也在加快进行中,我们更应该积极推进包含沿海捎带业务等一系列航运创新政策的实施进程,继续完善我国航运法律法规制度。

沿海捎带业务政策涉及一国沿海运输权,对沿海运输权的限制不仅是为了保护和发展本国海运产业,还关系到一国国家主权和安全。目前,国际上沿海运输权的开放分类主要有三种:一是沿海运输需求大,船队实力强的国家,实行严格限制的沿海运输权;二是沿海运输需求不大,但船队实力较强的国家,实行区域性开放的沿海运输权;三是沿海运输需求不大,船队实力也较小的国家,实行宽松的沿海运输权。① 下文中,笔者选取其中具有代表性的国家进行详细阐述。

第一,实行严格限制的沿海运输权的国家——美国。美国实行严格限制的沿海运输权制度,该国 1920 年《琼斯法案》(The Jones Act 1920)第二十七章中有关沿海运输权保留的规定,具体为:"货物不得在美国两个港口之间运输,除非由在美国建造和注册的船舶运输,由美国公民拥有并由美国船员操纵。"一直以来,有关美国《琼斯法案》的存废之争从未停止过,反对者认为,美国航运市场的低迷与该法案的长期实行有关。但是,美国劳工部曾指出,《琼斯法案》是神圣不可侵犯的;美国联邦海事局也曾为其沿海贸易保护主义的立场辩护,认为"限制沿海运输权这一做法能得到更多人的信任"。② 可见,支持该法案的声音很大。

第二,实行区域性开放的沿海运输权的国家和地区——欧盟。欧盟沿海运输政策最早源于欧共体理事会《关于为沿海运输自由提供服务原则的第 4055/86 号条例》。1992 年,欧共体成员国针对沿海运输权问题实行《关于为沿海运输自由提供服务原则的第 3577/92 号条例》,该条例第 1 条规定:"提供自由海运服务的原则适用于欧盟成员国间的沿海运输,成员国的沿海运输向任一成员国登记或悬挂任何一个成员国国旗的船舶开放。但前提必须是这些船舶符合所在成员国进行沿海运输的条件。"③ 2014 年 4 月 22 日,欧盟公布《关于 3577/92 条例执行情况的第五次报告(2001—2010 年)》以及该

---

① 参见王静改:《国内外沿海运输权开放程度探析》,载《港口经济》2014 年第 7 期。

② See J. R. F. Hodgson & M. R. Brooks, Towards a North American Cabotage Regime: A Canadian Perspective, *Canadian Journal of Transportation*, Vol. 1, No. 1, 2007, p. 27.

③ Ibid., p. 28.

报告的解读文件,^① 主要对欧盟成员国国内运输权问题进行规范和约束,也从市场竞争和国家援助的角度进一步维护欧盟利益。^② 目前为止,考虑到一些特殊利益,该条例并没有在所有成员国内实行。

第三,实行宽松的沿海运输权的国家——澳大利亚、新西兰。澳大利亚1912年《航海条例》(The Navigation Act 1912)对该国的沿海运输权作了具体规定。该法第7条第1款规定:"根据本条例,允许国际船舶从一个国家和地区的任何港口装载乘客或货物运送或交付至同一国家和地区或任何其他国家和地区的任何港口。"同时,该条款定义了不属于沿海运输的若干情况,如通过提单运输的国际货物或通过机票往返海外的乘客的情况。该法还规定,某些行为应予豁免,包括大陆与某些岛屿领土之间的交易往来,以及在沿海运营客运邮轮的经营行为(维多利亚和塔斯马尼亚之间除外)。此外,该法规定,船舶可以通过签发执照或许可证从事沿海运输,但并未对澳大利亚国旗船和任何其他船只进行区分。其实,澳大利亚相关方对沿海运输权问题有过分歧,并公布过评估报告,但目前尚未有迹象表明澳大利亚对沿海运输权自由化这一政策改变的态度。^③

新西兰1994年《海运法》(The Maritime Transport Act 1994)第198条是关于海上运输权的规定。该条规定,任何船舶都不被允许进行沿海运输,除非该船舶是本国国旗船舶,以及在新西兰某一港口装载、卸载国际货物、乘客或是离开这一港口的外国旗船舶。但是,新西兰运输部部长根据法律的授权,认为在适当的条件下,

---

① See European Commission, Report from the Commission to the Council Fifth Report on the Implementation of Council Regulation (EEC) No 3577/92, Applying the Principle of Freedom to Provide Services to Maritime Cabotage (2001-2010), http://ec.europa.eu/transparency/regdoc/?fuseaction=list&coteId=1&year=2014&number=231&language=EN, visited on May 28th, 2020.

② See J. P. Kaufman, Maritime Cabotage in European Community Law: Council Regulation (EEC) No. 3577/92 and Relevant Case Law, *Zbornik Pravnog fakulteta u Zagrebu*, Vol. 57, 2007, pp. 789-820.

③ See J. R. F. Hodgson & M. R. Brooks, Canada's Maritime Cabotage Policy, 2004, http://maryrbrooks.ca/wp-content/uploads/2012/03/CabotageFinal.pdf, visited on May 28th, 2020, p. 57.

可允许任何其他船舶进行沿海运输贸易。① 根据 2016 年《新西兰运输展望报告》②，新西兰 99%以上的进出口贸易通过新西兰海港，其贸易量也有了显著增长。新西兰的船队规模相对较小，在国际运输贸易中没有新西兰船只。此外，由于新西兰独特的地理位置，政府对沿海运输的管制较简单，因此沿海运输贸易不大可能给该国经济造成太多影响。

二、沿海捎带业务政策的发展

在自贸试验区背景下试点实施沿海捎带业务无疑是探索航运创新政策的重要举措之一，而沿海捎带业务政策的实施不是孤立的，既有正面影响又有负面影响。我们应该清晰地认识该创新政策在发展过程中存在的问题，及时对该政策予以评估并得出进一步发展的建议。

（一）沿海捎带业务政策的评估

1. 政策适用范围有限，其他主体参与积极性不高

为了维护我国航运企业利益，交通运输部严格限定适用该政策的船舶范围。然而，我国目前大部分进出口货物由外国籍船舶承运，中资企业船舶承运的比例较低。同时，中资航运公司与外资航运公司开展互租船舶、互换舱位的现象比较普遍，而这些均不能适用该政策。上述情况使得该政策的效益发挥受到限制。此外，在实际试点该政策过程中，目前企业只能操作进口货物的沿海捎带业务，出口业务难以执行。其原因在于，很多企业希望货物直接去境外中转以尽快获得出口退税，享受更多的税收优惠政策。③ 因此，相关主体参与积极性并没有预想的那么高。

---

① See J. R. F. Hodgson & M. R. Brooks, Canada's Maritime Cabotage Policy, 2004, http://marybrooks.ca/wp-content/uploads/2012/03/CabotageFinal.pdf, visited on May 28th, 2020, p. 60.

② See New Zealand's Ministry of Transport, Transport Outlook Current State 2016, 2017, https://www.transport.govt.nz/assets/Uploads/Report/TransportOutlookCurrentState2016.pdf, visited on October 26th, 2023, p. 9.

③ 参见殷明主编：《中国港航业的创新发展：从自由贸易试验区到自由贸易试验港》，上海浦江教育出版社 2019 年版，第 118 页。

2. 巩固枢纽港地位的同时，存在不平等贸易保护风险

从港口角度来看，实施沿海捎带业务这一创新政策，使我国重要枢纽港的货物集聚能力得到了大幅度提升。根据交通运输部《2020中国航运发展报告》，2020年全球集装箱港口吞吐量继续增长，尽管增长率低于2019年的增长率，但全球前20大集装箱港口报告了3.75亿国际标准箱（Twenty-foot Equivalent Unit，TEU）总吞吐量。上海港以4350万TEU的成绩连续11年位列全球第一。此外，在全球前10大集装箱港口吞吐量排名中，中国港口占据7席，[①] 与往年的排名相比，重要枢纽港地位得到了巩固。

从航运公司角度来看，目前该政策的试点推进已引起大型国际航运公司的关注，如丹麦马士基航运。马士基集团前CEO施索仁曾在2019年3月中国发展高层论坛上发表演讲，提出"自贸港应该对所有商船平等开放，希望中国港口继续扩大开放政策"的言论，引发中国航运业界的热议。[②] 早在该政策试点之时，马士基航运就呼吁希望中国能给予外资航运公司参与沿海捎带业务中的机会。问题是，若对外资开放，中国航运企业竞争力将受到一定程度的冲击。同时，若进一步开放沿海捎带业务，还可能引起外国船公司提出此项政策是实施不平等的贸易保护。《临港新片区方案》明确，要研究在对等原则下允许外籍国际航行船舶开展以洋山港为国际中转港的外贸集装箱沿海捎带业务。该规定很好地回应了外方的上述忧虑。

3. 配套的便利化监管机制尚未健全

2018年5月29日公布的《海关总署关于修改部分规章的决定》，涉及《中华人民共和国海关对过境货物监管办法》等众多规章的修改。与此同时，由于沿海捎带业务这一创新政策在我国尚未积累很多经验，配套的便利化监管机制尚未健全。例如，该政策导致海关

[①] 2018年全球前10大集装箱港口吞吐量排名中的中国港口有：上海港（第1名）、宁波舟山港（第3名）、深圳港（第4名）、广州港（第5名）、青岛港（第7名）、天津港（第8名）和香港（第9名）。参见中华人民共和国交通运输部：《2020中国航运发展报告》，人民交通出版社2021年版，第57页。

[②] 参见《尊敬的施索仁先生，关于外轮沿海捎带，他们有话说……》，搜狐网，2019年3月30日，https://www.sohu.com/a/304921441_265147，2020年5月3日访问。

口岸监管模式发生变化,口岸监管过程中存在一些不适应现象。2021年7月13日,海关总署在答复《关于推动政策协同,支持上海打造世界一流航运枢纽的建议》中指出,要明确海关监管事项,做好沿海捎带业务海关监管工作,不断提高口岸综合竞争能力。①然而在实践中,常有监管不到位的问题出现。

4. 沿海捎带政策带来的法律冲突问题

在我国自贸试验区试行沿海捎带业务,不可避免会产生一些法律问题,并可能给我国航运市场的开放以及营造国际化、市场化、法制化的营商环境带来一些不利影响。其中,法律冲突涉及航运市场主体的平等保护、沿海捎带政策与现行《海商法》等问题。目前,《海商法》的修改工作已在进行中。现行《海商法》第4条是关于沿海运输权的保护性规定,而在某种程度上来说,沿海捎带业务的试行不能无视其与国家法律相冲突的问题,也即不能违背自贸试验区的法治精神。因此,在实践过程中,如何化解这一冲突也是亟须解决的重要问题。②

(二)进一步完善沿海捎带业务政策的建议

1. 系统考察沿海捎带业务这一政策的执行效果

对于沿海捎带业务这一创新政策,要进行系统的、全面的考察。这是因为在自贸试验区背景下,航运创新政策除了沿海捎带业务的先行先试之外,还有启运港退税政策、国际船舶登记制度、准入前国民待遇和负面清单制度等诸多创新政策,这些都会给我国航运业发展带来新的突破和挑战。因此,系统考察沿海捎带业务这一创新政策,有助于保障其与其他自贸区航运创新政策的相互协调。例如,该政策应与船舶登记创新制度协调一致,因为只有对沿海捎带业务中"中资航运公司"进行明确的认定,才能更好推进该政策实施。

---

① 参见《关于开展沿海捎带业务试点的境外集装箱班轮公司及其非五星旗船舶的公示》,海关总署官网,2022年10月14日,https://xxgk.mot.gov.cn/2020/jigou/syj/202210/t20221014_3694741.html,2023年1月5日访问。

② 参见谭学文:《自贸区试行沿海捎带的法律困境与突破》,载《人民司法》2018年第10期。

2. 平衡海运市场开放和国家安全两者之间的关系

沿海捎带业务涉及沿海运输权问题，沿海运输权又关系到国家主权和国家安全。大多数海运发达的国家出于国家主权和安全的考虑，都没有开放沿海运输。我国现在自贸试验区试点沿海捎带业务这一创新政策，意在扭转我国大量货物流失至境外中转的局面，最终目的在于促进航运服务自由化。但同时，沿海捎带业务的先行先试可能也会对本国从事沿海运输的公司产生一定的影响。因此，应当谨慎对待这一创新政策。当前，面对复杂的国际形势，我国航运市场开放程度应该与我国的航运业发展相适应，应当在对外开放和维护民族航运业利益之间找到平衡点。唯有平衡好我国海运市场开放和国家安全这两者之间的关系，才能保证我国航运业发展朝着健康有序的方向进行。

3. 优化沿海捎带业务监管模式，建立沿海运输市场规则

进一步推进沿海捎带业务实施，优化该政策监管模式是该政策的一项重要内容。在下一步沿海捎带业务政策推进过程中，应当及时调整相关政策，优化口岸监管等相关方面的规定。同时，建立公平、完善的沿海运输市场规则也是当下重要任务之一。具体包括：建立和完善开展沿海捎带业务的企业及船舶资质认定标准、建立公平高效的沿海运输市场规则。在资质认定方面，建议对符合条件的船公司赋予开展沿海运输的资质。

4. 遵循地区差异化原则，谨慎开放沿海运输权

在自贸试验区、上海自贸区临港新片区和自贸港内尝试新的沿海运输权创新性政策，可为该政策的下一步推行奠定扎实的基础。"试验"意味着政策可退可进，对试验有效果的政策应抓紧推广复制至其他有条件实施的地区；若试验未达良好的效果，则应及时作出新的调整。从第三批自贸试验区建设总体方案中可见，我国对于沿海捎带业务这一创新政策根据差异化原则作了相应的规定，这也从侧面表明该政策取得了积极的效果。除此之外，我国着重在外向型港口实施沿海捎带业务，且各沿海港口分工进一步明确，港口专业化趋势越来越明显。因此，我国更应该遵循地区差异化原则，谨慎开放沿海运输权。

我国自贸试验区国际航运市场准入制度研究

5. 加强顶层设计,提升我国航运业的国际竞争力

2023年9月22日,《新华·波罗的海国际航运中心发展指数报告（2023）》在上海发布,新加坡、伦敦、上海,全球三大航运中心领衔发展的格局已基本形成。① 综合对比2014—2023年的评价,结果总体较稳定,在全球综合实力前十的国际航运中心中,我国已有上海、香港和宁波舟山三地入围。但是,这与在全球港口吞吐量前十排名中我国港口占多数席位的情况仍形成了较为鲜明的对比。可见,港口吞吐量第一并不代表国际航运中心的综合实力第一,正如要建设世界级国际航运中心,其发展重点是航运"软实力"的提升。② 经过多年发展,上海于2020年已基本建成国际航运中心,初步具备全球航运资源配置能力。立足2020年,上海到2025年基本建成世界一流国际航运中心,③ 到2035年要基本建成具有全球影响力的卓越城市。④ 当前,长三角区域经济一体化、海洋强国战略、"一带一路"倡议等的推进,为上海国际航运中心建设创造了有利条件。为此,我国应加强顶层设计,统筹规划,有序推进建设世界级国际航运中心的步伐,不断提升我国国际航运业的竞争力。

总之,沿海捎带业务这一创新政策是我国在探索航运政策改革进程中的一项重要内容。在近几年的试点运行过程中取得了进步,但同时也面临诸多挑战。需要我们持续跟踪这一项政策的试行效果,不断进行相应的政策调整。为此,要认真研究、尽快落实上海自贸区临港新片区的特殊政策,即有条件地允许外国籍船舶涉足沿海捎带业务,以推进我国国际航运竞争力的提升。

---

① 参见《〈新华·波罗的海国际航运中心发展指数报告（2023）〉发布》,上观新闻,2023年9月24日,https://export.shobserver.com/baijiahao/html/659255.html,2023年11月7日访问。

② 参见於世成:《一项提升我国国际竞争力的国家战略——谈上海国际航运中心建设》,载《红旗文稿》2009年第13期。

③ 参见《市政府新闻发布会介绍〈上海国际航运中心建设"十四五"规划〉相关情况》,上海市人民政府官网,2021年7月8日,https://www.shanghai.gov.cn/nw12344/20210708/f59beeb5e37049098081d0779ca01200.html,2022年5月10日访问。

④ 参见上海市人民政府:《上海市城市总体规划（2017—2035年）报告》,2018年1月发布,https://www.shanghai.gov.cn/newshanghai/xxgkfj/2035001.pdf,2020年4月1日访问。

本 章 小 结

国际航运市场准入制度,是国家对外资进入一国国际航运市场进行干预的基本制度之一,是一国政府准许外资进入国际航运市场从事生产经营活动的条件和程序规则的各种规范的总称,其实质是一国政府为了规范国际航运市场竞争秩序、提高国际航运市场竞争效率而确定的进入国际航运市场的最低标准。

本章在重点回顾我国自贸试验区国际航运市场准入制度创新及发展历程基础上,一方面,从宏观角度阐述了该制度创新发展的必要性,即航运管理职能部门建立高效运行机制的迫切需要、我国航运市场经济健康有序发展的客观要求、促进区域经济一体化等国家战略发展的重要动力以及提高我国国际航运影响力和话语权的有效途径。另一方面,从微观角度具体分析并评价了我国自贸试验区国际航运市场准入方面的各项创新政策的进展,包括国际海上运输业及其辅助业市场准入、国际邮轮市场准入、航运保险市场准入、国际船舶登记制度、沿海捎带业务等方面的新发展,这些航运创新政策的不断发展使得外商在我国航运领域的投资准入门槛进一步放宽,有助于我国航运领域深化改革和扩大开放的进程全面推进。

第四章

自贸港建设背景下国际航运市场准入制度的创新发展

经过数百年的历史演进，自贸港在推动全球经济发展中起着重要作用。但是，当前世界上自贸港数量众多，各有特色，并没有统一的模式供简单复制。新形势下，自贸试验区和自贸港建设是我国实现制度创新新高地、推动形成全球治理新格局的重要战略举措。结合国际实践，深入研究自贸港背景下我国国际航运市场准入制度的创新发展具有重要意义。

第一节　自贸港建设的国内探索和国际实践

虽然自贸试验区和自贸港都是以"制度创新"为核心，但两者侧重点不同。在我国，自贸试验区如何向更高水平开放的自贸港升级是一项重要课题。

一、自贸港建设的国内探索

自由贸易港（Free Trade Port，以下简称"自贸港"），通常是指设立在一个国家或地区的境内关外，在该范围内人员、货物和资金能实现自由出入，大多数商品、货物免征关税的特定区域，是当今全球开放水平最高的特殊经济功能区。[①] 该区域实行区别于国内其他地区的贸易和投资便利化政策，属于经济特区的范畴。[②]

自贸港属于《京都公约》中规定的自由区的一种，为了促进国

[①] 2017年11月10日，时任国务院副总理汪洋在《人民日报》撰文《推动形成全面开放新格局》提出："自由港是设在一国（地区）境内关外、货物资金人员进出自由、绝大多数商品免征关税的特定区域，是目前全球开放水平最高的特殊经济功能区。"参见《汪洋在人民日报撰文：推动形成全面开放新格局》，中国政府网，2017年11月10日，http：//www.gov.cn/zhuanti/2017-11/10/content_5238476.htm，2019年2月1日访问。

[②] 参见胡剑波、任香：《自由贸易港：我国自由贸易试验区深化发展的方向》，载《国际经济合作》2019年第3期。

际经济贸易的发展，国家可在自贸港内实行某些自由经济制度。自贸港对进出港区的商品、货物基本上免征关税，只有当商品、货物转移至自贸港所在国的消费者手中时，才需要交纳相应的关税。与此同时，自贸港所在国允许货主或企业开展一系列相关的生产经营活动，如对货物的自由储存、展览、拆装、整理、加工及制造等，但外国船舶进出时仍须遵守有关卫生、移民等政策法令。需要注意的是，自贸港的功能与内涵是不断变化的，但定义中所提到的"境内关外"和"免税"政策始终是自贸港的基本内涵。① 更重要的是，随着港口功能的拓展延伸，自贸港往往不仅是转口贸易的重要基地，而且会发展成具有"自由"特征的拥有出口加工、工业、金融等功能的特殊区域。

自贸港本质是强调"境内关外"，核心是人、财、物的自由进出。有学者认为，自贸港本质上是一个经济体在其境内放弃部分经济主权而打造的世界高水平自由交易市场，是自由交易关系和交易机制的高度融合，而并非单纯空间形态上的"市场"和"港口"。② 也有学者认为，自贸港建设是我国自贸试验区深化发展的方向，如何从自贸试验区向高水平开放的自贸港升级是当前亟待解决的重要问题。③ 笔者认为，自贸港不是自贸试验区的简单升级，自贸港的建设虽然是在赋予自贸试验区更多改革自主权的基础上进行的，但是会有一些改革措施试验功能，并且有些政策是无法复制推广的。这是自贸试验区与自贸港的最本质区别。

（一）自贸港的特征

自贸港是目前世界范围内开放水平最高的特殊经济功能区。有学者认为，特殊经济功能区泛指在一国境内设立的各类"适合所有类型的经济活动，包括旅游和零售销售，支持更广泛的经济改革战

---

① 参见殷明主编：《中国港航业的创新发展：从自由贸易试验区到自由贸易港》，上海浦江教育出版社2019年版，第60—61页。
② 参见史本叶、王晓娟：《探索建设中国特色自由贸易港》，载《高等学校文科学术文摘》2019年第5期。
③ 参见胡剑波、任香：《自由贸易港：我国自由贸易试验区深化发展的方向》，载《国际经济合作》2019年第3期。

略,并能够更高效促进某些产业集聚"的特殊区域。① 据此,自贸港的主要特征有:②

(1) 功能区域的限定性。关于自贸港的"境内关外","境内"是指从地理位置来看,自贸港属于一个国家领土的一部分,处于一国国境之内;"关外"是指一国的关境之外。从监管角度来看,自贸港是海关监管的特殊区域,处于一国海关监管的关卡之外。在该区域内,外国商品、货物可免交税,且无须履行手续复杂的海关监管流程;只有当外国商品、货物从该区域进入自贸港所在国关税区的时候,才需交纳一定的关税并履行相应的海关监管流程。可见,只有明确自贸港区域功能的限定性,才能有效凸显区域独特的自贸港在贸易、投资、金融等领域制度和政策的优越性,才能有利于自贸港长久发展。

(2) 政策环境的优惠性。自贸港作为独立的"境内关外"特殊监管区域,与国内其他地区相比,可享受在税收、金融等众多方面有助于促进贸易和投资自由化便利化、更加开放和灵活便捷的优惠政策。例如,新加坡作为全球先进的自贸港之一,在市场准入、备案登记制度等方面均充分体现了世界范围内最开放、最自由的自贸港政策。同时,新加坡还是世界上税制简单、税负最低的国家之一。优惠的政策、良好的投资环境使其成为全球发展最为成熟的自贸港之一。

(3) 资源配置的便捷性。在货物贸易领域,进入自贸港的货物要能够快速有效地通关,这就要求最大限度地简化审批流程、提高海关监管效率。因此,除了对少数重点领域的货物实施抽查检验制度外,其他货物在一般情况一律无须检查、审核。同时,自贸港要在物流、港口等各方面建设较为完备的综合基础设施,进一步形成

---

① See Douglas Zhihua Zeng, Global Experiences with Special Economic Zones: Focus on China and Africa, Policy Research Working Paper No. 7240, World Bank, 2015, https://documents1.worldbank.org/curated/en/810281468186872492/pdf/WPS7240.pdf, visited on May 28th, 2020, p. 2.
② 参见黄茂兴等:《中国自由贸易港探索与启航:全面开放新格局下的新坐标》,经济科学出版社 2017 年版,第 5—8 页。

高效便捷的能够快速连通全球市场的海陆空物流网络体系。

（4）自由经济体制的实行。自贸港在建设和发展过程中，除了基本实现人员、货物和资金等同境外的自由流动和快速连通之外，还要满足以下基本要求：一是最少文件要求，基本取消金融管制和外汇管制，实现自由投资、自由金融和自由汇兑；二是自贸港内免于适用部分与自贸港政策相冲突的国内法律法规，自贸港虽为国家层面的立法所覆盖，但一些国家和地区明确规定相关自贸港的管理者可被授权单独立法。①

（5）严格事后监管和二线监管。为了应对由于宽松的环境产生潜在不法活动的风险，如走私、洗钱等，绝大多数自贸港被物理围网和封闭管理，并严格事后监管和二线监管，对违法者施加能产生强大震慑效应的处罚。

（二）自贸港的类型

自1547年意大利在热那亚设立第一个现代意义的自贸港以来，全世界目前有600多个自贸港，其中香港、新加坡、鹿特丹、迪拜都是比较成功的自由港，便利的管理和低廉的税负助力它们发展成为本地区的经济中心。②

有学者认为，我国自贸港的建设顺应时代和经济发展要求，是与时俱进的结构转型。③总体上看，随着时间的推进，自贸港的发展是一个不断演进的动态过程。从世界范围来看，自贸港一般都具有一定的港口区位优势。根据其功能、布局、范围等不同，自贸港有许多不同分类。其中，根据自贸港主体功能形态的不同，可将其分为航运中转型、出口加工型和综合资源配置型三种类型。④

（1）航运中转型自贸港。16—17世纪，航运中转型自贸港兴起

---

① 参见黄建忠、文娟主编：《探索建设自由贸易港蓝皮书（2017）》，中国经济出版社2018年版，第25—26页。

② 参见胡加祥：《我国建设自由贸易港若干重大问题研究》，载《太平洋学报》2019年第1期。

③ 参见樊华：《我国建设自由贸易港的国际经验借鉴》，载《价格月刊》2019年第11期。

④ 参见黄茂兴等：《中国自由贸易港探索与启航：全面开放新格局下的新坐标》，经济科学出版社2017年版，第24页。

第四章
自贸港建设背景下国际航运市场准入制度的创新发展

于欧洲地中海沿岸,并快速风靡至北海和波罗的海地区。此后,一些殖民地和半殖民地的重要港口被开辟为航运中转型自贸港。早期的航运中转型自贸港分布状况、功能结构单一,主要从事转口贸易。随着自贸港的不断发展,其相关功能得到进一步拓展,最终发展成集自由贸易、物流仓储、保税商品展示和交易等众多功能于一体的多功能型港口。航运中转型自贸港的设立,对建立国际化运输、综合性仓储服务体系,降低交易成本,充分发挥港口货物集散中转能力,推动对外贸易和经济的发展等都能够起到重要的作用。

(2)出口加工型自贸港。出口加工型自贸港以发展工业为主要目的,通过对进入自贸港的货物进行出口加工,以提高货物的商品附加值。二战之后,生产和资本的国际化程度快速提高,加上科技发展进一步突破了国家的界限,推动了国际贸易的自由化和便利化。在此契机下,自贸港的发展也顺应国际新趋势的特点,功能呈现多样化。出口加工型自贸港的主要功能有:[①] 一是航运、转口贸易。转口贸易也称"中转贸易",是指一个国家或地区不以消费为目的进口某种商品,而是把它作为商品再出口至他国的贸易活动。二是加工贸易。加工贸易是指从境外保税区进口全部或部分原辅材料、零部件等,经境内企业加工或装配之后,将制成品再出口的贸易经营活动。三是保税仓储。自贸港的保税仓储功能与转运功能密不可分,只有提供便利的仓储设施和服务,才能保证货物顺利转运,实现方便快捷地随时转口,从而提高通过效率,减少额外费用。

(3)综合资源配置型自贸港。综合资源配置型自贸港以信息技术为媒介,以城市为主体,以港口为核心,集转运、仓储、贸易、工业和金融等各项服务功能于一体,是筹划、组织和参与国际经贸活动的自由配置中心、综合服务平台、物流集散中心和产业集聚基地。20世纪80年代,全球经济和贸易迅猛发展以及信息技术的广泛应用,推进了自贸港的深化发展。一方面,高附加值的综合物流服务、金融服务、信息服务等功能应运而生,使得自贸港成为多功能

[①] 参见黄茂兴等:《中国自由贸易港探索与启航:全面开放新格局下的新坐标》,经济科学出版社2017年版,第38—39页。

平台和资源配置中心；另一方面，自贸港的辐射和溢出效应进一步增强，港口和城市互相促进，共同发展，使得自贸港既是产业集聚地，又成为港城联动的核心。

与前两类自贸港相比，综合资源配置型自贸港有如下特点：其一，它是综合运筹国际贸易、物流、信息的资源配置中心。其二，它是多功能集成和综合增值服务的平台。其三，它是产业集聚基地。其四，港城逐渐融合。

（三）自贸港和自贸试验区的区别

在我国，自贸试验区和自贸港都是非常重要的经济功能区，作为国家战略共同肩负着我国经济建设和改革的重大使命。两者在制度设计上既有关联性和相似性，又有明显区别。通过比较两者差异，能有助于更好地实现两者之间的合理分工、错位发展。两者的差异主要表现为以下几方面：

（1）自贸港比自贸试验区更"自由"。纵观全球自贸港的发展，自贸港真正实现了境内关外，一线放开程度高使得自贸港的货物获得了更高的流通自由度，集聚平台优势明显。同时，在自贸港内，一系列投资、金融和人才的自由开放政策和措施的不断推进，使自贸港实际上形成一个小型现代化综合治理体系。此外，自贸港建设不仅有利于物流集聚，而且有利于资金流和信息流集聚，使其不仅成为国际运输中心，更是国际结算中心、全球贸易决策中心，吸引更多世界级贸易商和运营商集聚。作为全球开放水平最高的特殊经济功能区，自贸港应当成为我国向国际高端价值链攀升过程中打造具有中国影响力的全球价值链的关键节点。①

（2）自贸试验区和自贸港相辅相成，优势互补。自贸试验区和自贸港两者呈现不同的开放层次。前者相对后者来说，在开放程度方面有更多保留，很多创新政策和措施可试验、可复制、可推广，但这也意味着试点试验的政策"可进可退"。自贸试验区作为全国创新政策的试点平台，侧重于突出地方特色和区域带动性；而自贸港

---

① 参见郭永泉：《中国自由贸易港建设和自由贸易试验区深化改革的策略研究》，载《国际贸易》2018年第3期。

的战略定位是对标国际最高标准,更多侧重于在国际贸易竞争中抢占市场,在国际上占据有利位置。① 例如,上海自贸区临港新片区建设因应的是"国家战略需要、国际市场需求大、对开放度要求高但其他地区尚不具备实施条件的重点领域"②,对这些领域进行制度创新和压力测试。笔者认为,这种制度创新和压力测试也体现在自贸港建设中,虽然不是所有的创新政策都能完全被复制和推广,但是,这并非意味着完全排除各领域的一些开放和创新政策在试点先行过程中形成的经验对其他地区产生的影响及借鉴作用。此外,自贸试验区和自贸港由于功能定位不同,在发展过程中也会优势和劣势互见。突出自贸试验区的话,与腹地市场关系密切;突出自贸港的话,与国际市场关系密切。

(3) 自贸港的建设必须抓住关键环节。自贸港的建设承载着巨大的经济规模、人口就业、改革创新和引领发展的必然使命。同时,自贸港的建设是在赋予自贸试验区更多改革自主权的基础上分步骤分阶段进行的,从某种意义上讲,能够起到促进现有自贸试验区发展的作用。总之,自贸试验区是主力军,肩负着为国家试点创新政策、深化改革的重大任务,对引领我国开放型经济总体发展意义深远;而自贸港则是突击队,集中试点创新政策和制度。我国自贸港建设必须抓住几个关键环节。一是优化自贸港的法律制度环境。自贸港建设涉及多个政府管理部门,需要由中央政府统一协调且加强制度的顶层设计,对涉及重点领域的法律与政策制度体系进行系统评估,分层次分阶段推进自贸港法律制度建设。二是创新税收制度,自贸港作为"无税之地",需要有特定的税收政策提供支持,完善税收政策有利于提升自贸港的竞争力和吸引力。三是重视航运业推动地区的发展。全球领先的自贸港均已成为国际航运中心、全球物流枢纽中心,如新加坡、中国香港。在自贸试验区向自贸港深化发展

---

① 参见王得新:《自由贸易试验区创新发展的路径研究》,载《区域经济评论》2018年第6期。
② 《国务院印发〈中国(上海)自由贸易试验区临港新片区总体方案〉》,中国政府网,2019年8月6日,https://www.gov.cn/xinwen/2019-08/06/content_5419191.htm,2022年10月10日访问。

的过程中我国应注重航运业的发展,从而在航运领域形成核心的竞争优势,促进航运枢纽港功能得到质的提升。

二、自贸港建设的国际实践

纵观全球,自贸港的建设都根据各国国情特色肩负着促进本国经济发展的使命,而国际自贸港的成功经验是我国建设中国特色自贸港的重要参考。

(一)美国纽约港

自贸港在美国通常被称为"对外贸易区",是指设立在美国本土临近海关地区以促进国际贸易发展、创造就业和吸引投资的特殊区域。① 纽约港作为美国最大的自贸港,具有独特的经济战略地位,利用自身的区位优势大力发展加工制造业。首先,为了保障货物在港内自由交换和中转,纽约港采用物理围网的方式进行封闭。同时,纽约港采取了一系列投资贸易便利化措施,如对港内企业不设任何的通关限制和约束。其次,为了激励企业在港内进行经营投资活动,促进产业链的发展,纽约港采取了关税倒置的措施。即原材料和成品进入港内均无须交税,但是从纽约港进入美国国内市场时,需要缴纳的原材料税要高于成品税。② 最后,纽约港拥有丰富的金融资源,宽松良好的金融环境为外商最大程度自由经营创造了有利条件,吸引了大量金融机构入驻开展金融业务。

(二)新加坡自由贸易港

新加坡自由贸易港建设的成功,不仅得益于新加坡优越的地理位置,更与政府坚持倡导开放型经济体制密不可分。主要表现为:(1)金融全面开放,服务体系完善。新加坡的金融市场开放程度高,吸引众多企业前去投资。金融服务市场的开放需要伴随完善的金融服务,新加坡外资金融机构能够提供全面的融资服务。(2)积极吸引外资,鼓励本国企业"走出去"。新加坡对外资准入的限制低,除

---

① 参见黄建忠、文娟主编:《探索建设自由贸易港蓝皮书(2017)》,中国经济出版社2018年版,第80页。

② 参见裴长洪、刘斌、李越:《中国特色自由贸易港发展模式探索》,载《对外经济贸易大学学报》2019年第1期。

涉及国家安全和个别特殊领域，如金融、保险等一些特殊行业，外资需向相关主管部门申请备案外，其他行业没有特殊限制和要求，其中商业、外贸、电讯等市场完全开放。(3) 企业经营环境和便利化程度高。新加坡企业监管项目完善，企业经营环境良好，企业注册手续简便，便利化程度高。(4) 为企业提供优惠税收。为推进自由贸易港建设，新加坡大规模简化税赋，是世界上税制简单、税负最低的国家之一。国际运输服务和与进出口相关的运输服务等，新加坡都适用零税率。

（三）迪拜自由贸易港

迪拜港是目前世界上著名的自由贸易港，地处亚欧非三大洲的交会点，由拉什德港区（Port Rashid）和杰贝拉里港区（Port Jebelali）组成。由于特殊的地理位置，迪拜港也是中国21世纪海上丝绸之路的重要节点。迪拜自贸港的成功经验主要有：(1) 港口和自贸试验区的结合。迪拜港是从建设拉什德港区开始的，通过港口建设，结合区域位置特点，利用港口建立自贸区，吸收国外资金打造集物流、贸易、金融等一体的多功能现代自由贸易港。(2) 自贸港的发展是一个渐进过程。自贸港的发展是有一定规律的。受国内外经济、文化、政治等的影响，迪拜港的发展历程是沿着一般自贸港逐步向专业化、综合化、高科技化的自贸港方向发展的。(3) 自贸港产生外向型经济辐射价值。迪拜港是集陆、海、空三位一体的国际级综合港区，从一般意义上讲，高效便捷的自贸港对货主和国际物流机构会有较大吸引力，而灵活自由的经济政策往往能促进各生产要素集聚，并以此带动港口所在区域外向型经济的扩张。

（四）釜山自由贸易港

釜山港凭借其优越的地理位置、资源优势和优惠政策，成为国际集装箱中转的重要港口之一，在港口发展方面主要有以下成功经验值得借鉴：(1) 合理定位，错位发展谋长远。合理定位是港口建设的重要前提。任何一个港口的建设都必须综合考虑其地理区位、岸线、集疏运体系、生态环境、周边区域发展等因素，根据港口客观条件，选择合适的定位。釜山港优越的地理位置，决定了其东北亚物流中心的定位。寻求错位发展是提高港口竞争力的有效途径，只有寻求错位发展，才能在竞争中获得有利优势。（2）出台各种优惠政策。港口的税费政策对于中转船舶是否选择停靠和中转影响巨大，釜山港因在免税降费方面有巨大优势，并有中转奖励制度，吸引了众多国际企业入驻和更多船舶中转。（3）便利的海关监管和宽松的口岸环境。釜山港实施较为宽松的"境内关外"海关监管政策，国际集装箱中转自由、便利、手续便捷。在海关监管方面，对自贸区、港口作业区和工业经济加工区实施一体化监管，增强了对中国、日本等亚洲周边港口的集装箱货源吸引力。（4）港口与周边区域联动发展。除了釜山港内部整合，韩国政府还积极推进港口与周边区域的联动建设，如建设国际产业物流中心等。

总体上看，国际上自贸港建设经验中值得我国借鉴的主要有：第一，自贸港推进制度创新。美国纽约、新加坡、迪拜和釜山等国际自贸港建设都有成功的经验，这些地方的核心做法是推进政策和制度创新，提高政府行政办事效率，进一步降低企业的经营和交易成本，逐步形成贸易投资自由化便利化的核心竞争力。值得强调的是，这些国际上较为成熟的自贸港特别重视对自贸港内市场运行的风险防范，在市场高效运行的基础上，建立了相对完善的市场监督机制，确保自贸港是有保障的自由。① 总之，自贸港一方面通过制度创新给予港内企业最大限度"自由"，以实现自贸港贸易高效便捷、投资自由的国际最高水平；另一方面，以安全高效的市场监管机制对自贸港内微观市场主体经济活动实施最少的干涉，更好地实现政府对市场运行的高效监管和对市场风险的有效防范。第二，风险监管和政策相对统一。从美国纽约、新加坡、迪拜和釜山等国际自贸港发展经验来看，普遍采用的是权威高效的监管。一方面，在离岸业务政策监管方面，采取控制离岸账户资金流动等方式保障自贸港内经济秩序稳定，减少金融投机行为，降低风险；另一方面，自贸港内各项金融监管事项都交由统一的监管机构进行统一处置。

---

① 参见佟家栋：《中国自由贸易试验区的改革深化与自由贸易港的建立》，载《国际商务研究》2018年第1期。

第二节 自贸港建设背景下国际航运市场准入制度取得的成效

海南自贸港的建设应当"分阶段、分步骤",不断总结自贸港建设和发展过程中的经验,实现动态优化。这将有助于推动海南实现中国特色自贸港的战略目标。

一、《海南自由贸易港法》为我国航运业发展提供了重要法治保障

海南自贸港的立法工作需要充分发挥法治在自贸港建设过程中的引领、推动、规范和保障作用,需要深刻理解中央的战略部署,抓住打造全球最高水平开放形态的基本要求。[①] 2021年6月10日,《海南自由贸易港法》的出台推进了海南自贸港建设的法治进程。有学者认为,制定《海南自由贸易港法》,是将党中央重大决策以法律的方式加以制度化,使得海南自由贸易港各项政策更具有稳定性和可预期性,更有利于海南自由贸易港建设行稳致远。[②] 也有学者指出,该法在保证国家法制统一的前提下赋予海南更大的改革自主权,在国家立法层面为海南自由贸易港实现制度创新、系统协调推进改革提供了法律基础。[③]

围绕海南全岛建设中国特色的自贸港,航运领域的国际船舶登记制度、邮轮旅游产业、海事司法管辖等成为重点关注的方面。例如,《海南自由贸易港法》第4条明确规定:"海南自由贸易港建设,以贸易投资自由化便利化为重点,以各类生产要素跨境自由有序安全便捷流动和现代产业体系为支撑,以特殊的税收制度安排、高效的社会治理体系和完备的法治体系为保障,持续优化法治化、国际

---

① 参见迟福林主编:《众论海南自由贸易港》,海南出版社2020年版,第276页。
② 参见贺小勇:《〈海南自由贸易港法(草案)〉修改的七大建议》,载《上海对外经贸大学学报》2021年第2期。
③ 参见黄进主编:《中国涉外法治蓝皮书》,法律出版社2022年版,第45页。

化、便利化的营商环境和公平统一高效的市场环境。"可以看出,在海南自贸港建设背景下,立法保障是根本,是确保我国国际航运市场各领域能够在法治轨道上更高水平开放、更高质量发展的有力保障。

二、创新和推广了与国际航运市场开放相适应的政府管理制度

2013年《深化改革决定》中明确市场在资源配置中起决定性作用,提出要大幅度减少政府对市场资源的直接配置,有效推动市场资源配置根据市场规则、市场价格、市场竞争实现效益最优化和效率最优化,使我国市场在资源配置中发挥更好的决定性作用。同时,政府的职责和作用主要是保持宏观经济的稳定,加强和优化公共服务,保障公平竞争,加强市场监管,维护市场秩序,推动可持续发展,促进共同富裕,弥补市场失灵。这要求应当以发挥市场作用为出发点,充分实现政府职能的利用,促进政府实现以市场导向为主的现代治理模式。因此,只有界定好政府的职能及其在市场运行中起到的作用,才能合理地使市场在资源配置中充分发挥决定性作用,更好地解决在实际过程中产生的政府职能缺位或不到位等问题。

在国际航运市场上,根据国际航运市场竞争规则和要求,国际航运市场主体实行优胜劣汰,市场的实际需求情况直接决定了航运市场主体从事生产经营状况的好坏。政府在国际航运市场运行中的主要作用是依据整体社会发展状况主动调整航运产业结构和改进方向,制定和完善航运产业改革政策。可见,加强政府对国际航运市场的宏观调控,进一步提高国际航运市场资源配置效率,努力实现国际航运市场供求关系的总体平衡,以及维护国家对外贸易的利益是我国政府航运管理的重要职能。

与此同时,在自贸试验区和自贸港建设过程中,政府简政放权是一项重要任务。相应地,航运领域"放管服"改革正在深入推进。具体表现为:一方面,取消下放5项航运领域行政许可事项。2019年3月、2020年9月,国务院先后公布了取消和下放一批行政许可事项和修改部分行政法规的决定,其中包括国际航运领域对外开放等政策和法规。另一方面,继续推进航运市场扩大开放。删除了

第四章
自贸港建设背景下国际航运市场准入制度的创新发展

《国际海运条例》中对外商投资国际航运业及其辅助业相关股比限制的规定,在法律层面明确了国际航运业及其辅助业的全面对外开放。取消了国内船舶代理须由中方控股的限制,外商可不受比例限制进入国内船舶代理市场,经营国内船舶代理业务。总之,推动简政放权向纵深发展,以直接取消审批、审批改备案、实施告知承诺和优化审批服务四种方式持续推进改革对深化国际航运领域简政放权意义重大。

三、进一步促进我国在更高层次上参与国际竞争与合作

我国曾经依托低成本的价格要素优势,吸引了大量外资且大力发展加工服务贸易,成功跃升为国际经贸大国。然而,随着全球产业链和国际分工合作的发展,国际经贸合作和竞争已在很大程度上转向创新能力和国际规则主导两者间的博弈,不同领域的资源要素流动性日益增强。当前推行的自贸试验区和自贸港的建设,从某种意义上讲是我国通过制度创新加快经济发展的转型升级的重要举措。与自贸试验区相比,自贸港更具有动态物流的优势,在资源集聚、制度创新等方面也有更多的便利。虽然当前我国在探索可复制可推广经验方面取得了较大成绩,但是具体到各领域的政策,试验进展不一,效果也各不相同。有学者认为,自贸试验区建设在外商投资改革领域的试点先行与探索取得的成效最为显著,在贸易投资自由化便利化方面进展较快,但是,对在海关特殊监管区域能否真正实现"一线放开、二线管住、区内自由"的要求还有更高的期盼,在金融改革方面虽然有很多进展,但离预计达到的目标还有较大差距,很多目标尚未实现。[①] 因此,自贸港的建设为推进我国更深层次的改革提供了重要平台,在国际航运领域,对促进我国在更高层次上参与国际竞争与合作、对标国际最高标准贡献中国方案以及进一步掌握中国航运话语权具有重要作用。

---

① 参见黄建忠、文娟主编:《探索建设自由贸易港蓝皮书(2017)》,中国经济出版社2018年版,第10页。

我国自贸试验区国际航运市场准入制度研究

第三节 自贸港建设背景下国际航运市场准入制度面临的挑战

现阶段,世界经济在深度调整中曲折前进,中国经济发展进入新常态,经济发展方式加快转变,但发展不平衡、不协调等问题仍较为突出。涉及航运领域,我国国际航运市场准入制度创新取得了一定成效,但同时也面临诸多新挑战,主要有以下几个方面:

一、国际航运市场准入法律不健全

在探索建设自贸港的过程中我们必然会遇到法律上的障碍,如国家立法同地方政府建设自贸港的实际需求之间存在一定的差异等。《中华人民共和国立法法》第 8 条第 9 项规定,全国人大及其常委会拥有财政、海关、金融和外贸等基本制度的法律制定权,属于国家立法。但是,由于承担自贸港建设的地方政府没有立法权,在重大政策创新等问题上不能自主决策,加上全国人大及其常委会的立法程序复杂,因此容易出现政策的滞后性。①

此外,在国际航运领域,我国国际航运市场准入相关法律尚不健全。与航运相关的法律法规多散见于国务院或交通运输部制定的行政法规、部门规章或一些规范性文件中,效力层级不高。现阶段,航运法律法规的完善力度不够大,范围不够宽,立法相对滞后。相比之下,国际上发展较为成熟的自贸港对航运企业的优惠扶持政策大多以立法形式明确,且较为稳定。而我国缺乏一套完善的航运企业发展政策及配套措施,政策条文缺乏系统性。一些航运市场准入政策也尚未法律化,而且在具体执行过程中变化较多,还存在航运市场退出机制不完善等问题。

---

① 参见符正平:《以自由贸易港建设促进开放型经济创新发展——论中国特色自由贸易港的建设模式》,载《区域经济评论》2018 年第 2 期。

二、税收政策支持有待加强

零关税、低税率、简税制是自贸港的突出特点,资金自由进出是自贸港的基本要素,是实现投资贸易自由化、便利化的重要条件。① 从国际经验看,具有国际竞争力的财税制度是自贸港的基本特征和通行惯例,也是吸引航运市场主体集聚的优势所在。例如,船舶登记注册的前提是在船舶登记注册地成立航运企业,而航运企业税赋是影响船舶登记制度的重要因素之一,推进国际船舶登记制度的关键在于推进航运企业税收制度改革,探索实施吨税制,建立与国际接轨的航运税收制度。因此,海南自贸港的税制和税收优惠不宜过于复杂。例如,新加坡税收征管的高效性主要在于优惠税制的体系化和简单化,实际操作性强。

总之,我们当前应积极把握海南自贸港和上海自贸区临港新片区的发展契机,做好航运金融、国际船舶管理、国际航运经纪等国际航运服务业在海南自贸港和上海自贸区临港新片区落地和扎实推进的工作,迎接国际航运业的新一轮发展。

三、风险管控水平有待提高

政府的风险管控能力是自贸港能否真正实现"自由化"目标的关键。自贸港的政策和制度建设创造、维护了一个更为自由和开放的市场环境,随之而来的是面临更大的市场风险、更难的市场监管,在确保市场高效运行的前提下,如何把握好自贸港制度创新与市场风险管控两者之间的关系是亟须重视的问题。相应地,完善监管体系并提升风险管控能力也是自贸港建设的重要任务。有学者认为,当前海关对报关单位、贸易商的事前事后监管相对薄弱,增加了基于事中信息本位以及事后税收风险防控通关监管的执法风险。②

海南自贸港的建设肩负着对标国际高标准国际经贸规则的重任,

---

① 参见迟福林主编:《众论海南自由贸易港》,海南出版社2020年版,第216页。
② 参见朱京安、王海龙:《海南自贸港通关便利化制度创新初探》,载《国际商务研究》2021年第2期。

需要建立与之相适应的各种规则和制度。《海南自由贸易港法》虽然是海南自贸港建设的基本法，对海南自贸港建设和发展涉及的重大问题和基本制度作出了框架性、系统性规定，但并未对海南自贸港建设过程中的风险防控以及对标国际经贸规则的具体内容作出明确规定。

第四节　自贸港建设背景下国际航运市场准入制度发展的突破

自贸港建设背景下我国国际航运市场准入制度创新发展的突破应从立法保障、国家战略以及配套措施三方面进行。

一、立法保障层面

第一，处理好改革和法治的关系。当前，我国改革事业进入新阶段，如何发挥法治作用，让法治引领改革成为一个重要话题。党的十八届四中全会决定提出："实现立法和改革决策相衔接，做到重大改革于法有据、立法主动适应改革和经济社会发展需要。"① 这是正确处理好改革和法治关系的一个重要思路，也被认为是对传统法学理论的颠覆。② 有学者认为，法治改革尤其注重制度创新，是对既有的权利义务结构、权力与权力结构的调整，进而也是对社会利益关系和权力关系的深刻调整，所以法治改革不可能一帆风顺，会遇到各种各样的风险。对此，要有清醒的认识和估计、切实和有效的对策，既要敢于承担风险，又要尽可能减少分析及对社会的有害影响。③ 也有学者认为，改革是鲜活的实践，法律是成熟的制度，这意

---

① 《立法主动适应改革的几个关系问题》，中国人大网，2015 年 9 月 24 日，http://www.npc.gov.cn/zgrdw/npc/lfzt/rlyw/2015-09/24/content_1947148.htm，2022 年 3 月 10 日访问。

② 参见胡健：《习近平"重大改革于法有据"思想探析》，载《云南社会科学》2015年第 3 期。

③ 参见张文显主编：《法理学（第五版）》，高等教育出版社 2018 年版，第 205 页。

第四章
自贸港建设背景下国际航运市场准入制度的创新发展

味着我们要处理好法律稳定性和实践的变动性两者之间的关系。① 笔者认为,现阶段全面深化改革和扩大开放提出了许多立法上的需求,需要根据不同的情况分别解决。例如,有些现行法律法规需要全面修改;有些需要根据改革的要求,制定和出台新的法律法规;有些条件尚不成熟的,需要试点先行,按照法律规定的程序作出相应的授权或决定。因此,正确处理好改革和法治的关系,不仅是现代国家法治建设的要求,更是为我国自贸试验区和自贸港的改革发展明确基本路径。

结合国际航运领域基本情况,笔者认为,立法部门应当紧盯航运市场经济发展实际情况,对相关发展形势作出研判,及时发现哪些问题需要立法规范,哪些问题需要授权先行先试,哪些法律规范同实践不相适应需要及时作出调整。立法部门应当变被动为主动,积极开展调研并作出相应调整。

第二,以授权立法为进路,实现国际航运市场准入制度创新法律依据的规范化。自贸试验区和自贸港建设是我国全面深化改革、积极融入全球经济一体化发展的一项重大举措。自2013年8月全国人大常委会第四次会议作出决定,授权国务院在上海自贸试验区暂时调整有关法律规定的行政审批之后,立法授权引领改革这一做法沿用至今,为我国深层次的改革发展提供了坚实和重要的法治保障。曾有学者指出,在中国法律体系已经形成的今天,涉及自贸试验区先行先试的事项,任何法律、行政法规都要有明确规定,任何实质性的制度创新都需要突破现行法律、法规的相关规定。② 可见,如何使自贸试验区和自贸港的各项制度创新体现在立法层面,是自贸试验区和自贸港立法的首要任务。与此同时,制度创新需要配套政策法规的支持。上海自贸试验区成立之初即把制度创新作为核心内容,各地也在原有政策法规框架下逐步推进改革。然而,随着自贸试验区和自贸港建设的不断推进,越来越多的改革内容涉及政策法规的

---

① 参见胡健:《习近平"重大改革于法有据"思想探析》,载《云南社会科学》2015年第3期。
② 参见丁伟:《中国(上海)自由贸易试验区法制保障的探索与实践》,载《法学》2013年第11期。

调整，其中一些改革创新面临无法可依、实施细则不清等问题，若没有相配套的实施细则或规范性法律文件的出台，将难以适应其快速发展的需求。

纵观境外自贸港制度，发达国家和地区一般情况下采用"先立法后设区"的做法；发展中国家立法和设区的顺序不尽相同，但大多针对自贸港制定了专门的法律，事先在法律上明确其区域性质、法律地位和监管模式等①，从法律层面确保自贸港内的商品、货物自由流通，使任何进入自贸港的商品、货物能够享受关税方面的优惠政策，以及确保人员的自由流动、货币的自由兑换等。从中可知，自贸港的立法建设与自贸试验区的相比，具有本质上的差异，在完善自由贸易和投资等领域的制度创新方面，自贸港更需要获得相应的法治保障，尤其是创新的国家层面立法制度的保障。

站在法治的角度，任何制度创新必须在现有的法治框架下进行，对于自贸港建设背景下国际航运市场准入制度创新，笔者认为，应至少包含两方面：一方面，在国际航运市场上，对被实践证明可行的航运创新政策应有相应法律法规支持，力争做到有法可据；另一方面，即便一系列航运创新政策的试点实施具有一定的容错空间，但也绝不能以违反立法本意和精神为代价，在自贸港建设背景下国际航运市场准入制度创新必须始终坚守法治底线的要求。

此外，建设中国特色自贸港是我国今后很长一段时间全面深化改革、扩大开放的重要国家战略。自贸港的授权立法是保障中国特色自贸港建设和发展、完善自贸港政策和制度体系的根本路径。评估、防范和化解自贸港授权立法的风险，是更好地运用自贸港授权立法的基本要求。打造自贸港政策和制度体系化法律的支持和保障是我国自贸试验区和自贸港发展的重要基础。② 授权立法，创设中国特色自贸港立法权，有助于中国特色自贸港立法制度得以顺利推进和有效实施，这也正是科学合理的法治思维和法治方式具体实现的

---

① 参见肖林：《自贸区"国际水准"全对标（一）——中国（上海）自由贸易试验区之国际标杆研究》，载《国际金融报》2013年9月30日第8版。

② 参见刘云亮：《中国特色自由贸易港授权立法研究》，载《政法论丛》2019年第3期。

过程。

第三，加快完善以航运市场宏观调控和市场监管为主要内容的航运立法。现阶段，在自贸试验区和自贸港建设过程中，我们应适当地将自贸试验区总体方案中一些创新政策的成功经验和有益做法及时转化为法律，所有能有积极推动航运业发展的相关创新实践都应当得到法律上的认可；积极实施国际航运市场准入前国民待遇和负面清单制度、国际航运市场准入备案制度，进一步促进国际海上运输业及辅助业市场、国际邮轮市场、航运保险市场、国际船舶登记制度、沿海捎带业务等国际航运市场准入的发展，从整体上提升我国航运服务能级。

另外，国际航运市场通常涉及一国的对外经济贸易，从立法调整的价值取向来看，主要是利用外资、贸易制度和航运保护等问题。随着我国国际航运市场的日益发展，很多新问题、新情况需要相应法律及时予以调整。但是，我国航运法律体系中缺少以国际航运市场为主要调整对象的航运立法，也没有协调航运业与其他国民经济之间发展关系的立法。同时，我国对国际航运市场的监管应从宏观和微观两方面入手，以解决航运市场中出现的各种矛盾问题。因此，加快完善以航运市场宏观调控和市场监管为主要内容的航运立法任重道远。

二、国家战略层面

第一，不断推进国际航运中心朝着协同化和特色化方向发展。自贸试验区与国际航运中心建设应形成有效联动。以上海国际航运中心建设为例，目前上海自贸区临港新片区和其他上海自贸试验区片区的建设，不仅会对上海国际航运中心建设产生直接的影响，而且通过贸易便利化、投资便利化、金融制度创新、政府职能转变等举措的实施，还会给上海国际航运中心建设产生间接的影响，拓展国际航运辐射范围，创新国际航运服务功能，完善航运服务制度，实现上海国际航运营商环境的法治化、国际化和便利化。①

梳理2023年9月底之前公布的21个自贸试验区总体方案文件，笔者发现，大多数文件里有直接提及"港口"或"港区"的表述。其中，共有15个总体方案文件中直接提及"航运"，②重庆方案中有2处直接提及"水运"。此外，上海、福建、辽宁方案中直接提及"国际航运中心"。

《2013上海方案》明确，要形成与上海国际经济、金融、贸易、航运中心建设的联动机制。2015年《进一步深化上海方案》再次明确要加强与上海国际经济、金融、贸易、航运中心建设的有效联动机制。2017年《中国（辽宁）自由贸易试验区总体方案》明确，要依托自贸试验区加快大连东北亚国际航运中心建设进程，建设现代物流体系和国际航运中心。2018年《进一步深化中国（福建）自由贸易试验区改革开放方案》再次明确，支持厦门东南国际航运中心建设，推动邮轮、游艇等出行便利化。以上可见，利用自贸试验区的平台，推进上海国际航运中心、东南国际航运中心、东北亚国际航运中心建设进程，对实现以上海国际航运中心为首的我国国际航运中心同自贸试验区建设相互促进和协同发展具有积极作用。

纵观全球，目前世界上尚没有超级的综合性国际航运中心，各国更多是根据自身优势和产业特点，发展本国国际航运中心。同时，不同特色的国际航运中心会在基本功能具备的前提下，在其他非优势领域开展国际合作与协同发展。例如，伦敦国际航运中心的物流服务和代理服务随着贸易流的转移而转移，但在海事法律、航运保险、航运经纪和航运金融等领域仍具优势，而新加坡国际航运中心在货物物流、临港产业、船舶交易、海事服务领域优势明显。③未来全球各大国际航运中心之间会越来越多地开展国际合作，形成优势互补。中国也应该不断提升国际航运服务水平，继续推进国际航运

---

① 参见汪传旭等编著：《"一带一路"倡议与上海国际航运中心建设》，格致出版社2019年版，第117页。

② 15个直接提及"航运"的自贸试验区分别是：上海、天津、广东、福建、湖北、辽宁、陕西、四川、浙江、海南、山东、广西、河北、湖南、安徽。

③ 参见上海海事大学、上海国际航运研究中心：《上海国际航运中心"十四五"规划基本思路研究》（结题评审稿），2019年11月，第42—43页。

第四章
自贸港建设背景下国际航运市场准入制度的创新发展

中心朝协同化和特色化方向发展。

第二，将自贸试验区和自贸港建设与"一带一路"有效对接。"一带一路"倡议建设的重点内容是加强"五通"，即政策沟通、设施联通、贸易畅通、资金融通和民心相通。这"五通"之间紧密联系、相互促进，从而实现联动发展。我国内陆地区地理位置独特，区域发展水平存在差异化，这意味着内陆地区的经济发展需要通过港口来带动。"一带一路"的目标是实现亚欧非大陆及附近海域互联互通的开放之路，我国通过自贸试验区和自贸港的建设，使口岸通关设施条件得到改善，多式联运得到发展，这将更加有利于推进"一带一路"建设。

将自贸试验区和自贸港建设与"一带一路"有效对接，有助于推进我国航运强国建设。"一带一路"倡议的实施对于构建我国开放型经济新体制、打造对外开放新格局具有决定性意义。2015年《推动共建丝绸之路经济带和21世纪海上丝绸之路的愿景与行动》明确，"一带一路"是一项以共商、共建、共享为原则，以促进沿线国家经济和贸易发展为战略目标的系统工程。我国应当以"一带一路"为发展契机，平等协商，携手推动更大范围、更深层次的大开放、大交流、大融合。"一带一路"对于构建我国开放型经济新体制、打造对外开放新格局具有决定性意义。自贸试验区和自贸港建设是"一带一路"建设的重要内容。目前我国22个自贸试验区建设主要布局在沿海城市以及内陆"一带一路"节点城市。在自贸试验区和自贸港建设过程中，我国应充分发挥"一带一路"建设的主导地位，助力自贸试验区和自贸港更好地发展。同时，通过自贸试验区和自贸港的建设和发展，改善口岸通关设施条件，促进多式联运发展，助力"一带一路"建设。自贸试验区和自贸港的建设为我国航运业发展带来了新机遇和新要求，由此，我国可有效对接"一带一路"倡议，早日实现航运强国的目标。

第三，与区域经济一体化协同发展。自2013年建立第一个上海自贸试验区起，国家就赋予其对接国家战略发展的重要使命。第一、二批自贸试验区包括上海、广东、天津和福建，分别对接长江经济带发展、粤港澳合作、京津冀协同发展和两岸合作发展等重大区域发展战略。浙江、辽宁、河南、湖北、四川、重庆、陕西7地自贸试验区，对接的是长江经济带发展、振兴东北老工业基地、中部崛起以及西部大开发等重大区域发展国家战略。同时，各地纷纷开始探索向自贸港的升级。升级自贸港，需要在自贸试验区背景下不断加强对制度创新的风险防控，实施更加简化便捷的海关监管，大力发展航运业，促进区内服务贸易协同发展。

2019年12月1日，中共中央、国务院公布《长江三角洲区域一体化发展规划纲要》，专门强调要高标准建设上海自贸区临港新片区。笔者认为，推动建设上海自贸区临港新片区的任务出现在该纲要里，意味着上海自贸区临港新片区的建设要着眼于带动区域经济一体化发展，要带动长三角区域经济的协同发展，推进深化新一轮改革开放。

三、具体配套措施层面

第一，航运金融创新方面。航运金融，是指与海上运输业密切联系的产业集群与产业链相关主体资金的融通、货币流通和信用活动以及与之相联系的经济活动的总称。① 当前，航运金融各类业务发展已较为成熟，形成了全产业链的金融，主要业务包括船舶、港口、航道建设投资与船东等融资以及海上保险、资金结算、航运价格衍生品和碳交易产品等。② 航运业是资本密集型产业，由于其具有投资额巨大、投资资金回收期限长和高风险等特点，航运业的发展对金融服务业的依赖性较大。从新加坡、伦敦等全球发达的国际航运市场发展经验看，一套健全、完善的航运金融服务体系对推进国际航运市场建设具有重要作用，航运业的发展离不开航运保险、船舶融资以及航运衍生品交易等高端航运服务及与之相配套的税收政策的支持。

自贸试验区和自贸港作为我国经济发展新的重要试验田，在国

---

① 参见张晓宇、李建伟、郭光锐：《发展航运金融的国际经验借鉴及启示》，载《华北金融》2017年第12期。
② 参见甘爱平：《航运金融助航运业驶过"惊涛骇浪"》，载《中国远洋海运》2021年第10期。

第四章
自贸港建设背景下国际航运市场准入制度的创新发展

际航运市场领域为推动我国航运金融制度创新发展起到了重要的作用。《2013上海方案》提出要"加快金融制度创新""增强金融服务功能",这在为国内外金融服务机构创造全新发展机遇的同时,也对金融服务模式和创新能力、金融风险管控等方面提出了更高的要求。我国自贸试验区和自贸港国际航运市场准入制度的发展和完善离不开航运金融制度保障,航运金融的创新发展将有助于解决我国航运企业在国际航运市场上的资金不足等问题,充分发挥其在航运投资、融资和航运保险中的作用。自贸试验区和自贸港建设背景下航运金融制度的发展应坚持改革创新、先行先试,坚持风险可控和稳步推进。

此外,在探索建设中国特色自贸港过程中,应大力发展离岸金融。有学者认为,在自贸港背景下,离岸金融市场的发展目标有:一是确保在风险可控的前提下,推动国内金融改革和发展,为国内金融体系的完善积累经验;二是对接国际资本,吸引国际金融机构入驻,实现国内外金融机构的有序竞争;三是拓展金融服务实体经济能力,充分发挥金融服务功能;四是对标国际金融市场的发展环境,助力人民币国际化战略的推进。①

总之,促进航运金融发展是一项系统工程。笔者认为,我们应以开放理念、全球视野和系统思维,从战略高度重视航运金融业,从完善航运金融发展环境、构建多元化航运金融市场体系和优化航运配套税收政策等方面,加快推动航运金融创新发展。由此,我国自贸试验区和自贸港建设背景下的国际航运市场准入制度才能得到更好的发展。

第二,航运人才保障方面。我国航运业的发展离不开人才,在自贸试验区和自贸港建设稳步推进的同时,航运人才队伍的建设非常关键。伴随着经济全球化的发展,世界上很多国家在抓紧建设自贸试验区的同时,更加注重人才的培养。应当看到,在围绕优秀人才的发展、制度建设和发展环境等方面,各国展开了激烈的竞争。

---

① 参见杨帆:《探索建设自由贸易港:离岸金融市场再启航》,中国金融出版社2018年版,第152—153页。

我国国际航运市场需要同自贸试验区发展相适应的高端航运人才，而吸引人才的关键在于符合人才成长规律、推动人才发展的与国内外形势相适应的人才发展制度。当前，我国需要的国际航运服务高端人才仍然不足，同国外老牌国际航运中心相比仍存在一定的差距。例如，曾有学者指出，英国国际航运服务人才在整个航运从业人员中的占比约为60%，而我国国际航运服务人才的占比极低，不到5%。[①] 因此，在自贸试验区和自贸港的建设和发展过程中，我国需要结合自贸试验区和自贸港的建设和发展对国际化航运人才的总体需求，建立健全有利于航运人才集聚的机制，完善航运人才保障制度，研究制定吸引各类高端航运人才的配套政策和措施，营造良好的生活和工作环境，吸引全球高层次紧缺航运人才，不断提高航运人才的综合素质和国际化发展，建立健全国际航运人才培养体制机制，加快构建结构合理、基本功能齐全和制度环境优良的国际航运人才新高地，为深化我国自贸试验区国际航运市场的发展提供人才支撑。

第三，航运科技创新方面。以自贸试验区为试验田，依托大数据、智能装备等新技术，推进国际航运管理的信息化、智能化，是航运业的发展方向。我们应依托自贸试验区、自贸港及上海自贸区临港新片区的建设，继续完善国际贸易"单一窗口"，推进信息技术与航运服务的深度融合。航运数字化是未来航运颠覆性变革和智慧航运建设的重要基础，然而当前航运数字化本身尚未有统一的标准和规范。[②] 笔者认为，我国应借助航运企业、数字经济等方面的资源优势，推动建立跨航运、跨领域、跨部门的数字航运标准协同发展机制，发挥航运企业在标准研究方面的作用，积极参与相关国际标准制定的协调、交流和合作，争取航运数字化标准制定的话语权。

此外，在航运创新发展过程中，可持续发展战略同样至关重要。全球领先的自由贸易港，如新加坡港、迪拜港等，均为国际航运中心和全球物流枢纽中心。这意味着航运业是自贸试验区和自贸港建

---

① 参见汪传旭、董岗、许长延：《自由贸易试验区背景下上海国际航运中心建设研究》，华东理工大学出版社2015年版，第269页。

② 参见上海海事大学、上海国际航运研究中心：《上海国际航运中心"十四五"规划基本思路研究》（结题评审稿），2019年11月，第94页。

设中的重要产业,相应地,自贸试验区和自贸港的建设也会对航运业的发展起到促进和推动作用。我国在推进自贸试验区和自贸港建设过程中应注重航运业的发展,努力营造良好的航运科技创新和可持续发展环境。2019年2月,老牌航运发达国家英国发布《海事2050战略》,紧盯绿色航运和智能航运发展,旨在保持英国在未来30年的全球海事行业领先者地位和海事行业蓬勃发展的长远态势。我国也应把握机会,在智慧航运、智慧物流等领域形成自身的核心竞争优势,推动绿色、智慧港航建设稳步向前,实现可持续发展。

总之,结合当前人工智能、数字中国、交通强国等国家战略的实施,我们应充分利用国家政策支持航运领域科技创新。发挥市场在航运科技创新过程中的资源整合作用,鼓励社会资本参与航运技术创新和建设运营管理。用科技创新实现提升我国国际航运竞争力、建设航运强国的目标。

本 章 小 结

本章具体探讨了海南自贸港建设背景下我国国际航运市场准入制度的创新发展,详细阐述了从自贸试验区到自贸港建设的国内探索和国际实践。对我国海南自贸港建设背景下国际航运市场准入制度的突破进行总体评价,指出现阶段我国国际航运市场准入制度创新在取得一定成效的同时仍面临诸多新挑战,从立法保障、国家战略及具体措施等方面对完善海南自贸港建设背景下我国国际航运市场准入制度提出建议。当前,为了应对国际逆全球化发展趋势,我国提出推动国内国际双循环的发展新格局。由于海南具有独特的地理和区位优势,是太平洋通往印度洋的海上走廊,也是多条国际海运线的必经之路,因此海南自贸港就是我国面向世界经济循环的重要一环。与此同时,海南自贸港的建设又是我国扩大开放的重点、难点和焦点问题,如何使海南自贸港建设更好地服务我国高水平开放大局,需要我们充分学习和借鉴国际自贸港建设的成功经验,充分把握国际经贸规则最新发展趋势,将海南自贸港建成真正的对标世界最高开放水平的自贸港政策制度体系。

第五章

我国自贸试验区国际航运市场准入监管制度创新

自贸试验区建设肩负着新时期我国加快转变政府职能、创新政府管理模式、加快推进政府管理体制由注重事前审批转向事中事后监管、促进贸易和投资的自由化以及为我国进一步深化改革和扩大开放探索新路径、积累新经验的重要使命。在我国自贸试验区顺利运行的十年期间，各地自贸试验区根据党中央、国务院对自贸试验区建设"积极大胆闯、大胆试、自主改""探索不停步、深耕试验区"等要求，围绕加快政府职能转变，不断深化完善以政府管理模式创新为核心的事中事后监管，逐步形成与国际通行规则有效衔接的制度创新体系，取得了重要的阶段性成果。①

国际航运市场是一个相对开放的市场，涉及的航运主体众多，包括国内外航运企业等，还涉及诸多航运细分领域，对我国对外贸易产生直接影响。② 国际航运市场又不同于其他一般市场，具有国际性、规模经济性、特殊性和复杂性。这就决定了政府对国际航运市场的监管不同于其他一般市场的监管，在监管内容和监管方式等方面与其他一般市场监管不同。

2019年3月6日，国务院公布《关于取消和下放一批行政许可事项的决定》，其中涉及交通运输部取消和下放行政许可事项共10项。为切实加强取消行政许可事项后的事中事后监管，交通运输部于同月27日公布《关于十项交通运输行政许可事项取消下放后事中事后监管措施的公告》，涉及取消"国际集装箱船、普通货船运输业务审批"后的事中事后监管措施等一系列规定。

基于上述背景，本章在对新形势下我国国际航运市场准入监管制度创新的基本情况进行阐述的基础上，主要围绕我国国际集装箱班轮运输市场准入的监管问题进行分析和研究，对欧美航运发达国

---

① 参见肖林、张湧主编：《中国（上海）自由贸易试验区制度创新：回顾与前瞻》，格致出版社2017年版，第181页。

② 参见谢燮：《新时期航运市场监管思路》，载《中国船检》2016年第7期。

家关于国际航运监管制度发展经验进行借鉴和比较,从中得出面对当前新形势、新挑战我国在完善国际航运监管制度建设过程中的一些启示。

第一节 国际航运市场准入监管制度创新对航运业发展的意义

由于航运业的特殊性,我国国际航运市场准入监管制度也不同于其他一般市场。在自贸试验区背景下,对国际航运市场准入监管制度创新给我国航运业发展造成的影响进行分析具有重要意义。

一、国际航运市场准入监管制度创新的必要性

自贸试验区经过十多年的运作,已迈出了政府事中事后监管制度创新的步伐,并取得了一定的成效。在国际航运领域,我们有必要对国际航运市场准入监管制度创新作进一步分析。

(一)监管概念分析

1. 一般意义上的监管与政府监管

为科学界定"监管",有必要从其语义着手。"监管"是监督和管理的复合词。在我国,监管制度最早适用于刑法领域,后逐步应用到行政许可、金融、药品、安全生产等与社会公共利益有密切关系、社会风险较高的领域。

"监""管"在英文中分别是"supervise""regulate"。在《布莱克法律词典》中,"监督"被解释为"一般性照看、主管和检查","管理"被解释为"决定、确定或控制;根据一定规则、方法或确立的模式进行调整;根据一定的规则或限制进行指导"。有学者认为,监管是对某种偏离既定规则的行为进行某种干预。也有外国学者认为,监管对规范市场行为、维护市场秩序具有一定的积极作用。主要表现为,当市场主体在市场经营活动过程中出现垄断、信息不对称及外部性等市场失灵现象时,政府依据相关法律法规,以事前许可、事中事后监管等方式对市场主体从事生产交易、进入或退出市

场等行为采取具有直接约束力和影响力的监管手段和干预措施。①

值得注意的是，通过对国内外涉及市场监管文献的整理可以发现，我国官方所指的"市场监管"，在国外表述为"规制"（regulation），两者是同一概念。

将现代监管理念与传统行政监督理念进行比较，有助于理解监管的本质内涵。行政监督，是指行政主体依据法定职责，对有义务遵守行政法规、执行行政命令和决定的组织、个人实施检查、了解并掌握其义务履行情况、督促其履行义务的行政行为。② 实际上，行政监督是行政管理行为的一个环节，与现代意义上的监管在主体、指导思想、监管职责等方面具有相似的地方。现代意义上的监管，其指导思想是遵循市场规律、保护合法权益，以改变传统的行政审批、计划控制为主的行政手段，从而履行行政主体即规则制定者和裁判者的监管职责。

综上所述，监管通常指一国政府或代表社会公共利益的其他授权机构，通过设立一定的行为规则、准则或制定一定的标准，对参与市场活动的主体及其相关经营活动的合规性进行专门的持续性的监督管理。③

政府监管，是在市场经济条件下政府为实现某些公共政策目标，对微观经济主体进行的规范和制约。④ 政府监管从流程上主要有事前监管、事中和事后监管。本章重点讨论的是政府的事中事后监管。党的十八届三中全会明确要求，政府要全面正确履行职能，按照"宽进严管"的总要求，把工作重心从事前审批向事中事后监管转变。由此，我国政府开始尝试事中事后监管制度这一新治理模式的探索。政府监管也是我国自贸试验区进行政府职能转变探索的一个

---

① 参见〔英〕安东尼·奥格斯：《规制：法律形式与经济学理论》，骆梅英译，中国人民大学出版社 2008 年版，第 4—6 页。
② 参见皮纯协、张成福主编：《行政法学》，中国人民大学出版社 2002 年版，第 400 页。
③ 参见张忠军：《金融监管法论——以银行法为中心的研究》，法律出版社 1998 年版，第 3 页。
④ 参见刘现伟：《加强政府监管，创造公平竞争市场环境》，载《宏观经济管理》2016 年第 2 期。

重要环节。

《2013上海方案》明确："深化行政管理体制改革。加快转变政府职能，改革创新政府管理方式……推动政府管理由注重事前审批向事中、事后监管。"2017年3月31日国务院发布的《全面深化中国（上海）自由贸易试验区改革开放方案》明确规定，深化创新事中事后监管体制机制，健全跨部门"双告知、双反馈、双跟踪"许可办理机制和"双随机、双评估、双公示"监管协同机制。2018年10月16日发布的《中国（海南）自由贸易试验区总体方案》（以下简称《海南方案》）中也有类似规定："监管安全高效"，"建立健全事中事后监管制度，建立大数据高效监管模式，加强风险监测分析，建立完善信用风险分类监管"。2020年9月21日国务院印发的《北京、湖南、安徽自贸试验区总体方案及浙江自贸试验区扩区方案》中提道，北京自贸试验区要"对新经济模式实施审慎包容监管，探索对新技术新产品加强事中事后监管"；湖南自贸试验区要"创新事中事后监管体制机制"；浙江自贸试验区要"加快政府数字化转型，健全事中事后监管服务"。

从全国各地自贸试验区和海南自由贸易港建设方案中可以看出，事中事后监管是自贸试验区改革创新的重点环节，完善事中事后监管是推进简政放权、放管结合的重要内容，也是行政审批制度改革的关键举措。积极推进事中事后监管制度，是我国政府监管改革中的一项创新性举措。

2. 国际航运市场准入监管

航运业是关乎国民经济的重要支柱产业。近些年来，我国航运业经历了快速的发展，在全球航运业界赢得了举足轻重的国际地位。然而，随着国内外政治、经济形势的不断变化和发展，航运市场也瞬息万变，面对国内外复杂形势，现阶段我国航运业发展面临的风险和挑战并存。

本章研究的国际集装箱航运市场属于国际航运市场的基本组成部分。国际集装箱航运市场主要涉及以国际集装箱运输服务为交易对象的需求者和供给者之间的交易关系。在国际集装箱航运市场中，除货主、航运企业外，其他与航运相关的服务业船代、货代、堆场等也是市场的重要参与者。国际集装箱航运市场的特点之一是全球化,即国际集装箱班轮运输业务涉及全球范围内多个国家的港口、海域等。这种连接全世界多个国家和地区贸易的班轮运输,推动着世界经济一体化的快速发展。

结合国际航运市场准入的基本理论,充分考虑国际航运市场自身特点,国际航运市场准入监管是指根据法律法规和行政规章的规定,国际航运市场监督管理部门、行业组织、社会组织对国际航运企业、国际运输服务企业、外资在航运市场准入和退出、守法经营、合规竞争等经营过程中的各个方面进行监督和管理。

国务院 2014 年 7 月 8 日发布的《关于促进市场公平竞争维护市场正常秩序的若干意见》指出,要更好发挥政府作用,坚持运用法治思维和法治方式履行市场监管职能,加强事中事后监管,推进市场监管制度化、规范化、程序化,建设法治化市场环境。在此背景下,结合国际航运市场自身特点,笔者认为,当前自贸试验区背景下我国国际航运市场准入监管制度创新的最终目标,是要建立一个开放、竞争有序、诚信守法、监管有力的现代航运体系。

此外,有学者将航运市场监管分为以下两种模式:一种是以欧盟为代表的具有不干预倾向且倡导自由竞争和内部整合的模式,即在维护欧盟所有成员国共同利益的基础上,鼓励自由竞争,但同时在欧盟成员国之间实行较为严格且高度集中的监管模式;另一种是以美国为代表的具有一定的干预倾向的保护监管模式,政府在必要时会采取干预措施。[①] 以这两种监管模式为基础而建立的航运市场监管体系均包括立法、执法和政府的行政监督管理。

(二)国际航运市场准入监管制度创新与航运竞争政策发展的一致性

竞争政策是指在现代市场经济环境下,政府为克服市场自由竞争引起的缺陷,避免和防止各种垄断及限制竞争行为的出现,在遵循市场规律的基础上以实现保护市场健康、有序竞争为目的而采取

---

① 参见李睿、谢燮:《简政放权背景下国外航运市场监管经验对我国的借鉴》,载《水运管理》2017 年第 8 期。

的一项基本经济政策。有学者将竞争政策在概念上分为广义和狭义两种：广义的竞争政策指一系列为了保护和促进经济市场中的竞争而采取的行动和措施、制定相应法律法规以及设立监管机构的总称。① 狭义的竞争政策即指竞争法，而反垄断法是竞争法的重要内容之一。从某种程度上来讲，狭义的竞争政策是以围绕反垄断法的实施和执行为重点进一步制定及运行的。相应地，从狭义角度看，国际航运竞争政策是指通过有效保护国际航运市场主体之间的有序竞争，规范和保障市场竞争机制在国际航运市场的良好有序运行，使其充分发挥应有的作用，并最终促进航运业健康发展的法律制度，即国际航运反垄断法律制度。

通过对国际航运竞争政策内涵的分析可知，竞争政策作为国际航运业发展的重要外部条件之一，对维护国际航运市场的良好运行具有重要的意义。而新形势下国际航运市场准入监管制度的创新与国际航运竞争政策的发展关系是重合的，具有同一性。两者相互促进，共同推动国际航运市场的健康有序发展。

首先，国际航运市场准入监管制度创新与国际航运竞争政策有共同的最终目标。前者的最终目标是，在国际航运领域通过航运监管制度创新提高国际航运的竞争力，最终实现国际航运市场健康有序、高效和可持续发展的目标。同样地，后者的最终目标是，为了更好地维护国际航运市场竞争秩序，对市场运行过程中一系列不正当竞争、垄断和其他限制竞争的行为从法律层面加以规制、干预，最终实现国际航运市场健康有序、高效和可持续发展的目标。两者最终均是为了促进航运业的可持续发展，其最终目标是一致的。

其次，国际航运市场准入监管制度创新与国际航运竞争政策都能弥补市场失灵的状况。市场失灵是指在市场运行过程中，由于市场机制无法充分发挥其应有的作用而导致市场资源配置出现失效、失当的情况。在国际航运市场上，当市场资源配置效率低下时，政府以对国际航运市场的运行加以引导、有效规制的方式实现保护航运业健康发展的目的。这体现了国际航运市场准入监管制度能起到

---

① 参见陈秀山：《现代竞争理论与竞争政策》，商务印书馆1997年版，第133页。

弥补市场失灵的作用。同样地，国际航运竞争政策是为了防止国际航运市场的垄断和不正当竞争行为的出现，政府对国际航运市场采取正常的干预措施，促使国际航运市场运行机制正常发挥其作用，从而更好地维护航运市场良好的竞争秩序。这同样是为了避免市场失灵现象的发生。

最后，国际航运市场准入监管制度创新与国际航运竞争政策相互作用，共同促进。国际航运业属于长期垄断的行业，仅仅依靠竞争政策难以充分发挥航运市场应有的效用，我国国际航运市场准入监管制度的创新，为航运业的发展注入新的动力，激发了国际航运市场的活力。同时，国际航运市场的健康有序运行离不开国际航运竞争政策的规制。反过来，国际航运竞争政策为我国航运企业在国际航运市场充分进行公平公正竞争提供了良好的保障。因此，我们应当注重国际航运市场准入监管制度创新和航运竞争政策发展的协同共进，为我国国际航运业的发展保驾护航。

（三）国际航运市场准入监管制度创新与国家发展战略的协调性

我国国际航运市场已处于自由化和高度开放化的发展格局之中，面对我国航运业的发展现状，要提升航运业的国际竞争力，就必须充分发挥国际航运市场准入监管制度创新的激励和促进作用，进一步完善我国国际航运竞争政策。同时，现阶段我国正处于经济发展转型升级、产业结构调整的关键时期，政府管理职能正在转变。在航运领域，政府要充分发挥对航运业的扶持和监管作用，积极运用航运市场自由竞争优势，激发和调动航运企业在市场经营活动过程中更深层次的自主性和积极性。

国际航运市场准入监管制度的创新与国家发展战略要求密不可分。2013年《深化改革决定》提出，全面深化改革的重点是经济体制改革，核心问题是处理好政府和市场之间的关系，使市场在资源配置中起决定性作用和更好发挥政府作用。可见，在中国经济由高速发展走向高质量发展的今天，应当更加重视市场是如何进行自由竞争和有效资源配置这一问题。更为重要的是，在航运领域，"海洋强国、航运强国"战略目标的提出、国际航运中心建设的推进、长三角高质量一体化发展以及长江经济带发展战略等都意味着国家需要更大程度地发挥航运市场的激励作用。相应地，在国际航运市场上，落实政府简政放权、建立和完善事中事后监管、推动放管服等一系列改革措施的不断深入有助于我国国家发展战略的顺利实现。因此，国际航运市场准入监管制度的创新尤为重要。

二、国际航运市场准入监管制度创新的总体目标

根据《2013上海方案》和上海市人民政府办公厅2016年8月5日印发的《进一步深化中国（上海）自由贸易试验区和浦东新区事中事后监管体系建设总体方案》对事中事后监管的要求，构建市场监管体系的总体目标是：第一，正确处理好政府和市场的关系，转变政府职能，简政放权、放管结合，构建透明高效的事中事后监管机制；第二，以维护公平竞争的市场秩序为目标，构建高效运作的服务模式，加强对自贸试验区内企业在区外进行生产经营活动的全方位管理和监督；第三，构建以市场主体自律、社会监督和政府监管三方面互为支撑的监管格局，全面有效地提升市场开放条件下的公共治理能力，营造国际化、法治化和便利化的政策环境以及高效公平且有活力的良好市场环境。①

我国国际航运业的发展起步较晚，与国际老牌航运发达国家和地区相比，在国际航运竞争规制政策方面尚存在差距，国际航运的综合竞争实力和水平也有待进一步提高。近些年来，我国国际航运业迅速发展，对外贸易量中约90％是通过国际海上运输完成的。实践证明，航运市场的自由化发展更有利于整个国际航运业的发展，因此，在自贸试验区背景下我国国际航运市场准入监管制度创新对推动国际航运市场的自由化发展具有积极作用。要使我国国际航运业能够更好地发展，就要以国际航运竞争政策为主导引领国际航运市场的稳步发展，努力实现政府职能转变，切实有效地维护国际航运市场的有序公平竞争，注重与国际航运竞争规则相衔接，这是当

---

① 参见肖林、张湧主编：《中国（上海）自由贸易试验区制度创新：回顾与前瞻》，格致出版社2017年版，第171页。

前我国国际航运市场准入监管制度创新发展的主要任务和总体目标。

三、国际航运市场准入监管制度创新产生的影响

国际航运市场准入监管制度创新对我国航运业发展产生了积极的影响，围绕这方面内容展开深入研究具有重要的意义。

（一）垄断与竞争

竞争作为市场经济运作的基本机制，在优化资源配置、促进生产力发展以及推动技术创新和社会科技进步等方面发挥了重要作用。垄断是市场结构的一种缺陷，是指某个行业的市场供给处于一个或少数经营者的控制之下，即市场结构表现为一种独占和寡占的状态。[1] 垄断作为竞争的对立面，是市场主体对市场的支配或控制，主要由市场内的企业数量和市场份额决定。一般而言，人们认为竞争有积极意义，而垄断具有消极意义。但是，随着时间的推移和社会的进步发展，人们逐渐认识到竞争也有消极的一面，过度竞争会导致社会秩序混乱、社会成本增加。同时，并非所有的垄断都会给社会带来负面影响，适度的垄断能利用资金、技术等优势，节约成本；在规模经济作用基础上形成的垄断结构能够促进市场资源的有效配置，提高经济运行的效率。通过豁免制度维护一定领域的垄断，是经济发展对反垄断法的要求。因此，各国纷纷对反垄断法进行修正，增加反垄断豁免制度，在垄断和竞争两者之间寻求平衡点，以达到促进两者各自发挥作用的目的。

在国际航运领域，国际集装箱班轮运输市场的重要性日益突出。几十年的国际班轮运输市场发展表明，由于行业的特殊性，具有市场支配地位的核心企业的垄断地位有不断巩固的趋势。核心班轮企业在市场中积累了大量的资本、基础设施优势等，累积效应使核心班轮企业的创新服务能力、资源获取能力以及企业运行能力得到大幅度提升。相比之下，大量中小型企业受资本、基础设施等限制，往往难以进入壁垒较高的远洋航线市场。不仅如此，核心班轮企业还会进行联盟重组，这种竞争格局强化了垄断和竞争的状况。可见，

---

[1] 参见刘大洪主编：《经济法学》，北京大学出版社2007年版，第352页。

垄断和竞争在一定条件下是相互影响和促进的。企业通常因竞争优势而获得垄断地位，从而导致核心班轮企业和其他中小班轮企业过度竞争并存的局面。

目前，国际班轮运输市场货运需求增长缓慢，运力供应过剩，整个国际班轮运输市场处于过度竞争的态势，呈现以货方市场为主，托运人自由选择来自不同国家和地区的国际承运人并不断压低运费的现象。① 对此，有学者曾认为，国际航运市场已逐渐发生变化，承运人和托运人两者间的谈判地位已趋于平等，甚至可以说在某些地方存在不平等。②

我国《反垄断法》的立法目即为有效规制垄断，预防和制止垄断行为，保护市场公平竞争，提高经济运行效率。结合反垄断法的理论可知，航运市场垄断是指航运市场经营主体滥用支配地位，对航运市场进行排他性控制或者对市场竞争进行实质性限制的反竞争行为，主要包括航运市场垄断，滥用市场支配地位、航运企业集中或购并等行为。③ 有学者认为，反垄断豁免制度，又称"反垄断法适用除外制度"，是指排除适用反垄断法的例外，即对原本违反反垄断法的事项不予追究。④ 国际航运市场反垄断豁免制度作为一种介于规则的刚性和政策的弹性之间的一种协调制度，主要存在于定期船市场，即班轮运输市场，是指在国际集装箱班轮运输市场中，通过法律承认、容忍和保护某些特定垄断行为来协调产业政策、贸易政策与竞争政策的关系。⑤

（二）国际航运市场准入监管制度创新带来的主要影响

由于国际班轮运输市场的特殊性，有必要制定国际航运市场监

---

① 参见胡绪雨：《国际海上班轮货物运输合同中强制性规则的适当性》，载《中国法学》2016 年第 6 期。

② 参见司玉琢主编：《国际货物运输法律统一研究》，北京师范大学出版社 2012 年版，第 58 页。

③ 参见李光春：《航运法研究》，法律出版社 2016 年版，第 148 页。

④ 参见刘宁元、司平平、林燕萍：《国际反垄断法（第二版）》，上海人民出版社 2009 年版，第 237 页。

⑤ 参见蔡莉妍：《论国际航运反垄断豁免的流变与对策选择》，载《大连理工大学学报（社会科学版）》2019 年第 3 期。

管法律，采取相应的航运监管措施，对班轮市场、航运联盟等的权利义务进行规制，以满足国际班轮市场的特殊性发展需求。在自贸试验区背景下，国际航运市场准入监管制度创新要求我国加大监管力度，完善监管工作，如通过政府对国际班轮运输市场的有效监管促进我国航运业的可持续发展和航运市场的公平有序竞争。

完善相关航运立法是我国航运强国建设的要求。在我国航运业发展历程中，航运企业及其船队规模不断发展壮大。表5.1是2020年全球10大班轮运输公司拥有船舶的情况。同时，2020年全球班轮航运业总体格局基本不变，前10大班轮公司排名稳定。① 其中，我国的中远海运集团在收购原排名第7位的东方海外后，运力排名上自2018年起跻身前三行列。从中可见，拥有的船舶数量直接体现船公司的实力，而实力的大小决定其在国际班轮运输领域发挥作用的大小。我国正朝着由航运大国向航运强国的目标迈进，而要把我国建设成为航运强国，首要的是航运法治化。

表5.1 全球10大班轮公司运力排行表（截至2020年12月31日）②

排名	公司	船队规模总计		比2019年年底增长（%）	订造船舶	占现有运力比重（%）
		艘数	TEU		艘数	
1	马士基航运	711	4136900	−1.3	21	1
2	地中海航运	579	3855928	2.4	16	8
3	中远海运	504	3030284	3.1	12	9
4	达飞集团	570	3006955	11.5	21	11
5	赫伯罗特	239	1728878	0.6	6	8
6	海洋网联	220	1596374	1.0	64	11
7	长荣集团	195	1191872	0.1	64	37
8	现代商船	72	718967	85.1	8	17
9	阳明海运	89	615839	−4.8	15	23
10	以星航运	82	360159	23.2	0	0

注：（1）船队规模包括自有及租赁船舶。
（2）按100TEU以上统计。

① See Ministry of Transport of the People's Republic of China, 2020 The Report on China's Shipping Development, pp. 58-59.
② Ibid.

现阶段,国际航运市场竞争激烈,我国国际航运业同其他航运发达国家在技术、实力以及航运管理等众多方面尚存在一定的差距。航运管理理念的深层次转变、国际航运产业结构的转型升级和进一步探求国际航运竞争和合作的提升空间等方面,是在竞争激烈的国际航运市场中占据主导和优势地位的关键所在。当前,我国政府除了加大对国际航运企业发展的扶持力度之外,更应该重视营造平等开放的市场经济环境,充分实现国际航运市场的资源优化配置,建立健全国际航运竞争政策,努力为提升我国国际航运业的竞争力、掌握航运话语权和主动权创造一个更为公平、公正、自由和平等的航运市场竞争环境。

总之,我国国际航运业面临着市场化改革的局面,充分发挥国际航运市场资源优化配置的功能具有重要作用,国际航运竞争法律制度的完善更应引起我国政府足够的重视,以促进我国国际航运业的发展。

第二节 自贸试验区国际航运市场准入监管制度的探索与成效

围绕自贸试验区背景下国际航运市场准入监管制度创新的一系列探索仍在进行中,众多创新政策正在不断完善。为此,有必要深入分析我国自贸试验区国际航运市场准入监管制度创新在哪些方面进行了探索以及取得了哪些成效。

一、国际航运市场准入监管制度的创新

1. 政策支持

在 2019 年公布的《临港新片区方案》中,"监管"一词共被提及 28 次,涉及综合性监管制度创新的内容专门列出,明确要"以风险防控为底线,以分类监管、协同监管和智能监管为基础,全面提升风险防范水平和安全监管水平",以建立全面风险管理制度,并进一步完善外商投资安全审查、反垄断审查等管理措施。涉及航运领

域监管内容主要为第 7 条"实施高度开放的国际运输管理",指出要确保有效监管、风险可控以及优化监管流程。

同年,交通运输部《关于公布十项交通运输行政许可事项取消下放后事中事后监管措施的公告》明确,取消国际集装箱船、普通货船运输业务审批;取消从事内地与港澳间集装箱船、普通货船运输业务许可等十项内容。我们可以看到,政府在简政放权的同时加强事中事后监管制度的推进,积极转变之前的监管理念,创新监管理念逐步形成。

2018 年《海南方案》肯定了自贸试验区建设取得的重要进展,同时指出要对标国际先进规则,持续深化改革,要努力坚持投资贸易便利、安全高效监管以及高标准自贸试验区发展,为稳步推进中国特色自贸港建设,分步骤分阶段建立自贸港制度及政策体系打下良好的基础。该方案中与航运紧密相关的有以下几个方面:第一,明确对进出海南洋浦保税港区的货物试行"一线放开、二线高效管住"的货物进出境管理制度。加快建设具有国际先进水平的国际贸易"单一窗口",推动数据协同、简化和标准化,实现物流和监管等信息的全流程采集,实现监管单位的信息互换、监管互认、执法互助。实施海事、交通、船检三部门船舶证书信息共享。第二,在海关特殊监管区域内,研究赋予企业增值税一般纳税人资格,全面实施货物状态分类监管。在风险可控前提下,创新维修监管模式,积极开展外籍邮轮船舶维修业务。第三,支持海南设立跨境电子商务综合试验区,完善和提升海关监管、金融、物流等支持体系。支持具备资质的供油企业开展国际航运船舶保税油供油业务,建设保税油供应基地。

从上述与航运密切相关的政策来看,我国自贸试验区建设重点在于,建立与国际接轨的航运监管模式,从而促进航运市场更加自由开放,更好地为自由贸易服务。

2. 优化自贸试验区口岸监管

自 2013 年上海自贸试验区建设以来,我国在口岸监管方面已取得一系列的制度创新。以上海自贸试验区为例,在货物报检和报关方面,把之前的"先报关/检、后入区"的监管模式调整为"先入区、后报关/检"，口岸部门着力推进口岸通关一体化以及国际单一贸易窗口的建设，整合口岸系统的数据平台，简化申报流程等。

总体上看，围绕货物进出口流程，各口岸部门出台了一系列监管制度创新措施，既包括单个部门的监管制度创新，也包括多个部门间协调产生的监管制度创新。以自贸试验区保税片区进口贸易监管流程为例，海关、国检①分别出台了 8 项、6 项共计 14 项制度创新措施。在部门协同方面，由口岸办牵头的国际贸易单一窗口试点贯穿于进口流程的各个环节，在报关报检阶段采取的"先入区、后报关/检"充分体现了海关和国检的协同配合；在海关查验货物及货物放行环节，"通关单无纸化"（海关、国检的联网操作）和"关检三个一"等一系列创新措施也属于海关与国检的协同创新，并且该创新政策已复制推广至全国其他自贸试验区。

二、强化政府事中事后监管制度的内容

经过十多年的运行，上海自贸试验区事中事后监管制度创新的初步格局已形成，其六大事中事后监管制度创新已被全面复制推广至全国②。

（一）初步形成事中事后监管制度

在我国，自贸试验区建设经过十多年的不断探索和经验积累，初步形成了事中事后监管制度，同时全国范围内各个领域之间逐步建立起覆盖事前、事中和事后等主要环节的全方位全过程的监管体系。具体来说，国务院 2014 年《关于促进市场公平竞争维护市场正常秩序的若干意见》明确提出，要建设统一开放、竞争有序、诚信守法、监管有力的现代市场体系，加快形成权责明确、公平公正、

---

① 2018 年 3 月，根据国务院机构改革方案，将国家质量监督检验检疫总局的职责整合，组建中华人民共和国国家市场监督管理总局；将国家质量监督检验检疫总局的出入境检验检疫管理职责和队伍划入海关总署，不再保留中华人民共和国国家质量监督检验检疫总局。本书中的"国检"指原国家质量监督检验检疫总局。

② 六大事中事后监管制度分别是：安全审查制度、反垄断审查制度、社会信用体系制度、企业年度报告公示和经营异常名录制度、信息共享和综合执法制度、社会力量参与市场监督制度。参见肖林、张湧主编：《中国（上海）自由贸易试验区制度创新：回顾与前瞻》，格致出版社 2017 年版，第 158 页。

透明高效、法治保障的市场监管格局。2016年8月5日，上海市人民政府办公厅印发《进一步深化中国（上海）自由贸易试验区和浦东新区事中事后监管体系建设总体方案》。2017年9月12日，广东省自贸办印发《进一步加强中国（广东）自由贸易试验区事中事后监管体系建设总体方案》。2017年9月22日，厦门市交通运输局印发《中国（福建）自由贸易试验区厦门片区交通运输审批制度改革复制推广项目事中事后监管方案》。2019年2月15日，国务院印发《关于在市场监管领域全面推行部门联合"双随机、一公开"监管的意见》，明确在市场监管范围内全面推行部门联合"双随机、一公开"监管模式，要实现由政府监管向社会公共治理的转变，创新监管模式，加快提升事中事后监管效能。2020年9月8日，交通运输部印发《关于加强和规范事中事后监管的指导意见》，针对事中事后监管的薄弱环节和存在问题作了进一步部署。

（二）逐步优化监管流程

上海、广东、福建、天津等自贸试验区探索取消传统商事审批，前置审批改为备案，商事登记实行告知承诺的事项等，从诚信管理、分类监管、风险监管、联合惩戒和社会监督等方面逐项制定事中事后监管方案和实施细则，加强对企业的行政指导和监督检查，强化信用监管，确保"放而不乱"。① 自贸试验区监管模式的创新主要体现在，以构筑公平公正、权责明确和高效透明的信用监管体系为核心内容，强化信用监管，促进各领域市场主体实现自我约束、自我管理。

同时，我国自贸试验区建设大力运用互联网＋、大数据等技术手段进行全方位监管，不断完善执行的标准化流程，鼓励社会多方参与监管，努力实现全面、高效、动态精准的监管模式创新。主要表现在：一是信息的开放获取，如在官方网站上主动公示监管过程和公示结果等信息；二是鼓励社会各方主体的积极参与，并将社会第三方监管主体在市场监督过程中得到的有关信息及时、准确地纳

---

① 参见曹晓路、王崇敏：《中国特色自由贸易港事中事后监管创新研究》，载《行政管理改革》2019年第5期。

入综合监管系统平台,如行业协会将其开展的行业信用评级信息等及时推送到综合监管系统平台供各单位在监管工作中使用。此外,我国自贸试验区在坚持"放管服"的基础上,系统创新政府监管流程,以便在面对瞬息万变的市场主体经营活动时提高风险预警能力,切实提升动态监管、信息化监管的效能。

(三)事中事后监管制度可复制可推广

在自贸试验区政府监管体制改革、机制创新进程中,持续探索并积累可复制推广至全国的有益经验始终是改革的核心。然而,现阶段全国自贸试验区制度创新的过程中存在一个普遍问题,即制度创新的碎片化,导致难以形成一个完整的制度创新体系。例如,全国各自贸试验区都是通过发布制度创新案例来展示其制度创新的成果,但这种制度创新成果往往是"自上而下"形成的,从中总结的经验往往难以形成体系。① 在事中事后监管制度创新过程中,无论是上海自贸试验区的商事登记事中事后监管,还是广东自贸试验区的商事登记"容缺登记"模式,其制度创新成果有地域特殊性,都是碎片化的制度创新案例,导致在全国复制推广的过程中实际监管效果大打折扣。事中事后监管制度创新要求坚持"先试点,再推广"的原则,但是在碎片化的监管制度现实情况下,如何确保监管的高效,如何实现监管全流程的精细化、制度化,未来仍需要很长一段时间去实践和探究。

三、国际航运市场准入监管制度的成效

在自贸试验区建设的背景下,国际航运市场的良好运行离不开安全高效的航运监管制度。近些年来,我国通过创新模式进行国际航运市场准入监管取得了一定成效。

(一)在自贸试验区建设推动下,国际航运市场运价备案制度逐步完善

长期以来,我国国际集装箱航运市场存在许多市场主体不规范

---

① 参见孙利娟、张二震、张晓磊:《"一带一路"倡议下对外投资合作的事中事后监管》,载《宏观经济管理》2018年第10期。

经营、不公平竞争等现象,一些航线上国际集装箱班轮运输公司、无船承运经营者等航运市场主体"零运价""负运价"的恶性竞争行为时有发生、屡禁不止;一些航运市场主体在实际经营过程中,没有按照相关规定进行运价备案或存在实际执行的运价与备案价格不一致等违规行为。例如,2020年4月14日,交通运输部公布《关于处罚2家国际集装箱班轮运输公司和2家无船承运企业违规经营行为的通告》,对汉堡南美航运公司等4家公司实际执行运价和备案价格不一致等违法违规行为进行行政处罚。[①] 汉堡南美航运公司等4家公司的行为违反了《国际海运条例》第41条的规定,不利于国际航运市场健康有序发展(见表5.2)。

表5.2 近年来我国国际集装箱航运市场运价备案处罚事件[②]

公布时间	文件名称和内容
2020年4月14日	《关于处罚2家国际集装箱班轮运输公司和2家无船承运企业违规经营行为情况的通告》:针对2家国际集装箱班轮运输公司和2家无船承运企业存在实际执行运价与备案价格不一致等违规行为实施处罚,共罚款32万元
2019年7月8日	《关于处罚5家国际集装箱班轮运输公司违规经营行为情况的通告》:交通运输部针对宏海箱运支线有限公司等5家国际集装箱运输公司存在实际执行运价与备案价格不一致等违法行为实施处罚,共罚款77万元
2018年11月19日	《关于处罚5家国际集装箱班轮运输公司违规经营行为情况的通告》:交通运输部针对汉堡南美航运公司等5家国际集装箱运输公司存在未报备运价或未按报备运价执行等违法违规经营行为实施处罚,共罚款85万元
2018年10月26日	《关于处罚3家班轮公司违规经营行为情况的通告》:交通运输部针对中远海运集装箱运输有限公司等3家班轮公司存在未报备运价或未按报备运价执行等违法违规经营行为实施处罚,共罚款32万元

---

① 参见《交通运输部关于处罚2家国际集装箱班轮运输公司和2家无船承运企业违规经营行为情况的通告》,交通运输部官网,2020年4月14日,https://xxgk.mot.gov.cn/2020/jigou/syj/202006/t20200623_3314935.html,2021年5月10日访问。

② 本表系笔者根据交通运输部公布的文件整理而成。

（续表）

公布时间	文件名称和内容
2017年2月21日	《关于处罚14家班轮公司违规经营行为情况的通告》：交通运输部针对汉堡南美航运公司等14家班轮公司存在未报备运价或未按报备运价执行违法违规经营行为实施处罚，共罚款239万元，并对其中违法违规情节严重的8家班轮公司进行了约谈
2016年4月1日	《关于对17家班轮公司违规经营行为处罚情况的通告》：交通运输部针对新海丰集装箱运输有限公司等17家班轮公司的违法违规经营行为实行政处罚，共罚款170万元
2015年12月28日	《关于对8家班轮公司违规经营行为处罚情况的通告》：交通运输部针对金星轮船有限公司等8家班轮公司未报备运价或未按报备运价执行的违法经营行为实施行政处罚，共罚款110万元
2015年6月19日	《关于对中日航线21家公司违规经营行为处罚情况的通告》：交通运输部针对中日航线"零运价""负运价"问题，对上海泛亚航运有限公司等21家公司的违规经营行为实施行政处罚，共罚款425万元

为规范国际集装箱航运企业的经营活动，遏制不良竞争，维护市场中各方的正当利益，交通运输部于2009年6月9日出台《关于国际集装箱班轮运价备案实施办法的公告》，正式建立运价备案制度，规定国际集装箱班轮运输公司将航线、运价协议等向交通运输部备案。2010年9月19日交通运输部出台的《无船承运业务经营者运价备案实施办法的公告》规定：依据《国际海运条例》第20条的规定，实施无船承运业务经营者运价备案。

在上海自贸试验区成立前，交通运输部2013年出台的《关于促进航运业转型升级健康发展的若干意见》明确指出："加强市场监管，创造良好发展环境。"具体措施包括：明确取消一批行政许可项目，加强国内和国际航运市场监管，对国际集装箱班轮运价备案采取精确报备模式，进一步规范国际集装箱班轮运输市场秩序等。

上海自贸试验区成立不久，交通运输部便公布《班轮运价精细化报备办法》，明确实施国际集装箱班轮运价精细化报备。这次备案制度的调整也是促进自贸试验区建设的一个创新举措。

表 5.3　我国国际集装箱班轮运价备案制度相关规定①

公布时间	公布主体	文件名称
2009 年 6 月 9 日	交通运输部	《关于国际集装箱班轮运价备案实施办法的公告》
2010 年 9 月 19 日		《关于公布无船承运业务经营者运价备案实施办法的公告》
2013 年 10 月 29 日		《关于国际集装箱班轮运价精细化报备实施办法的公告》
2014 年 3 月 5 日		《国内集装箱班轮运输备案实施办法（征求意见稿）》
2015 年 5 月 21 日		《关于清理整顿国际海运附加费报备相关事宜的通告》
2017 年 8 月 22 日	交通运输部	《交通运输部"双随机"抽查事项清单》
2019 年 3 月 15 日	交通运输部、国家发改委	《港口收费计费办法》
2019 年 3 月 27 日	交通运输部	《关于公布十项交通运输行政许可事项取消下放后事中事后监管措施的公告》
2019 年 5 月 15 日	交通运输部办公厅	《关于国际船舶运输及内地与港澳间海上运输业务相关审批备案事项的通知》
2022 年 6 月 6 日	交通运输部	《关于授权天津市交通运输委员会开展天津口岸无船承运业务经营者运价备案执行情况检查的函》
2022 年 6 月 10 日		《关于授权广东省交通运输厅开展广东省口岸无船承运业务经营者运价备案执行情况检查的函》
2023 年 7 月 20 日	国务院	《国际海运条例》

（二）航运联盟反垄断力度不断加大

1. 航运联盟背景

随着集装箱运输方式的发展，班轮运输市场竞争日益激烈，在竞争过程中联盟和合并的情况也越来越常见。可以说，国际航运业市场竞争就是航运联盟或班轮公司之间的竞争。

---

① 本表系笔者根据国务院、交通运输部公布的文件整理而成。

航运联盟被认为是实现航运业规模经济和范围经济的最佳方式，是航运业追求效率和优化资源配置的必然选择。① 但是，总的来看，航运联盟的发展具有不稳定性，并在近年不断经历整合和重组。2017年4月起，原先的2M、O3、G6、CKYHE四大航运联盟整合为三大航运联盟，即2M（地中海航运、马士基航运）、Ocean Alliance②、THE Alliance联盟（赫伯罗特、阳明海运及ONE③）。2019年7月，韩国现代商船正式宣布加入THE Alliance联盟。2023年1月25日，马士基航运发布官方公告称，地中海航运和马士基航运双方一致同意，全球最大航运联盟——2M联盟将于2025年1月起终止运营。④

未来，整个行业格局是联盟打乱还是继续合作仍具有不确定性。在大联盟时代的背景下，航运公司联盟可能会出现其他的跨联盟合作，如ONE与中国台湾长荣海运的跨联盟合作。同时，还将出现跨业联盟，如航运公司与港口企业、货代企业、船代企业、金融公司、保险公司等联盟，以及航运公司与其他相关的行业企业的联盟。此外，还会出现更多的现有联盟成员退盟现象，使得现有联盟实现重新组合。这是由于面对未来市场环境和经济政治环境，尤其是技术环境的不断变化，原来的联盟不能实现优势互补，联盟成员需要重新组成新的联盟。⑤ 总之，航运联盟使得集装箱航运市场集中度不断升高，一方面给港口建设和航运市场秩序带来很大的挑战，另一方面也使得未加入联盟的航运企业担忧其生存状况，一些中小型航运企业因不具备相应的入盟条件以及没有运营网络覆盖面等竞争优势而面临被淘汰的巨大风险。

---

① 参见韩立新、林子樱：《航运联盟格局下中国反垄断豁免的法律应对》，载《中国海商法研究》2020年第2期。

② Ocean Alliance，由法国达飞轮船和中国台湾长荣海运、中国香港东方海外、中远海运组成。

③ Ocean Network Express（ONE），由日本邮船、商船三井、川崎汽船的集运业务组成。

④ 参见《重磅！2M联盟宣布解散》，搜狐网，2023年1月28日，https：//www.sohu.com/a/635012575_121407972，2023年5月4日访问。

⑤ 参见李振福：《从跨联盟到大联盟航运市场将开启新时代》，载《中国航务周刊》2022年第25期。

2. P3 案例及其引发的思考

2013 年 6 月，瑞士地中海航运（MSC）、丹麦马士基航运（Maersk Line）和法国达飞集团（CMA CGM）作为全球规模最大的三家国际集装箱班轮公司，发布共同组建长期运营的船舶共享联盟，即 P3 网络联盟，并宣布该运营联盟为期 10 年。这在航运史上是第一次出现。针对此种情况，在 2013 年 12 月，美国联邦海事委员会（FMC）邀请中国和欧盟共同召开全球海事监管峰会，重点研究如何应对 P3 联盟的相关问题，以有效避免航运垄断事件。但是，P3 联盟之后先后获得了 FMC 和欧盟委员会的审查通过，而我国商务部宣布否决 P3 联盟。至此，该事件告一段落，但 P3 联盟引发的"联盟大战"背后却有很多值得思考的地方。国外有学者专门对 P3 事件引发的美国、欧盟和我国不同监管策略进行了详细分析。①

第一，欧盟规制路径及评价。在国际航运领域，欧盟对航运联盟的规制主要采取构建专门法律条款的方式。例如，为明确赋予相关联营体反垄断集体豁免权，出台了《欧盟理事会 906/2009 号条例》。根据欧盟通过立法规定的集体豁免权，P3 联盟并未拥有相关资质条件，但其可以根据《欧盟运行条约》第 101 条第 3 款的相关内容来获得反垄断豁免权。根据欧盟一贯的行事风格，它必然会对 P3 联盟采取非常严格的审查。但即便如此，欧盟最终还是审查通过了 P3 联盟。

第二，美国规制路径及评价。美国主要依据《1998 年航运改革法》对航运业进行反垄断规制。2014 年 3 月，美国 FMC 通过 P3 联盟报备协议审查并给予批准，但 P3 联盟仍面临非常严格的监管流程。

经分析可看出，美国《1998 年航运改革法》表面上对班轮运输市场垄断采取比较宽松的态度，并赋予豁免权。但实际上，这个宽松空间没有想象得那么大，而是设定了一定限制，即明确规定航运企业不能出现减少竞争而造成不合理的运输服务降低或是造成运输费用不合理增长。不过，针对 P3 联盟所进行的审查虽然非常严格，

---

① See Rawindaran Nair, Study on Economic Regulation of Collaborative Strategies Among Container Shipping Companies Following Repeal of European Union Regulation 4056/86, *The Asian Journal of Shipping and Logistics*, Vol. 32, No. 2, 2016, pp. 89-97.

但最终同欧盟一样，美国也作出了通过P3联盟的决定。

第三，我国立场。2014年，我国商务部针对P3联盟发布相关公告，即禁止地中海航运、马士基航运和达飞集团设立网络中心经营者集中反垄断审查决定，并详细阐明否决原因：一是违背传统航运联盟松散的特点，构建了紧密型联营。二是P3参与者运力占据市场份额45%以上，对市场有着非常强的控制力。三是认为会改变市场结构，亚欧航线集装箱班轮运输服务市场将从较为分散变为高度集中。四是会导致市场准入壁垒有所提高。五是导致不合理竞争现象出现，逐渐压缩其他航运企业的发展空间，以及减弱港口议价等方面的能力。综合以上几种因素，我国商务部给予否定意见，禁止相关经营者集中。

我国明确表明态度，也让西方国家刮目相看。实际上，造成这种局面的原因更多在于各国航运监管路线不一样。欧盟、美国国际航运反垄断审查实行事后监管，我国实行事前监管。结合当时实际情况来看，该事件也引发两方面的思考：一方面，我国航运监管方面存在不足之处，如在航运监管主体方面，具体实践过程中可能出现多头并管的局面；另一方面，调查和处罚力度较弱。因此，P3联盟的申请被否决突显了加快完善我国航运竞争立法制度的紧迫性。

3. 马士基航运收购汉堡南美股权案

2017年11月7日，商务部公布《关于附加限制性条件批准马士基航运公司收购汉堡南美船务集团股权案经营者集中反垄断审查决定的公告》，批准马士基航运收购汉堡南美，并根据马士基航运向商务部提交的附加限制性条件建议方案，要求马士基航运履行四项义务。商务部根据《反垄断法》第27条规定，主要从参与集中的经营者在相关市场所占份额和市场控制力、市场进入的难易程度、对消费者和其他经营者的影响等方面，评估了该项经营者集中对航运市场竞争的影响。反垄断调查表明，在实际经营过程中，经营者集中可能产生的影响有：对远东—南美西海岸航线、东海岸航线的普通和冷藏国际集装箱运输市场产生排除、限制竞争的影响。在调查过程中，商务部就附加限制性条件是否能降低该项经营者集中带来的不利影响等问题，多次与马士基航运沟通和约谈。之后，马士基航运根据商务部要求，递交了附加限制性条件的相关建议，商务部再次对附加限制性条件的有效性、可行性和及时性等方面作了详细评估。最终，批准马士基航运在附加限制性条件的前提下收购汉堡南美。①

（三）相关航运法律法规不断完善

国际航运市场的良好有序运行离不开航运法律法规的支持和保障。在我国，国际航运市场从无到有、由弱变强，航运法律法规的不断完善起到了正确指引的积极作用，并将助力我国由航运大国真正成为航运强国。在当前我国自贸试验区和自贸港建设不断推进过程中，涉及国际集装箱航运市场监管等一系列相关法律法规的修订工作也在抓紧进行中。笔者对2013年上海自贸试验区成立后，与国际集装箱航运市场监管相关的部分航运法律法规和政策梳理如下：

表 5.4 与国际集装箱航运市场监管相关的部分规定②

公布时间	公布主体	文件名称
2013年10月29日	交通运输部	《班轮运价精细化报备办法》
2016年2月6日	国务院	《国际海运条例》
2016年5月13日	交通运输部	《中华人民共和国国际海运条例实施细则（征求意见稿）》
2016年7月19日	国务院	《关于在自由贸易试验区暂时调整有关行政法规、国务院文件和经国务院批准的部门规章规定的决定》
2017年1月23日	国务院	《"十三五"市场监管规划》
2017年3月7日	交通运输部	《中华人民共和国国际海运条例实施细则》（2017年修正）
2018年11月23日	国务院	《关于支持自由贸易试验区深化改革创新若干措施的通知》
2019年3月6日	国务院	《关于取消和下放一批行政许可事项的决定》
2019年3月18日		《关于修改部分行政法规的决定》

---

① 参见《商务部公告2017年第77号 关于附加限制性条件批准马士基航运公司收购汉堡南美船务集团股权案经营者集中反垄断审查决定的公告》，商务部官网，2017年11月8日，http://www.mofcom.gov.cn/article/b/c/201711/20171102669569.shtml，2019年4月20日访问。

② 本表由笔者根据国务院、交通运输部相关文件整理而成。

(续表)

公布时间	公布主体	文件名称
2019年6月21日	交通运输部	《关于修改〈中华人民共和国国际海运条例实施细则〉的决定》
2019年7月16日	国务院	《关于加快推进社会信用体系建设构建以信用为基础的新型监管机制的指导意见》
2020年9月8日	交通运输部	《关于加强和规范事中事后监管的指导意见》
2021年2月25日	交通运输部	《加强和规范交通运输事中事后监管三年行动方案（2021—2023年）》

第三节 自贸试验区国际航运市场准入监管制度的不足

我国国际航运市场准入监管方面仍存在一些问题，这在港口和航运领域均有体现，如航运联盟涉嫌垄断、部分航线出现负运价以及海运附加费繁杂等现象。① 国际航运市场是一个高度开放的市场，在当前自贸试验区和自贸港建设背景下，我国亟须提高政府监管能力，不断完善国际航运市场准入监管，真正实现航运市场竞争的公平公正，促进我国航运业发展。

一、政府监管体制机制亟待完善

2019年国务院《关于取消和下放一批行政许可事项的决定》明确指出，取消25项行政许可事项，下放6项行政许可事项的管理层级，并且要求继续完善事中事后监管措施，确保放得开、接得住、管得好。其中，涉及航运领域的取消和下放的部分行政许可事项见表5.5、表5.6。

---

① 参见谢燮：《新时期航运市场监管思路》，载《中国船检》2016年第7期。

表 5.5 国务院决定取消的涉及航运领域的行政许可事项[1]

事项名称	审批部门	设定依据	加强事中事后监管措施
国际集装箱船、普通货船运输业务审批	交通运输部	《国际海运条例》	取消审批后，交通运输部通过以下措施加强事中事后监管：（1）建立国际普通货船运输业务的备案和信用管理制度，要求有关企业主动备案，建立企业信用档案并向全社会公开信用记录，对失信企业实行联合惩戒。（2）优化对国际班轮运输集装箱业务的审批服务，加强事中事后监管。（3）支持行业协会发挥自律作用，维护市场经营秩序
无船承运业务审批		《国际海运条例》	取消审批后，改为备案。交通运输部通过以下措施加强事中事后监管：（1）建立无船承运人的备案和信用管理制度，及时向全社会公开信用记录，建立失信企业联合惩戒机制。（2）通过"双随机、一公开"监管等方式，加强对无船承运市场的监管。（3）支持行业协会发挥自律作用，维护市场经营秩序
从事内地与港澳间集装箱船、普通货船运输业务许可	交通运输部	《国务院对确需保留的行政审批项目设定行政许可的决定》	取消审批后，改为备案。交通运输部要会同有关部门通过以下措施加强事中事后监管：（1）建立内地与港澳间集装箱船、普通货船运输业务的备案和信用管理制度，要求有关企业向省级交通运输部门办理备案，建立企业信用档案并向全社会公开企业信用记录，对失信企业实行联合惩戒。（2）交通运输部归集内地与港澳间航运船舶信息，并根据需要向海关总署提供，海关加强后续监管。（3）支持行业协会发挥自律作用，维护市场经营秩序
国际船舶保安证书核发			取消审批后，由第三方船舶检验机构签发《国际船舶保安证书》。交通运输部要通过以下措施优化服务、加强事中事后监管：（1）指导和监督第三方船舶检验机构完善工作流程、提高服务水平，优化对国际船舶保安计划的技术审核和证书签发工作。（2）交通运输部门对船舶进行安全检查时，加强对船舶保安体系执行情况和船舶保安证书有效性的监督检查

---

[1] 本表由笔者根据国务院相关文件整理而成。

表 5.6 国务院决定下放管理层级的涉及航运领域的行政许可事项①

事项名称	审批部门	设定依据	下放后审批部门	加强事中事后监管措施
港口设施保安证书核发	交通运输部	《国务院对确需保留的行政审批项目设定行政许可的决定》	省级交通运输（港口）部门	下放后，交通运输（港口）部门要通过以下措施加强事中事后监管：(1) 完善港口设施保安规则和相关标准，统一规范港口设施保安工作，优化审批服务。(2) 依托有关信息系统，实现港口设施保安管理信息报送和共享，加强对港口设施保安工作的监管。(3) 交通运输部要制定并实施年度监督检查计划，对省级交通运输（港口）部门履职情况进行监督检查

2019年8月12日，国务院办公厅发布《国务院办公厅关于印发全国深化"放管服"改革优化营商环境电视电话会议重点任务分工方案的通知》，明确要推动简政放权向纵深发展，进一步放出活力，并详细列明各政府部门需落实完成的具体措施。涉及航运领域的具体措施有："降低物流成本，督促各地做好口岸收费目录清单公示，整治港口、船公司、物流堆场、货代、船代等乱收费现象，2020年底前，将全国单个集装箱进出口环节常规收费压减至400美元以内。"这项措施由交通运输部、海关总署、发改委、财政部和市场监管总总局等相关部门和各地区按各自职责分工协作、相互配合完成。② 2022年8月12日，为进一步推进"放管服"改革、优化营商环境，国务院开展了清理行政法规和规章中不合理罚款规定的工作。③

综上可见，我国政府简政放权在不断推进，涉及航运领域的一

---

① 本表由笔者根据国务院相关文件整理而成。
② 参见《国务院办公厅关于印发全国深化"放管服"改革优化营商环境电视电话会议重点任务分工方案的通知》，中国政府网，2019年8月12日，http://www.gov.cn/zhengce/content/2019-08/12/content_5420694.htm，2019年8月20日访问。
③ 参见《国务院关于取消和调整一批罚款事项的决定》，中国政府网，2022年8月12日，http://www.gov.cn/zhengce/content/2022-08/12/content_5705137.htm，2022年8月15日访问。

些行政许可事项被取消、下放。在当前自贸试验区背景下，传统的严格审批的航运市场管理模式不再有效，航运市场的开放需要政府进一步完善监管机制。"放权"和"监管"充分体现了航运市场监管改革的价值取向和路径方法，二者关系是相互依存、互相影响。①

我国国际航运市场监管体制机制尚不完善，具体表现为：（1）我国国际航运市场监管过程中存在中央和地方、地方和地方、部门和部门之间分层管理的现象，尚有地方保护主义倾向；（2）在整治国际航运反垄断、反不正当竞争行为等一系列工作中，商务部和发改委等部门间的联动机制尚不健全，在形成监管合力方面尚有欠缺；（3）各监管职能部门之间尚未真正实现数据和信息共享。例如，由于海关、国检等监管职能部门在货物进出区数据方面未能实现充分的数据共享，导致货物在一线入区时因无法被各不同监管部门进行风险管理分类而增加了入区备案的复杂性。此外，监管过程中涉及的数据安全和隐私保护仍然是摆在监管部门面前的重要问题。

《临港新片区方案》提出，要确保有效监管、优化监管流程。可见，自贸试验区范围内海关监管制度创新主要侧重于海关流程和程序便利化。自贸港的建设重点在于免于通常的海关监管，因此需要对整个口岸监管制度进行突破创新。

二、航运监管法律法规尚不健全

建立健全我国航运法律法规体系是国际航运市场准入监管的重要保障。目前，我国航运监管法律法规尚不健全，需加快完善。主要体现在：

第一，主要航运法律法规不完善。现阶段，我国还没有专门的政府有效调控航运市场运行规则的航运市场经济法规范，对竞争性行为加以规范的是《反垄断法》《反不正当竞争法》。其中，《反垄断法》是国际航运市场反垄断规制的一般法，系统规定了垄断行为的范围、种类、构成以及调查程序等方面。该法明确了垄断行为有三种：垄断协议、滥用市场支配地位、经营者集中。虽然这些规定也

---

① 参见谢燮：《新时期航运市场监管思路》，载《中国船检》2016年第7期。

适用于国际航运反垄断，但是在具体操作层面上仍缺少有效的制度衔接。相对而言，《国际海运条例》及《国际海运条例实施细则》是针对性较强的行政性的规范性法律文件。但是，由于《国际海运条例》只是行政法规，而非调整航运竞争的单行立法，法的效力层级较低，在立法体系中处于《反垄断法》《反不正当竞争法》等上位法律的约束之下。这就导致在实际执法过程中往往会遇到障碍，即便《国际海运条例》作出了严格的规定，但因违反《反垄断法》等上位法而产生无效的后果。

因此，应尽快出台以调整航运经济活动为主要功能的法律。在立法理念上确立航运市场经济立法的核心价值地位，这对规范航运经济行为，解决航运经济纠纷等方面有着重要作用，同时也有利于协调航运安全监管和航运市场发展目标的总体平衡。

第二，配套的航运监管法律法规不健全。现阶段，《国际海运条例》《国际海运条例实施细则》已经分别经过修订，相配套的航运法律法规逐步完善。但是，仍有一些问题暴露出来，需要进一步健全其他配套的航运监管法律法规。例如，有学者提出需制定航运运价指数衍生品交易监管条例。因为我国作为集装箱出口大国，集装箱运价波动厉害，市场需要对冲工具规避风险，但目前航运衍生品交易缺乏法律依据，监管力度不够。①

我国自贸试验区建设、国际航运中心建设都是促进我国航运业健康有序发展的重大举措，推动一系列与航运经济发展密切相关的航运法律法规的完善，有助于保障我国自贸试验区国际航运市场良好有序发展，提升我国航运国际竞争力。

三、航运市场监管力度有待加强

与欧盟、美国对航运企业违法行为的处罚力度相比，我国的处罚力度较弱。为了有效维护国际航运市场的秩序，美国FMC、欧盟委员会均对国际航运市场采取较强的监管措施，主要手段有取消航

---

① 参见郑志华：《探索自贸区航运法治建设的突破口——2014上海航运法治论坛综述》，载《中国海商法研究》2015年第1期。

运资质、高额罚款等,产生的威慑力较大。例如,美国 FMC 于 2018 年注销 124 家货代企业资质;[①] 2018 年 2 月 21 日,欧盟对日本邮船等 5 家公司开出总额高达 5.46 亿欧元的巨额罚单,以打击其在海上汽车运输等领域的垄断行为。[②] 而在我国国际航运市场,虽然我国已建立并逐步完善运价备案制度,但根据上述笔者对近年来违反运价备案制度案件的梳理可以发现,我国对违反运价备案制度的处罚方式以罚款为主,对违法情节严重的进行约谈,企业违法成本较低。

此外,我国航运市场监管模式仍需借助自贸试验区和海南自贸港建设的东风进一步完善。随着政府管理机制的改革,社会监督机构不断增多,要避免航运市场监督模式的单一现象,尽量发挥社会的监督能力,加强多元化航运监管市场体系的完善。

第四节 国外航运市场准入监管制度的经验及启示

知己知彼,百战不殆。放眼全球,美国、欧盟等都非常重视对航运市场的监管,在航运法律制度建设、市场规制程度、监管手段等方面各具特色。适当借鉴和参考发达国家及地区航运市场准入监管制度建设,有助于我国更好更全面地思考如何构建中国特色的航运市场准入监管制度。

一、美国航运市场准入监管制度

航运业在美国具有重要的国家战略地位,美国重视对国际航运市场的监管。下面主要对美国航运监管机构、美国航运监管制度的主要内容进行阐述。

[①] See Federal Maritme Commission, Ocean Transportation Intermediaries (OTI) List, https://www2.fmc.gov/oti/Default.aspx, visited on May 5th, 2019.

[②] 参见《5 家船公司涉嫌垄断汽车海运市场,遭欧盟重罚!》,搜狐网,2018 年 2 月 26 日,http://www.sohu.com/a/224066884_100112911,2020 年 5 月 5 日访问。

(一) 美国航运监管机构——美国联邦海事委员会

美国联邦海事委员会（FMC）是主管航运服务的主要部门之一。FMC是根据美国《1936年商船法》建立的一个负责国际航运市场管理的准司法机构，隶属于国会，独立于联邦政府。①

FMC的主要职责是：确保有竞争力和可靠的国际海运服务供应系统，支持美国经济，保护公众免受不公平和欺骗行为的影响。FMC通过确保自由、开放和竞争的国际海运运输市场的基本动力推动经济成果来实现其使命。为此，FMC致力于忠实地执行航运法，采用最少的政府干预和监管成本，并更多地依赖市场。

FMC的战略目标一：维护有竞争力和可靠的国际海运系统。FMC通过以下方式确保提供有竞争力和可靠的海运服务：第一，审查和监管为美国提供远洋贸易服务的海运公共承运人和码头经营者之间的协议，以确保任何联合或集体活动不造成运输费用大幅度增加或运输服务减少；第二，维护和审查保密服务合同和无船承运人服务安排，以防止对航运造成不利影响；第三，为出口商、进口商和其他航运公众成员提供一个论坛，以便其从阻碍商业活动的海运惯例或争端中获得救济；第四，确保共同承运人的关税税率和费用在自动关税系统中公布，并以电子方式提供；第五，监督政府所有或受控承运人②的费率、收费和规则，以确保其公正合理；第六，采取行动解决外国政府或商业惯例对美国航运业造成的不利情况。

战略目标二：保护公众免受非法、不公平和欺骗性的远洋运输行为。FMC保护公众免受经济损失，并通过以下方式促进美国供应链和运输系统的完整性和安全性：第一，调查和裁定关于海运公共承运人、海运码头运营商（Marine Terminal Operators，MTOs）和海洋运输中介人（Ocean Transportation Intermediaries，OTIs）的费率、收费、分类和做法，若他们违反航运法的话；第二，许可OTIs具有适当的特征和充足的财务责任；第三，帮助解决涉及货物、个人或家庭用品的运输或邮轮运营商与乘客之间的纠纷；第四，

---

① 参见李光春：《航运法研究》，法律出版社2016年版，第109页。
② 受控承运人，指本身或者其营运资本直接或间接由某一政府拥有者控制的远洋公共承运人。受控承运人制度是美国航运法特有的制度。

识别并追究受监管主体对运进、运出美国的货物贴错标签的责任；第五，确保邮轮公司承担财务责任，支付人身伤亡赔偿，并在邮轮无法航行时偿还旅客的费用。①

FMC 作为美国航运法的主要实施机构，不仅具有独立性，而且具有一套相对健全的实施机构体制，能为执法的客观性、公正性和中立性提供保障。主要体现于：一是具有合理的机构设置和明确的职责分工；二是管理职能的动态；三是设立了地区分支机构。②

（二）美国航运监管制度的主要内容

美国航运监管制度主要体现在美国航运法中。有学者认为，美国航运法的主要目标是通过市场竞争机制和国家干预的有机结合，建立并维护高效安全的国际航运市场，促进本国经济的发展。据此，美国航运监管制度主要包括：国际航运协议组织反垄断豁免制度、运价备案制度、远洋运输中介人市场准入制度、受控承运人制度等。③本部分中，笔者主要围绕运价备案制度作进一步讨论。

对于报备协议的监管，美国采用的是事先报备的监管模式，赋予航运联营体反垄断豁免。运价备案制度是 FMC 监管航运市场的一项重要内容，其实施的主要目的有：保护美国货主利益、稳定运价、实现信息公开和可获得性、对外国竞争者进行监管。④我国 2009 年制定的《国际集装箱班轮运价备案实施办法》即借鉴了美国 FMC 对运价备案的做法。对于涉及外国承运人或外国政府的不公平竞争行为，美国 FMC 会对其加以查处或进行制裁，其对外功能显著，具有如下特征：⑤（1）承运人不必向 FMC 报备运价，而是由私营服务系统或承运人网上登记系统进行公布，FMC 制定具体的发布格式；FMC 有权对承运人运价进行监督，承运人上调或取消运价必须提前通知。（2）取消了"ME-TOO"条款，承运人不必公布运费、服务

---

① See Federal Maritime Commission, 57th Annual Report for Fiscal Year 2018, https://www.fmc.gov/wp-content/uploads/2019/04/57thAnnualReport.pdf, visited on Oct. 5th, 2019.
② 参见於世成：《美国航运法研究》，北京大学出版社 2007 年版，第 150 页。
③ 同上书，第 2 页。
④ 同上书，第 122—124 页。
⑤ 参见李睿、谢燮：《简政放权背景下国外航运市场监管经验对我国的借鉴》，载《水运管理》2017 年第 8 期。

承诺等，服务合同的保密性得到加强，但服务合同仍须向 FMC 申报，必须公布货种、货量、合同期限、起始港和目的港范围。（3）服务合同的当事人范围有所扩大。（4）FMC 加强了对班轮公会的限制和约束，相应地扩大了班轮公会成员的独立性。（5）FMC 有权决定商品是否可豁免登记并予以公布。

美国《1998 年航运改革法》和《2022 年航运改革法》对运价备案制度均作出了明确规定。具体来说，两法对运价协议是否有效进行规制，并规定运价报备的范围不仅包括运价本身，还包括承运人之间签订的限定运量、互相协助以及防止竞争等协议，这些都应当将其真实的副本报送 FMC。FMC 有权对报备的运价和协议内容进行审核，一旦认为报备的内容不符合要求，可予以驳回。同时，在班轮公会协议报备或生效之日后的任何时间内，FMC 仍保留其对具有重大反竞争性协议提起诉讼的权利，以达到制止该协议执行的目的。此外，承运人应在网上向公众公布其协议，不得有任何限制，任何人都可以查询公开的运价本。

美国联邦法律赋予 FMC 较大的自由裁量权，若发现反垄断豁免不会对实质性减少竞争或损害商业利益的行为产生影响，FMC 可根据申请对班轮公会应履行的航运法要求的相应义务予以免除，这样能较好地弥补成文法的不足。除此之外，为了更好地保护班轮公司之间的良性竞争，FMC 有权对实践中出现的各种协议以是否实质性减少竞争为衡量尺度进行全面审查。

总之，美国一方面要求各国对其更大程度地开放市场，以便承揽更多的外贸货物和第三国货载；另一方面，又利用受控承运人等特有的规定有效保护本国利益。此外，美国航运法体现了其保护本国航运业的同时限制别国航运业发展的目标和要求，主要通过给予班轮公会反垄断豁免的权利进一步增强美国航运业的竞争能力，通过报备审批制度等方式禁止船公司滥用垄断、限制不正当竞争行为，促进本国航运业发展。

二、欧盟航运市场准入监管制度

欧盟对航运市场准入的监管十分重视，其航运市场准入的条件主要集中在航运主体资格、船舶技术条件、航运安全和环境保护等方面。

(一) 欧盟航运监管机构

欧盟作为一个多国联合而成的组织,设立了分权行事、互相监督制衡的一系列机构作为其支持系统。根据《欧盟条约》,欧洲议会(the European Parliament)、欧洲理事会(the European Council)是欧盟的立法部门;欧盟委员会(the European Commission)是欧盟的常设执法部门;欧盟法院(the Court of Justice of the European Union,包括欧盟初审法院和欧洲法院)是欧盟的司法部门。就国际航运市场管理的相关立法而言,欧盟委员会制定和执行航运竞争政策和法律,是欧盟运输政策的制定者和主要执行者。

欧盟委员会下设的机构被称为"总署"(Directorates-General),目前具有总署性质的机构较多,与航运直接有关的机构是竞争总署(DG Competition)。其中,欧盟委员会竞争总署负责实施《欧盟条约》、欧盟理事会和委员会制定的适用于航运业的竞争规则,对航运市场进行监管,致力于建立和维护航运市场有序竞争。

欧盟竞争政策是内部市场的重要内容,其目的是以更低的价格为欧洲提供更高品质的商品和服务。欧盟委员会采用经济和法律方法评估竞争问题,使竞争与市场发展保持一致。

欧盟委员会会调查企业是否违反或可能违反竞争规则。这意味着它可以在企业违反规则之前或之后采取行动,以维护竞争激烈的市场。同时,欧盟委员会根据其调查结果,可以根据情况决定禁止某种行为、要求采取补救措施或处以罚款。因此,欧盟委员会在预防和惩罚市场竞争中有权对违规行为采取行动。欧盟竞争法直接适用于欧盟所有国家。此外,根据《欧盟条约》,欧盟委员会具有强大的竞争执法权,它的决定对违反规则的企业和成员国主管部门均具有约束力。但是,相关企业可以向欧盟初审法院起诉,成员国竞争管理机构可以适用欧盟规则以及自己的竞争法。[①]

---

① See European Commission, Competition Policy, https://ec.europa.eu/competition/general/overview_en.html, visited on Dec. 1st, 2020.

近年来，随着运输市场的自由化，欧盟竞争政策的主要目标是将运输领域纳入普遍适用竞争法框架之内。欧盟理事会第 1/2003 号条例（定义了欧盟委员会的调查和执行权力的范围）涵盖所有运输活动的竞争规则的实施。在航运领域，欧盟废除了一系列豁免某些运输活动的法规。①

总之，欧盟重视国际航运市场准入，把安全因素作为市场准入的必备条件之一，采取航运市场准入的事前安全监管与事后安全监管相结合的监管模式，进一步确保航运市场安全。

(二) 欧盟航运监管制度的主要内容

欧盟对航运市场准入的监管不存在行政上的限制，其监管内容主要涉及船舶技术条件、从业资格、环保安全等方面。长期以来，由于航运联营体在国际航运市场上的影响力较大，欧盟主要围绕对航运联营体的监管来进一步实现对其航运市场调控的目的。主要涉及以下几部条例：

1. 第 4056/86 号条例确立的技术性协议豁免、班轮公会反垄断集体豁免

《欧盟条约》第 85、86 条是关于提倡公平竞争、反对垄断的规定，第 4056/86 号条例就是确立海运领域适用《欧盟条约》第 85、86 条的具体规则。

针对技术性协议豁免，第 4056/86 号条例第 2 条明确规定了技术性协议的豁免适用情形，即《欧盟条约》第 85 条第 1 款禁令不适用于其唯一目的和作用是为促进技术进步和合作的协议、决定和协调一致的行为。②

针对班轮公会反垄断集体豁免，第 4056/86 号条例第 3 条指出："班轮公会的相关参与成员在进行运力供给调节、运价协商固定等方

---

① See European Commission, Competition Policy, Transport & Tourism, https://competition-policy.ec.europa.eu/sectors/transport-tourism_en, visited on Dec. 25th, 2020.

② See EU, OJ L 378, 31.12.1986, Council Regulation (EEC) No 4056/86 of 22 December 1986 Laying Down Detailed Rules for the Application of Articles 85 and 86 of the Treaty to Maritime Transport, https://eur-lex.europa.eu/legal-content/EN/ALL/?uri=CELEX:31986R4056, visited on Dec. 25th, 2020.

面而采取的决定、协议和协调一致行为时,符合《欧盟条约》第 85 条第 1 款所提出的豁免规定。"与上一种协议豁免的差别是,班轮公会直接享有豁免适用垄断协议的规定,适用相关规则的方式主要为"集体豁免"。①

第 4056/86 号条例最为核心的内容是确立了对技术性协议豁免及班轮公会反垄断集体豁免。其中所规定的内容和权利,从根本上讲,目的都是为了有效保障承运人和船东的权利和利益。

2. 第 823/2000 号条例确立的航运联营体反垄断集体豁免

在航运业不断发展的背景下,出现了新的航运联营体运输形式。针对此种模式,欧盟特别出台相应的规制方案,即第 823/2000 号条例,明确赋予航运联营体反垄断集体豁免。该条例本质上进一步扩大了航运市场豁免适用一般竞争法的范围。在该条例立法过程中,欧盟委员会表示,既然航运联营体符合竞争法所公布的要求和规则,那么就应当给予其反垄断集体豁免权,且使其免受竞争法的约束和规制。

3. 欧盟新型航运竞争法律体系的形成

欧盟理事会于 2006 年 10 月通过第 1419/2006 号条例,废止了第 4056/86 号条例,取消了对技术性协议豁免、班轮公会反垄断集体豁免,但仍保留航运联营体反垄断豁免的权利。这表明欧盟新型航运竞争法律体系开始构建。此后,欧盟针对国际航运协议进行了详细论证,并就其适用一般竞争法颁布了一系列相关文件。此次立法宗旨在于,通过取消班轮公会反垄断豁免权维护市场竞争的有序健康发展。欧盟取消班轮公会反垄断豁免权的举措意义重大。

三、国际经验对我国的启示

1. 健全中国航运法律法规体系

境外航运发达国家及地区都十分重视建立和完善立足于本国国情的航运法律法规体系。只有建立完善的航运法律体系,才能更好

---

① 参见王秋雯:《欧美国际航运垄断协议规制制度比较及对中国的启示》,载《新视野》2012 年第 5 期。

地加强国际航运市场准入的监管,保障国际航运市场良好的运行秩序。例如,美国专门针对航运企业、船舶运输等各个环节制定相应的法律规范,其航运法律法规体系较为健全,且众多法律直接由国会制定和实施,立法层级高,具有权威性。欧盟航运法律在具体适用过程中具有较强的实践性。我国应该立足中国特色,建立健全符合我国实际国情需要的航运法律体系。

我国现行国际航运市场准入监管相关的立法主要有《反垄断法》《国际海运条例》及其实施细则。其中,2023 年修订的《国际海运条例》第 18、19 条以及第 25—31 条是关于国际航运市场竞争规则的具体条款。第 18、19 条是实体性规则,第 25—31 条是关于国际航运市场调查和处理的程序性规定。作为《国际海运条例》具体化规定的《国际海运条例实施细则》,其国际航运市场竞争规则同样包括实体和程序两部分。同时,作为上位法的《反垄断法》当然适用于国际航运市场的垄断或限制竞争行为。需要特别强调的是,《国际海运条例》专设"调查与处理"一章,赋予国务院交通主管部门对垄断和限制性竞争行为,或可能损害国际航运市场公平竞争秩序的其他行为进行调查处理的职责,并有权对造成损害的行为采取禁止性或限制性措施。①

值得注意的是,虽然我国加入了 1974 年的《班轮公会行动守则公约》,从理论上讲应当受该公约的规范和约束,但目前为止我国并未将该公约转化为国内法。此外,该公约在国际上被边缘化,其重要性和对国际航运业的影响明显下降。

通过对目前国际航运市场准入监管相关法律分析可知,我国在以下方面存在不足之处:(1) 现阶段,我国航运领域欠缺一部完整的对国际航运市场反垄断和限制竞争行为进行有效规制的法律;(2)《国际海运条例》及其实施细则没有对涉及垄断行为的规制问题具体化和明确化,而且该条例层级较低;(3)《反垄断法》作为反垄断规制的一般性法律,对于国际航运市场领域垄断和限制竞争行为规制的可操作性不强。因此,我国应建立和完善有关国际航运市场的竞争法

---

① 参见於世成:《美国航运法研究》,北京大学出版社 2007 年版,第 184 页。

律体系，进一步规制国际航运市场竞争秩序，从而促进我国国际航运业的健康可持续发展。

2. 完善信用监管体系

境外航运发达国家及地区的信用监管体系较健全，值得我国借鉴。例如，美国有大量信息服务机构，这些机构专门从事社会成员信用方面的事务，其信用管理体系在航运业等各个行业和领域都被广泛运用。此外，美国有完善的奖惩措施，对失信企业、违规行为等有严厉的惩罚措施，以督促企业遵守规则，共同维护市场秩序的健康稳定发展。

当前，我国自贸试验区和海南自贸港建设正在推进中，《临港新片区方案》第12条明确，"加强信用分级管理。完善信用评价基本规则和标准，实施经营者适当性管理，按照'守法便利'原则，把信用等级作为企业享受优惠政策、制度便利的重要依据"。《海南自贸港总体方案》明确，要建立健全以信用监管为基础、与负面清单管理方式相适应的过程监管体系。此外，《国际海运条例实施细则》于2019年7月进行了第三次修正，其中"将第五十二条改为第四十六条，增加一款作为第二款：'交通运输部或者有关省、自治区、直辖市人民政府交通运输主管部门应当将国际海上运输及其辅助性业务经营者违反《海运条例》和本实施细则有关规定的违法行为记入信用记录，并依照有关法律、行政法规的规定予以公示'"[1]。由此可见，我国已重视对航运领域信用监管体系的建设。在国际航运市场上，政府从政策角度积极推进航运信用体系建设的工作在逐步进行中，如增加信用记录、加强信用管理，但在实践中如何落到实处仍需进一步推进。

3. 构建协调的航运管理体制

国际航运发达国家一般都注重本国航运管理体制的协调性和一致性，确保航运监管机构和航运立法、执行机构互相独立，职权统一，从而为整个航运管理体系的顺利运行提供重要保障。同时，航

---

[1] 参见《交通运输部关于修改〈中华人民共和国国际海运条例实施细则〉的决定》，交通运输部官网，2019年12月24日，https://xxgk.mot.gov.cn/2020/jigou/fgs/202006/t20200623_3308256.html，2021年7月15日访问。

运发达国家航运管理机构也会根据本国航运市场发展现状，确立符合本国体制和航运市场特点的架构。如美国设有FMC，专门对国际航运市场实施监督和管理工作。我国虽然不能成立独立的国际航运市场管理机构，但也应积极探索与综合性市场监督管理机构有效联动的路径，协调共建和谐的航运市场管理机制。

2018年，我国组建了国家市场监督管理总局。① 这是在市场监管方面我国不断深化改革、整合市场监管队伍和强化市场监管的重要举措。在航运管理体制上，我国应该充分借鉴境外的有益经验，在实行充分授权、高效统一、简化便捷的基础上，促进我国航运管理体制朝着体系化的方向发展。同时，要更加注重职能部门之间的相互衔接、有效协调，完善我国国际航运业的管理体制机制，努力实现审批和监管程序的规范化，提高航运监管效率。

4. 继续完善运价备案制度

在国际航运领域，运价备案制度是交通运输部对国际集装箱班轮运输市场进行有效监管的重要制度手段。② 2013年10月29日，交通运输部发布《班轮运价报备办法》，明确备案运价包括公布运价和协议运价，国际集装箱班轮运输经营者根据运输经营成本、航运市场供求状况，在遵循国际公约或航运惯例的基础上，以正常、合理的运价提供运输服务，依法经营，诚实守信。即禁止以"零运价""负运价"方式承揽货物。《班轮运价报备办法》还规定，若国际集装箱班轮运输经营者备案的运价超出正常、合理的范围，严重偏离同一航线同类规模班轮经营者的平均运价水平，可能对公平竞争造成损害的，交通运输部将根据《国际海运条例》第五章规定展开调查。但是，该办法并没有明确运价范围"正常、合理"的界定标准。这与当前市场机制起决定性作用的改革背景有出入。对此，美国航运立法明确其只负责公布运价的"准确性""可获得性"，至于运价

---

① 2018年3月13日，国务院机构改革方案提请十三届全国人大一次会议审议。根据该方案，国务院不再保留工商总局、质检总局、食药监总局，组建国家市场监督管理总局。

② 参见章强、刘越：《规范我国国际集装箱班轮运输市场海运附加费》，载《中国航海》2016年第3期。

的合理性则由市场作判断。我国可根据自身实际情况适当作出合理的界定。

此外，在实践中许多国际集装箱班轮运输公司和无船承运企业仍存在未履行运价备案手续或实际执行价格与备案价格不一致等违法行为（前文已梳理）。为此，交通运输部分别于 2019 年 7 月 11 日、8 月 12 日两次公布《交通运输部双随机抽查事项清单》，其中就涉及对国际班轮运输企业履行运价备案手续以及实际执行运价情况的检查。可以看出，政府在对运价备案制度的规范和监管方面具有及时性和高效性。

继续完善运价备案制度应注意以下方面：首先，继续完善运价备案制度的程序规则。交通运输主管部门在审查运价备案具体情况中，应当充分掌握和有效利用运价备案信息，在科学、合理的运价备案审查程序和规则的基础上，对备案人提交的备案价格、备案材料等多方面进行真实性和合理性审查。另外，应当及时搜集可能存在违法违规行为的航运企业的相关证据，为必要时采取的监管执法活动提供相应的支持。其次，继续完善运价备案制度的内容，提高航运监管效率。这就要求对运价备案制度中的各项内容要有明确和清晰的定位，使其能真实反映在不同班轮运输条款项下班轮公司的收费水平，进而了解我国各大航线收费水平的真实情况。完善运价备案制度的内容，有助于充分发挥其作为监管依据的作用，提升航运监管效率。[①] 最后，继续提高运价备案制度监管的透明度。运价和运价协议的主要内容、基本信息等方面的透明、公开，对托运人享有相应的"信息获得权"具有保障作用，而提高运价备案制度监管过程中的透明度，对维护整个国际航运市场公平、公正以及促进航运业可持续发展都具有重要意义。

---

① 参见何梦晓：《构建我国国际海运市场监管体系的方案》，载《交通企业管理》2016 年第 7 期。

本 章 小 结

传统的监管方式难以满足市场的全面监管要求。一方面,随着市场主体数量不断增加,传统监管方式已无法实现监管全覆盖;另一方面,传统监管方式难以发现新型市场中一些隐蔽的违法行为。因此,完善事中事后监管,构建新型市场管理体系已成为自贸试验区改革创新中刻不容缓的重要内容。

目前,自贸试验区事中事后监管创新政策仍在不断推进,部分工作需要继续完善。在构建以信息共享为重要基础、信息公示为基本手段、信用监管为核心内容的新型市场监管体系实践过程中,还存在监管手段缺乏多样化、制度的威慑力和信息共享的作用尚未充分发挥等一系列问题。诚然,改革是一个循序渐进的过程,不可一气呵成,改革中难免出现各种各样的问题和不适应情形,但改革的原则和方向必须坚持。上海自贸区临港新片区以及海南自贸港的建设标志着更深层次、更宽领域、更大力度的改革已经开始,我国其他地区的自贸试验区建设同样需要把握好改革理念,转变观念,紧跟形势发展的需要,采用新思路、新方法、新手段,攻坚克难,努力构建新型市场监管体系,全面创新事中事后综合监管。

与此同时,政府虽然是市场监管主体,但应作为最后的选择,即只有当市场自身无法解决的情况下,才会采用政府监管。[①] 在我国,政府应以创新的理念应对竞争市场中的创新,学会动用市场力量、行业协会等众多力量解决国际航运市场中的各种问题,创新事中事后监管模式,保障我国国际航运市场的良好秩序。

在自贸试验区背景下,政府简政放权,就是要求政府改变过去单纯的行政手段,根据实际情况采取多种方式尽最大可能利用市场机制解决有关问题。在国际航运市场中,不公平、无序竞争现象时

[①] 参见经济合作与发展组织编:《OECD国家的监管政策——从干预主义到监管治理》,陈伟译,法律出版社2006年版,第10—11页。

有发生，市场运行效率低下、运力过剩等不利因素容易导致国际航运市场资源的浪费。产生这些问题的直接原因是市场主体数量过剩、主体规模经济结构不合理、信息不对称等。只是依靠政府行政性命令或措施根本无法彻底解决问题，这就需要政府充分做好对国际航运市场的分析和预判，进行专门的航运市场经济立法，以经济法理念落实航运市场在政府宏观调控基础上对航运资源配置的决定性作用，合理有效地制定航运市场竞争规则，为国际航运市场主体创造公平竞争的市场环境，真正实现我国国际航运市场在法治的轨道上健康有序地运行和发展。

此外，中美欧国际海运监管会议曾在我国进行，各国围绕国家海运市场经营者现状、企业兼并重组、监管环境等议题进行了深入讨论，国际合作对共同加强和完善国际航运市场准入监管、促进国际航运业的可持续发展具有积极作用。笔者认为，我国应当起引领和示范作用，尝试探讨并建立共赢的国际航运监管合作新模式。

结 论

自贸试验区的建设既是我国应对国际新形势、新挑战的重要战略举措，也是构建开放型经济新体制和推动形成全面对外开放新格局的内在要求和迫切需要。改革开放40多年奠定的经济基础决定了我国建设自贸试验区和自贸港的必要性和可行性。在新一轮改革开放中，自贸试验区和自贸港作为对外开放的前沿高地，共同构成了我国经济新的重要"增长极"，形成我国国际竞争的新优势。

　　十年来，我国各自贸试验区建设正在全国范围内有序推进。作为中国新一轮改革开放和贸易转型的"试验田"，自贸试验区建设的首要任务是制度创新，形成一套可复制可推广的经验。在航运领域，国际航运市场准入方面试点运行了一系列创新政策，作为航运制度体系重要内容的国际航运市场准入制度，是促进我国航运市场经济发展的重要保障。借助自贸试验区和自贸港建设的东风，我们有必要探索和完善国际航运市场准入立法，促进我国航运市场法治建设的进程。由此，本书得出以下结论：

　　第一，自贸试验区和国际航运市场准入的一般理论方面：

　　一方面，国际航运市场准入具有特殊性，经济学、管理学和法学的一般理论为我国自贸试验区国际航运市场准入研究打下了基础。另一方面，"重大改革于法有据"是我国自贸试验区国际航运市场准入应遵循的立法依据，国际航运市场准入制度应遵循保证实质公平原则、整体效率优先原则、协调性和统筹性原则、实事求是原则以及国家利益保护原则。

　　我国自贸试验区国际航运市场准入受到经济规律的调整，要以经济法理念落实市场对航运资源配置发挥的决定性作用，合理制定国际航运市场竞争规则，为国际航运市场主体创造公平竞争的市场环境，真正实现我国国际航运市场在法治的轨道上健康运行和可持续发展。

　　第二，自贸试验区国际航运市场准入前国民待遇和负面清单制度方面：

负面清单制度是"法无禁止即可为"理念的体现，在没有负面清单限定的领域和行业，外商直接投资可获得准入前国民待遇，这极大地方便了外商投资，同时也对我国制度监管提出挑战。这就需要我国加强和完善国内立法。

现阶段，我国已在全国范围内统一推广实施外资准入负面清单，《外商投资法》及其配套实施的《外商投资法实施条例》对准入前国民待遇和负面清单制度在法律层面作出了明确规定。值得强调的是，负面清单的修订和完善是一个动态过程，在航运领域，优化航运负面清单对外商投资进入我国国际航运市场起着指导性作用。在我国国际航运市场准入制度发展过程中，不仅要以我国自身发展现状为基础，更要大胆创新和尝试，吸收国际上有益的国际航运市场准入前国民待遇和负面清单制度发展经验，提升我国在国际航运领域的竞争力和话语权。

第三，自贸试验区国际航运市场准入各项创新政策的发展方面：

（1）国际海上运输业和辅助业市场准入。自2019年起，全国版外商投资准入负面清单规定，只有国内水上运输公司须由中方控股。我们在扩大开放国际航运市场，提高外商从事国际海上运输业务和辅助业务的同时，更应当注意对外资准入的程序规范化，对确因技术、市场等原因需要外商通过合资或合作方式从事国内水路运输业和辅助业务的，应在程序上进行严格审批。

（2）国际邮轮市场准入。一方面，要加强邮轮枢纽港的建设，探索允许中资方便旗邮轮开展沿海邮轮运输，优化邮轮市场主体结构，发挥邮轮经济效应；另一方面，要推动邮轮从"高速增长"向"高质量、高品位发展"转变，推动港口运营、政策体系、配套服务等方面的创新突破，打造国际邮轮市场的"中国标准"。

（3）航运保险市场准入。一方面，要大力推动航运保险业务国际化发展，支持更多再保险主体落户中国；另一方面，要努力转变和提高保险公司运营效率和风险管控水平，减少成本，助力航运公司业务转型升级。

（4）国际船舶登记制度创新。从最初的天津试点到现今的上海自贸区临港新片区，国际船舶登记制度的发展体现了我国对航运业制度创新的决心和信心。结合我国实际国情和航运业现状，国际船舶登记制度正在不断改进，如2019年《中国（上海）自由贸易试验临港新片区管理办法》第24条第1款针对国际船舶登记制度创新作了规定："新片区实施更加便利的'中国洋山港'籍船舶登记管理制度，逐步放开航舶法定检验。"总之，该制度的推进需与其他相配套制度如融资等方面协调和配合，加强航运软环境的建设。

（5）沿海捎带业务政策。有条件地允许外国籍船舶涉足沿海捎带业务，其主要目的在于充分借鉴之前对中资开放沿海捎带业务存在的问题和经验，回应之前外资方的困扰，着力建立完善沿海捎带业务标准和市场规则。在实践过程中，要建立完善的开展沿海捎带业务的企业和船舶资质标准，并建立公平的沿海捎带市场运行规则。在资质认定方面，建议由对船舶资质认定转变为对船公司的资质认定，对符合条件的船公司赋予开展沿海运输权资质。

第四，自贸港建设背景下我国国际航运市场准入制度的创新发展方面：

自贸港的建设是一个长期的过程，不仅需要借鉴、吸收国际通行规则和标准，还应当根据各国自身特点进行创新和突破。结合我国国情，在自贸港建设背景下国际航运市场准入的突破应当从立法保障、国家战略和具体措施三个层面加以考量。（1）立法保障层面，总体思路是要用法治理念、法治方式解决政府权力和市场自由之间的关系，对现有行政管理体制进行深层次改革，厘清政府权力和市场运行的边界；（2）国家战略层面，自贸试验区和自贸港建设应有效对接我国国际航运中心建设、"一带一路"倡议以及区域经济一体化发展等国家战略；（3）具体措施层面，航运金融创新、航运人才保障以及航运科技创新等一系列配套措施的跟进都有助于我国自贸港建设背景下国际航运市场准入的突破。

值得强调的是，海南自贸港建设对法治保障的要求更高：一方面需赋予航运企业更充分的自主经营权，实现高度自由；另一方面，又需要政府监管高效、安全、守住底线并控制风险。因此，建立良好的航运法律制度环境是自贸试验区和自贸港建设背景下国际航运市场准入顺利推进的重要前提和基础。应当全面考虑制度的协调性和系统性，处理好改革和法治的关系，以获得立法授权为进路，实现国际航运市场准入制度创新法律依据的规范化。

第五，国际航运市场准入监管制度创新方面：

国际航运市场准入前国民待遇和负面清单制度主要取消了政府事前管理的职能，限制了政府管理权限，但是，这种制度的实施并不意味着政府放松对国际航运市场外资准入的监管。随着我国市场经济的不断发展，尤其是新兴产业发展、港航企业的转型升级，市场面临的不确定性风险增多。要解决这一问题，政府需要提高事中事后监管能力。在国际航运领域，要有效解决航运码头作业费等问题，防止国际航运垄断竞争，建立以调查和处罚为基础的事后规制程序制度。对航运联盟的监管要发挥行业协会、科研机构的作用，创新和完善航运监管制度，保障我国航运市场健康有序发展。

此外，随着自贸试验区航运制度创新和功能的不断拓展，有些职能可能超出监管部门自身能力范畴，这就要求其与其他部门之间有效协调。自贸试验区改革的目的是实现区内的航运创新制度在区外的复制和推广，因此，在"二线安全高效管住"的基础上，如何更好地实现区内与区外港口航运业联动，发挥自贸试验区的溢出效应，是政府在航运监管过程中面临的又一重大挑战。

总之，通过对自贸试验区国际航运市场准入制度的系统研究，笔者发现该制度涉及面广、综合性强，在当前自贸试验区背景下对其展开深入研究具有十分重要的理论价值和研究意义。我国航运法律制度仍存在诸多问题，立法建设和完善任重道远。

后 记

引 论

今年恰逢中国设立自贸试验区十周年，本书也到该和大家见面的时候了。付梓之际，回望自己求学路上的点点滴滴，往事涌上心头。2015年，我开启了博士研究生涯，回想起当年博士入学、论文撰写、投稿乃至毕业论文的修改和完成，虽然一路艰辛，但也充实而快乐。我非常感激这些年众多给予我关心和帮助的人。

感谢我的导师於世成教授。选择研究我国自贸试验区国际航运市场准入制度，跟於教授的悉心指导密不可分。在读博士期间，我曾经因找不到方向、论文被拒稿等挫折一度陷入迷茫、困惑甚至怀疑之中，是於教授的理解、鼓励和帮助让我坚定了内心的信念，克服困难，义无反顾地选择走下去。於教授严于律己、严谨治学、精益求精的学术精神以及在海商法领域的渊博知识使我深受教诲。在本书撰写过程中，於教授从文本结构、研究思路乃至写作规范、遣词造句等方面都给予我十分悉心的指导。可以说，本书的字里行间都凝结着导师的心血。诚然，本书必然存在一些不足之处，这完全归咎于我的学业不精，在今后的学习和工作中我愿意不断改进和努力提高自身水平。

感谢曾经教授过我的上海海事大学法学院老师们。胡正良教授、蒋正雄教授、王国华教授、徐国平教授（以姓氏拼音为序，排名不分先后）等众多老师们严谨的学术态度和专业精神都让我由衷地敬佩，他们在课堂教学、论文答辩等过程中给予了我大量宝贵意见和建议。

感谢我的家人。家人的陪伴和支持让我能够全身心地投入到学术研究中。感谢我的母亲一直以来给予我的小家庭无微不至的照顾，感谢我的先生对我的理解和包容，感谢我的儿子的懂事听话，让我少操了不少心。今年六月，女儿的出生更是给我们带来无穷的欢乐。感恩！

感谢北京大学出版社的王业龙主任和孙维玲老师。他们在本书出版过程中给予了众多宝贵的意见和建议，并不厌其烦地进行修订工作，才使得本书能够更好地呈现出来。

既然选择了远方，便只顾风雨兼程。现阶段，我继续在中国政法大学从事博士后研究工作。我会不忘初心，砥砺前行，努力在学术研究上取得更大的进步以回馈社会。"路漫漫其修远兮，吾将上下而求索。"

谨以此书献给祖国！

施元红

2023 年 9 月